Henning Noske

Online-Journalismus

Was man wissen und können muss

Das neue Lese- und Lernbuch

Titelabbildung   © DragonImages | Fotolia.com
Fotos   Henning Noske
Foto Seite 185   Florian Kleinschmidt

1. Auflage Juli 2015

Satz und Gestaltung
Heike Amthor | Klartext Verlag

Umschlaggestaltung
Volker Pecher, Essen

Druck und Bindung
totem.com.pl, Polen

ISBN 978-3-8375-1237-3
ISBN e-PUB 978-3-8375-1504-6
Alle Rechte vorbehalten
© Klartext Verlag, Essen 2015

www.klartext-verlag.de

Inhalt

Editorial des Herausgebers
Ein Buch, das zum Widerspruch auffordert

Paul-Josef Raue

»Die Bibliothek des Journalismus versammelt Lehr- und Lernbücher zu Handwerk und Ethik; Bücher zur Zukunft der Medien wie auch zu ihrer Geschichte; Studien zur Kommunikation sowie Reflexionen über die Wirkung von Medien.« So formulieren wir unser Programm. Henning Noskes Buch über den »Online-Journalismus«, das fünfte Buch unserer Bibliothek, ist all dies in einem – und noch einiges mehr:

Lehr-Buch. Noske schaut in die Labore der Wissenschaftler, die herausfinden wollen, wie wir die Medien der Zukunft organisieren müssen. Doch entwickelt Noske seine Lehre und Theorie stets aus der Praxis: Er ist Chef einer Großstadt-Lokalredaktion, ist mehrfach ausgezeichneter Wissenschafts-Redakteur und Lehrender für Journalismus an der Braunschweiger Universität. Sein Lehr-Buch ist eine Reise durch die oft geheimnisvollen Rituale der Redaktionen, die für Unkundige meist schwer durchschaubar sind.

Lern-Buch. Noske braucht keinen Service-Teil, sein Buch ist ein Service-Buch – auf jeder Seite voll mit Ratschlägen, wie ein Journalist gut wird und bleibt; mit Tipps, aus denen digitale Ureinwohner wie analoge Einwanderer ihren Nutzen ziehen können; mit Warnungen vor vermintem Gelände. Die Minen in den Redaktionen, auf die ein Anfänger leicht treten kann, erwähnt er eher nebenbei: Konferenzen zum Beispiel. Noske empfiehlt – zum Schrecken aller Redaktions-Beamten – »statt sieben- bis achtstündiger Sitzungen innerhalb der Redaktion sieben- bis achtstündige Exkursionen draußen mitten im Leben«. Der Lokalchef Noske ist, um im Jargon zu bleiben, ein alter Hase, der den Igel jagt.

Ethik-Buch. Noske entwickelt Qualitäts-Kriterien und schreibt den Pressekodex komplett um für das Online-Zeitalter. Das Internet der Journalisten ist eben keine moralfreie Zone, in der sich ein Journalist austoben kann jenseits aller grundsätzlichen Regeln der Fairness und Menschenwürde, wie sie für die gedruckte Welt festgeschrieben sind. (Kapitel 9)

Geschichts-Buch. Noske, Jahrgang 1959, erzählt – aus der Sicht des analogen Einwanderers – von der Schreibmaschine, der Dunkelkammer und vom Zeitungshaus alter Prägung. Weiß eigentlich ein junger Smartphone-Nutzer überhaupt noch, was eine Dunkelkammer ist? (Kapitel 10)

Erzähl-Buch. Noske leugnet nicht, dass er in erster Linie Journalist ist, dass er gerne und gut erzählt, dass er seinen Leser, auch wenn es theoretisch wird, ernst nimmt und fesseln will. Journalisten, wenn sie über ihre Profession nachdenken, sind oft so langweilend und trocken, dass es staubt, ohne wirklich Staub aufzuwirbeln. Noske entgeht der Langeweile, indem er wie ein Reporter schreibt – nicht nur in der Lagerfeuergeschichte »Mein Flug in die Schwerelosigkeit«. (Kapitel 8)

Wissenschafts-Buch. Noske wagt sich auf ein Gebiet, das Journalisten selten mögen: Wie wirken Medien? Er berichtet aus dem Labor eines Hirnforschers, der den Mythos vom Multitasking zerstört, er zeigt die Ergebnisse von Lesewert-Forschungen, die – ähnlich den TV-Einschaltquoten – herausfinden, was Leser lesen und wie lange sie lesen. (Kapitel 7)

Noskes Buch ist auch ein **Debatten-Buch**: Es fordert auf, Stellung zu beziehen und keinem zu vertrauen, der in der digitalen Welt einen funktionierenden Kompass kennt oder gar schon das Ziel. Es ist ein Vorzug und kein Nachteil, dass Noske zum Widerspruch herausfordert. So lässt Noske beispielsweise durchaus anonyme Kommentare zu, wenn die Redaktion die Identität hinter dem Pseudonym kennt. Einspruch, werter Redakteur! Eine »Mitmach-Demokratie« lebt von lebendigen Menschen, die Gesicht zeigen und im Zweifelsfall auch Zivilcourage.

Also lasst uns lesen und streiten! Aber unbedingt in dieser Reihenfolge.

Vorwort

des Chefredakteurs der Braunschweiger Zeitung

Armin Maus

Der Lust-Macher

Henning Noske ist ein leidenschaftlicher Journalist. Oder sollte ich sagen: ein eigensinniger? Das eine geht ja kaum ohne das andere. Henning Noske ist Migrant, ein Einwanderer in die digitale Welt. Das klingt so mühelos und ist so schwer. Noske hat sich seinen Weg in die Welt der Blogs und Posts, der Algorithmen und der Aggregatoren erkämpft.

So ist das bei allen Journalisten seiner Generation, in deren Reihen es noch zu viele gibt, die glauben, Online sei ein böser Spuk, den man nur zu ignorieren brauche – während zeitgleich selbsternannte Heilsbringer von Kongress zu Kongress touren und aller Welt einzureden suchen, dass nur sie den Weg in die zeitgemäße Publizistik kennen. Es scheint kein schlechtes Geschäftsmodell zu sein, Anderen Ahnungslosigkeit vorzuwerfen.

Henning Noske ist anders. Lange Jahre war er der Wissenschaftsjournalist der Braunschweiger Zeitung. Er hat Forschern auf die Finger und in die Köpfe gesehen, die in Braunschweig an den Medikamenten der Zukunft, den weltweit letztgültigen Maßeinheiten, Raumsonden wie »Rosetta« oder an leistungsfähigeren Nutzpflanzen arbeiten. Dabei hat er etwas fürs eigene Arbeiten gelernt. Die Mehrung des Wissens ist für ihn der Normalfall.

In dieser Haltung hat sich Noske auf den Online-Journalismus geworfen. Nicht schüchtern tastend, sondern, Sie ahnen es, leidenschaftlich, eigensinnig und mit der Neugier eines Wissenssammlers. Ihn interessieren die neuen Möglichkeiten, die das Internet den Journalisten gibt. Er hat sie sich erarbeitet, in Babysteps und großen Sprüngen. Und deshalb weiß er: Der Online-Journalismus ist keine Geheimwissenschaft, kein Erbhof der Digital Natives.

Online-Journalismus ist anders, weil das Medium so grundlegend vom Papier verschieden ist. Aber wenn Online-Journalismus gut sein soll, muss er nicht nur bedingungslos transparent, interaktiv und schnell sein. Guter Online-Journalismus braucht tiefgehende Recherche, braucht Zuverlässigkeit, Integrität, exzellente Schreibe. Damit ist dann auch der Grund beschrieben, warum guter Papier-Journalismus und guter Online-Journalismus einander nahe sind.

Henning Noske arbeitet heute als erfolgreicher Lokalchef in einer Redaktion, die ihre Arbeit im intensivsten Dialog mit den Lesern macht. Das Konzept heißt Bürgerzeitung. Es ist mehrfach preisgekrönt, von Paul-Josef Raue erdacht, nirgends so intensiv im journalistischen Alltag umgesetzt. Die Bürgerzeitung verdankt Online ganz neue Möglichkeiten. Mithilfe der leicht gangbaren Kommunikationswege kann die Redaktion in ungeahnter Breite mit den Lesern gemeinsam Zeitung machen. Sie ist Partner und Dienstleister der Leser – und macht das tagtäglich für ihre Kunden erfahrbar. Das Beispiel der Bürgerzeitung zeigt: Online und Print ergänzen sich wunderbar, wenn Journalisten mit offenen Augen und wachem Verstand tun, was hier und heute möglich ist.

Immer mehr Journalisten und Verlage kümmern sich darum, Journalismus – nein, bezahlten Qualitäts-Journalismus! – für die digitale Welt zu produzieren. Sie wagen endlich den selbstbewussten, kompetenten Auftritt, stellen die Hatz nach ökonomisch unersprießlichen Reichweitenrekorden ein und setzen auf den Wert ihrer Inhalte. Henning Noske hat das Vademecum für eine Branche im Aufbruch geschrieben.

Dieses Buch ist ein Lust-Macher, ein Skepsis-Bändiger und Angst-Vertreiber. Wer keinen Sinn darin sieht, die Möglichkeiten des Online-Journalismus zu leugnen, wer keine Lust auf journalistische Endzeitstimmung hat, sondern verstehen und lernen will, wie Online-Journalismus geht – der ist bei diesem Buch goldrichtig. In diesem Sinn: Viel Freude im World Wide Web!

1 Einleitung

Dieses Buch ist radikal einfach – und vereinfacht radikal. Um es mit den Mechanismen zu sagen, die auf den folgenden Seiten noch näher beschrieben werden: Du musst es lesen! Fünf gute Gründe, dieses Buch zu lesen:

Hier erfährst du endlich, was Online-Journalismus ist.

Hier erfährst du wirklich , wie es mit dem schönsten Beruf der Welt weitergeht.

So wirst du Online-Journalist, wenn du es willst.

Das wolltest du schon immer über deine Zukunft als mobiler Reporter wissen.

Hier kriegst du auch noch raus, wer dieser Print-Gruftie ist, der es wagt, ein Online-Buch zu schreiben.

»Online-Journalismus – Was man wissen und können muss«: Es klingt selbstverständlich, aber für Viele ist es das ganz und gar nicht. In meinem ersten Journalismus-Buch (»Journalismus – Was man wissen und können muss«, ebenfalls im Klartext-Verlag, Essen), an das wir hier anknüpfen, war die Sache ziemlich einfach: Es gibt die ewigen Tugenden des schönsten Berufes der Welt, auf die wir uns besinnen und die wir hochhalten müssen. Online im Geiste immer mitgedacht. Wir haben zusammen an Texten gefeilt, Überschriften gebastelt und Fehlerquellen ausgemerzt. Wir haben uns dem guten Schreiben gewidmet und uns buchstäblich neben unseren Leser gesetzt. Und nicht nur behauptet, dass wir ihn lieben. Unser Glossar war ein Lexikon des Journalismus, aber mit Schwerpunkt Print – und nun muss die Fortsetzung folgen. Online! Auch das neue Buch ist indes kein wissenschaftliches Werk, sondern ein Journalismus-Schmöker, soll Lust auf den schönsten Beruf der Welt machen.

Von welchem Journalismus sprechen wir?

Online-Journalismus. Journalismus 2.0. Internet-Journalismus. Konvergenz-Journalismus. An Begriffen, über die auch noch kräftig diskutiert wird, ist kein Mangel. Bloß, was ist das alles? Ist es wirklich neu? Tatsächlich muss eine Revolution begreifen lernen, muss sich auch auf sie mit Haut und Haaren einlassen, wer mit dem schönsten Beruf der Welt in die Zukunft gehen will.

Doch wir müssen uns auch eingestehen, dass es nicht reicht, den vertrauten Print-Journalismus nun einfach online zu spielen und »ins Internet« zu stellen. Davon, wie sich der Journalismus in Zeiten von Web 2.0, Blogs und sozialen Netzwerken verändert und was man dazu wissen und können muss, handelt dieses Buch.

Jenseits aller Bezeichnungen ist der Autor davon überzeugt: Es ist der neue Journalismus. Er ist immer und überall. Er kann von jedem jederzeit produziert werden kann. Er verändert Redaktionen konsequent und beschert uns eine neue Pionierzeit.

Aber der neue muss auch den ewigen, wichtigen und wertigen Qualitäts-kriterien des alten Journalismus standhalten: Verantwortung, Aufrichtigkeit, Relevanz, Aktualität, Unterhaltung, Transparenz, Demokratie. Ohne das geht es nicht, darunter können wir es nicht machen. Und wir sehen: Der neue Journalismus bietet spannende neue Möglichkeiten. Und die neuen Journalisten können Pioniere sein, wie es auch jene in der Gründerzeit des Print-Journalismus und der Zeitungsverlage waren. Auch von ihnen handelt dieses Buch. Ihnen ist es gewidmet.

Es ist von einem geschrieben, der in seinem Journalismus-Weg aus dem Gutenberg-Zeitalter herkommt, sich mit klobigen Schreibmaschinen herumschlug und sich mittlerweile konsequent in den digitalen Journalismus einschaltet. Womit wir wieder bei der Begrifflichkeit wären. Sie ist letztlich egal – und das ist die Botschaft auch dieses neuen Lese- und Lernbuches: Erkennen wir, wo Handwerk notwendig ist, welche Werkzeuge wir benutzen und wie wir sie einsetzen. Sie sind letztlich nur Mittel zum Zweck für den schönsten Beruf der Welt und seine Anhänger, die von diesen neuen Möglichkeiten immer geträumt haben.

Online ist immer und überall

Überall unterwegs zu sein, immer die notwendigen technischen Mittel zur Verfügung zu haben, jederzeit schreiben und senden zu können – und das alles ohne Schwellen, ohne Barrieren, ohne Mauern, Möbel und Maschinen. Diesen Traum der Pioniere des Journalismus können wir uns heute tatsächlich verwirklichen.

Dieser Traum haucht auch den Journalisten selbst jenen Schuss Pioniergeist wieder ein, den sie so dringend nötig haben. Mehr noch: Echte Multimedialität reißt zwischen Text, Foto, Ton und Video jene Grenzen auf, die man auch früher in den besten Momenten nicht mehr spüren mochte. Jetzt kann man es selbst lernen und anwenden, hierfür gibt es Werkzeuge.

In einigen Passagen habe ich mich erzählend aufgemacht und selbst beobachtet: Wie ich mit einem einzigen Gerät – dem iPhone – zum Mojo werde, zum Mobilen Journalisten. Mobiler Journalismus wäre dann schon der nächste geeignete Titel. Mobil und fähig zum Aufbruch und zum Loslassen von Vertrautem, auch von Sicherheit – in jeder Beziehung.

Aber das wäre nicht alles, denn als Leiter einer Großstadt-Lokalredaktion ist der Autor zwangsläufig besonders dem Lokalen verhaftet. Und hier liegt passenderweise die eigentliche Revolution des neuen Journalismus: Endlich geht er wieder wirklich zu den Leuten, tatsächlich auf Augenhöhe, um die Hausecken und in die Quartiere. Davon haben wir mit »Planquadrat«-Konzepten schon am Anfang der 1980er-Jahre zu den Hochzeiten des Gutenberg-Zeitalters geträumt. Jetzt schließt sich der Kreis, kann es sich hyperlocal erfüllen, um den nächsten Schlüsselbegriff anzuführen – lokal ganz unten, ganz dicht dran, Journalismus direkt an Häuserecken, in Cafés, Jugendzentren, Kneipen, Stadien, in Parks und auf Bänken.

Online ist immer und überall.

2 »Ding Dong the print is dead«

Print-Journalismus versus Online-Journalismus – eine Bestandsaufnahme

Schon in Episode 10, Staffel 19, der Simpsons ist eigentlich alles klar. »Ha Ha! Your medium is dying!«, schleudert Rotzlöffel Nelson einem Top-Journalisten namens Ron entgegen. Ihn hat der TV-Moderator – auf dem Podium neben Kollegen von CNN und slate.com – eben mit weinerlich-triefender Stimme als »Print-Journalist von der Washington Post« vorgestellt, besser gesagt: entschuldigt.

»Ha Ha! Your medium is dying!« – der Clip ist natürlich längst Kult, das Wort geflügelt. Passt ja auch prima! Kindermund tut Wahrheit kund – und kriegt eins aufs Maul. Der Rotzlöffel tritt mit dem Fuß auf: »But it is!« Mit väterlicher Strenge wird er belehrt: »There's beeing right and there's beeing nice.«

Recht haben ist eben das eine. Nett sein das andere. Man kann, wenn man nett und diplomatisch ist, alles auch anders sagen. Vor allem, wenn man Teil ist. Angehöriger. So wie ich. Ich bin auch so ein Print-Journalist, den man mittlerweile milde-mitleidig vorstellt. Und mustert. Na, wie ist der drauf? Der lacht ja noch. Eigentlich fühle ich mich auch noch ganz wohl. »Ha Ha! Your medium is dying!« Ich will es nicht wahrhaben. Aber die Einschläge kommen näher.

Kondoliert wird schon kräftig. Wird es Zeit, die Terminkalender für die große Trauerfeier zu zücken? Lass mal stecken.

Einerseits geht das Print-Sterben schleichend vonstatten. Hier verschwindet ein Zeitungstitel, dort werden Redaktionen zusammengelegt. Es ist müßig, über die Ursachen zu spekulieren: Halbierung der Anzeigenerlöse, Verlust einer ganzen Abonnenten-Generation, Internet-Revolution mit Gratiskultur, sich selbst genügender Journalismus. Jede einzelne dieser real existierenden Ursachen würde für eine veritable Krise schon reichen. Ihre Summe mit komplexen Wechselwirkungen ist die Ursache einer Umwälzung.

Wir stecken mittendrin. Eine Konzentrationswelle schöpferisch-zerstörerischen Ausmaßes sorgt für Fokussierung.

Ebene 1: Hocheffiziente Journalismus-Zentralen bereiten wie schnelle Brüter das auf, was in die verschiedenen Medienkanäle eingespeist werden kann.

Ebene 2: Das Lokale bleibt mit Alleinstellung die Brutstätte des Journalismus, wo Talente aufgehen, Ideen entstehen, neue Produkte entwickelt werden. Doch darunter, daneben und darüber entsteht etwas völlig Neues.

Das ist Ebene 3: der klassenlose Journalismus. Er fegt das Alte fort. Seine Produktionsmittel sind cheap, smart, social – hochintelligent, hocheffizient, nahezu kostenlos (wenn nicht gratis), für jedermann verfügbar, mit einfachen Handgriffen bedienbar.

Von allen drei Ebenen wollen wir sprechen. Es geht aber in erster Linie darum, was professionelle Journalisten und diejenigen, die es werden wollen, mit Ebene 3 zu tun haben – dem klassenlosen Journalismus. Nennen wir es also Online-Journalismus. Digital journalism in England und USA. Achtung: Ihn zu ignorieren bleibt nicht länger folgenlos. Das ist das Neue.

Aber, ach: Viele gestandene Redaktionsprofis sind digital verstockt und bocken statt zu bloggen. Sie meinen, dieser Kelch gehe doch noch irgendwie an ihnen vorbei. Mehr noch: Auch sogenannte *digital natives* erweisen sich paradoxerweise als Muffel, wenn sie an die Türen der Redaktionen und Journalismus-Studiengänge klopfen. Kaum einer bloggt freiwillig oder broadcastet sich schon als eigene Marke, verblüffend viele fremdeln sogar mit Facebook, Twitter und Co. Und wenn du mal einen oder eine triffst, der oder die bereits crossover mit verschiedenen Medien spielt, dann kannst du dich wirklich freuen.

Im Labor – Der neue Journalismus entsteht gerade

Die Wahrheit ist: Der neue Journalismus entsteht gerade, er ist noch nicht fertig. Und wir mittendrin. Basteln, kleben, kitten, modellieren, hämmern, schleifen wir also mit. Es staubt und riecht wie in einer Garage, trotzdem machen wir da schon mal die Nacht durch. Für den Zusammenbau des neuen Journalismus stehen bemerkenswerte Werkzeuge bereit.

Mit mobilen Computern, Tablets, Smartphones und digitalen Aufnahmegeräten und Kameras:
- überall, jederzeit recherchieren
- überall, jederzeit speichern
- überall, jederzeit schreiben
- überall, jederzeit fotografieren
- überall, jederzeit aufnehmen
- überall, jederzeit filmen

Mit Software, digitalen Assistenzsystemen, Apps:
- überall, jederzeit gestalten
- überall, jederzeit korrigieren
- überall, jederzeit produzieren
- überall, jederzeit druck- und sendefähig machen

Mit Mobilfunk und drahtlosem Netz:
- überall, jederzeit kommunizieren
- überall, jederzeit senden
- überall, jederzeit veröffentlichen

Mit sozialen Netzwerken:
- überall, jederzeit Schnittstellen
- überall, jederzeit Präsenz
- überall, jederzeit Publikum
- überall, jederzeit Resonanz
- überall, jederzeit Dialog

Und mit dem WWW:
Das Universal-Medium, in dem dies alles zusammenfließt und überall und von jedem abrufbar und jederzeit aktualisierbar aufbereitet wird, ist das **World Wide Web**. Das eigentlich Revolutionäre aber ist seine (Programmier-)Sprache, der **Hypertext**.

Was die Hypertext-Revolution wirklich bedeutet

World Wide Web bedeutet, dass der Journalismus keine Druckerei und keinen Sender mehr braucht. Dies bricht das Monopol der bisherigen Vertriebswege. Praktisch jeder hat einen Computer, ein Tablet oder ein Smartphone. 80 Prozent der Deutschen sind online. Sie sind es an sechs Tagen in der Woche. Sie sind es für drei und mehr Stunden am Tag.

World Wide Web bedeutet, dass der Journalismus keine Druck- und Sendezeiten mehr braucht. Das pulverisiert die bisherigen Redaktionsabläufe. **Aktualisierung** ist jederzeit möglich, das Produkt erneuert sich in beliebiger Frequenz.

World Wide Web bedeutet, dass der Journalismus keinen Verlag und keine Company mehr braucht. Das heißt, dass niemand mehr den Journalismus exklusiv für sich gepachtet hat. Er ist **freigegeben**.

Hypertext bedeutet, dass der Journalismus-Kunde nicht mehr auf einer einzigen Ebene liest, hört oder sieht. **Nicht mehr linear**, das heißt: Zeile für Zeile, Artikel für Artikel, Beitrag für Beitrag, Sendung für Sendung.

Hypertext bedeutet, dass der Journalismus-Kunde sich in einer Art **Modul**-Baukasten auf eine mehrdimensionale Reise begeben kann, in der er fakultativ zu weiteren Ausflügen, Nachforschungen, Perspektivwechseln und Zeitsprüngen angeregt wird. **Links** lotsen ihn. Hypertext wird zu **Hypermedia** und bedeutet, dass auch die bislang hermetisch getrennten Ausgabekanäle des Journalismus – Print/Fotografie, Ton, Bewegtbild – durch Links miteinander verbunden werden. Welchen Verlauf die Reise nimmt, bestimmt der Journalismus-Kunde durch eigene **Navigation** selbst.

Hypertext bedeutet (auch in Kombination mit Foren), dass dem Journalismus alle Hin- und Rückwege der **Interaktion** und des **Dialogs** zur Verfügung stehen. Der Kunde ist nicht nur Nutzer, sondern wird auch Kritiker, Partner, Rat- und Tippgeber.

Es ist also wahr: No limits – doch was machen wir daraus?

Zunächst ein Gedankenexperiment. Wenn uns das alles jemand noch vor wenigen Jahren – zum Beispiel vor Smartphone und iPad in heutiger Güte – vorhergesagt hätte, wäre er nicht ernstgenommen worden. Wir sind mittendrin und wissen nicht, wo wir herauskommen. Geht die Reise nur annähernd in diesem Tempo weiter, werden sich auch heutige Gewissheiten innerhalb weniger Jahre atomisiert haben.

Ist der Print-Journalismus also schon tot? »Ha Ha! Your medium is dying!«
Wir wehren uns tapfer. Aber die Fakten muss man zur Kenntnis nehmen. Bei
den 14- bis 49-Jährigen ist das Internet heute schon wichtiger als die gedruckte
Zeitung. Das Durchschnittsalter des täglichen Zeitungs-Abonnenten liegt
mittlerweile bei 60 Jahren. Es wird also vermutlich nicht mehr lange dauern,
bis man vom Buchtitel »Online-Journalismus« das »Online« getrost streichen
kann. Aber Print wird es immer geben, so oder so. Ich hänge halt dran.

3 »Everything old is new again«

Die Metamorphosen des Journalismus

Ich entsinne mich noch, dass das Auftauchen im eigenen Blatt eine Art Betriebsunfall war. Wenn der Redakteur mit aufs Foto geriet, musste wohl etwas schief gegangen sein. Denn wer im Blatt ist, musste einen ausgeben. Die Mentalität, die dahintersteckt, ist klar: Du bist eine Art graue Eminenz, die alles steuert und aus dem Hintergrund agiert, vor allem die Zugänge kontrolliert. Was reinkommt, bestimmst du. Dein Gesicht interessiert keinen. Dein Name verbirgt sich bestenfalls hinter einem kryptischen Kürzel. Das muss reichen.

Das hat sich gründlich geändert. Mittlerweile sind in den meisten gedruckten Zeitungen nicht einmal mehr Autorenzeilen und Porträtbilder etwas Besonderes. Es reizt eben zu wissen, wer dahintersteckt – und wie er oder sie aussieht. Für den Online-Journalismus reicht freilich auch das nicht mehr aus.

Die Definition der Tätigkeiten und Tugenden im Journalismus muss erweitert werden. Bislang waren dies die Hauptbestandteile, ging es darum:

- *Informieren:* Teil es mit!
- *Recherchieren:* Krieg es raus!
- *Reizen:* Sieh mal hier!
- *Bewegen:* Mach es besser!
- *Unterhalten:* Tu es gern!

Jetzt kommt etwas Neues dazu:

- *Präsentieren:* Schalt mich ein!

Auf diesen Feldern sind Online-Journalisten unterwegs

Das bedeutet: Online-Journalisten bespielen nicht mehr nur einen Kanal und ein Medium, auf dem sie sich dann auch noch wegducken, um nicht gesehen zu werden. Sie entwickeln sich zur Marke, vermarkten sich buchstäblich selbst. Das macht den Journalismus persönlicher und damit attraktiver.

Dazu gehört ein **Blog** mit einem zugkräftigen Namen und vielen Besuchern.

Dazu gehört Präsenz in **sozialen Netzwerken** wie Facebook, Xing, Kress, Twitter oder Instagram.

Und dazu gehört ein sichtbares aussagekräftiges persönliches **Profil** mit klaren Themen, Projekten und Schwerpunkten, möglichst eindrucksvollen Perlen des Schaffens – und einer möglichst großen Anzahl von **Followern,** Menschen, die genau das verfolgen.

An der Flare-Bar – dem Balken mit diesen Aktivitäten – sollst du sie erkennen. Am Kloutscore – den exakten Zahlen der »Gefolgschaft« – sollst du sie messen. Davon profitiert der freie Online-Journalist, der zeigen kann, was er drauf hat. Davon profitiert die Redaktion. Ihr werden mit solchen Kollegen Kundschaft, Themen, Ideen und Verbindungen ins Haus gespielt.

Im Kern bedeutet das: Du musst dich als Marke modellieren, du musst dich präsentieren, damit du auch eingeschaltet wirst.

Vermutlich ist es diese Betrachtungsweise, die für so viel Skepsis verantwortlich ist, wie sie dem Online-Journalismus in vielen konventionellen Redaktionen immer noch entgegenschlägt. Das ist verständlich und nachvollziehbar, denn einen radikaleren Mentalitätswandel kann man sich kaum vorstellen. Eben noch entschieden wir selbst und nahezu uneingeschränkt, was reinkommt und was nicht. Und wie es reinkommt und wie eben nicht. Jetzt klicken sie dich weg. Oder gar nicht erst an. Tu was!

Wir haben gesehen, dass dies vor allem eine Konsequenz aus Hypertext und Hypermedia im World Wide Web ist, das uns die Konkurrenz nicht nur an den Kiosk und an den Bildschirm holt, sondern direkt in den eigenen Artikel oder Beitrag hinein. Entschieden, ob wir drin- oder dranbleiben, wird binnen Sekunden.

Das muss Konsequenzen haben. Andererseits ist noch nichts passiert, wenn wir es nicht zulassen: Attraktiver, guter Journalismus findet immer sein Publikum, denn im Gegensatz zur Technik muss er nicht neu erfunden werden.

Das sind die Grundbedürfnisse, die der gute Journalismus befriedigt (oder er geht wirklich unter):

- *Neugier:* Ist ein Evolutionsvorsprung als Vorstufe zu schöpferischer Veränderung. Wer nicht mehr neugierig ist, ist tot.
- *Aufklärung/Transparenz:* Das Neue löst das Alte erst dann ab, wenn es sichtbar macht und aufdeckt.

※ *Unterhaltung:* Im Spiel und in der Zerstreuung werden Bedürfnisse befriedigt und neue schöpferische Kräfte geweckt.
※ *Anspruch/Kultur:* Zivilisation und Mäßigung, Ethik und Qualität. Abgrenzung von der Bedienung niederer Instinkte, Verzicht auf Diskriminierung.

Für Inhalte nach solchen Maßstäben ist es also unerheblich, ob sie auf Papier gedruckt oder per iPad oder Smartphone verbreitet werden. Journalismus bleibt Journalismus. Für die Produktions-, Verwertungs- und Rezeptionsbedingungen des Journalismus gilt dies nicht.

Die Zeitenwende – Turing versus Gutenberg

Johannes Gutenberg (1400–1468) kannte noch keine gedruckte Schrift, aber er stellte sie sich vor. Wenn der Mensch Buchstaben für Buchstaben mit der Hand schreiben konnte, musste es auch einen Weg geben, diese in feste Form zu gießen, wie gewünscht zusammenzusetzen und schließlich damit Schrift zu drucken und Content beliebig zu reproduzieren. So hatte Gutenberg in Deutschland in der Mitte des 15. Jahrhunderts mit der Erfindung des Buchdrucks mit beweglichen Lettern und der Druckerpresse nicht nur eine technische Revolution ausgelöst und die Druckindustrie begründet. Bedrucktes Papier und Bücher machten Bildung und Wissen vom Herrschaftswissen zum Allgemeingut. Druckschriften, Flugblätter und Zeitungen wurden Massenmedien. Folgen: Allgemeine Bildung, Reformation, Revolution, Demokratie. Die Gutenberg-Revolution (»Gutenberg-Galaxis«) ist in ihren Umwälzungen für die Menschheit gleichzusetzen mit der Entwicklung der Sprache und der (Hand-)Schrift.

Alan Turing (1912–1954) kannte noch keinen Computer, aber er stellte ihn sich vor. Wenn das menschliche Gehirn Rechenoperationen ausübte, die schließlich zu gewünschten Handlungen führten, dann musste es auch Maschinen geben können, die nach ähnlichen Rechenoperationen Befehle ausführen konnten. So weit das Gedankenexperiment. Turing nahm weiterhin an, dass solche Maschinen mit zunehmendem technischen Fortschritt intelligent sein könnten. Dies alles vorausgesetzt, skizzierte der Brite 1937 – alles immer noch in der Theorie – die Komponenten einer Denk-Maschine auf der Basis des Binärsystems von 0 und 1: Arbeitsband mit Transportmechanismus, Schreib-, Lese-, Löschkopf,

Arbeitsspeicher, Steuertafel. Genau so macht es der Computer. Turings Maschine hatte ihn vorausgedacht. Die Turing-Revolution macht wieder alles platt: Nach Sprache, Schrift und Print kommt jetzt Online.

Wenn man selbst den Übergang von der einen in die andere Galaxis erlebt und die vollständige Umkrempelung des eigenen Berufs über mehr als drei Jahrzehnte erlebt und überlebt hat, dann kann man was erzählen.

Erzählung (1):
**Mein Weg aus der Museumsredaktion in den Newsroom
und ins soziale Netzwerk**

Autor Henning Noske 1982 mit seiner »Olympia« in der Lokalredaktion der
»Wolfsburger Nachrichten«.

Als ich 1982 in der Lokalredaktion der Wolfsburger Nachrichten im niedersächsischen Zonengrenzgebiet als Redakteur einstieg, hackten wir mit Typenhebeln
über Farbbänder auf Manuskriptpapier.

Wenn das Zeilenende gefühlt erreicht war, ratschte man mit einem Hebel
die Gummiwalze um einen Zeilenabstand weiter. Es war auch möglich, falls
man in voller Konzentration beim Schreiben das Klingeln überhört hatte oder
die Glocke kaputt war, ins Nirvana jenseits des Manuskriptpapiers zu hämmern. Immerhin hatte jeder seine eigene Schreibmaschine. Nicht ganz. In der

Fachzeitschrift »Journalist« konnte man lesen, dass eine junge, aufstrebende Journalistin mit ihrem Verlag in Streit geraten war. Man hatte ihr nach dem Ende des Volontariats verboten, die vertraute Schreibmaschine mitzunehmen.

Die derart bearbeiteten Manuskriptseiten wurden am späten Nachmittag im dicken Umschlag und stets auf den allerletzten Drücker per Bundesbahnlore und Express nach Braunschweig befördert.

Wenn ich später den Einlieferungsschein vorlegte, bekam ich vom Lokalchef 5,80 D-Mark zurückerstattet. In Braunschweig wurde der Content dann von einem Fahrer des Verlages, Herrn Osterholt, am Hauptbahnhof abgeholt, anschließend von Heerscharen von Fachkräften im Pressehaus erfasst, korrigiert, über die Lochstreifen-Setzmaschine in Lettern gesetzt und zu Druckformen zusammengebaut. Daraus wurden Pappmatern gepresst, aus denen endlich halbrunde Druckzylinder für die Druckerei produziert werden konnten.

Wenn man am frühen Morgen das frische Blatt aufgeregt aus dem Briefkasten nahm, dann staunte man über dieses Wunderwerk ebenso wie die ersten Leser.

Es dauerte nicht lange, bis Lichtsatz und Datensichtgeräte im Einsatz waren. Die Kästen waren jedoch überaus beschränkt, auch in ihren Möglichkeiten. Die Datenleitung – immerhin eine Standleitung nach Braunschweig – hatte leider allzu oft Aussetzer. »SAN« blinkte dann – was nur »Siemens antwortet nicht« heißen konnte. Immerhin konnte man Texte jetzt direkt eingeben, mit einfachen Satzbefehlen für Text (mager, 12 p) oder Überschriften (holsatia, 28 p) oder Fettdruck (halbfett) ausstatten, über Nadeldrucker auf Endlospapier ausdrucken – und sogar Korrektur lesen. Mit dem Erscheinungsbild des Gedruckten und des Schriftsatzes – WYSIWYG – hatten die primitiven Buchstaben allerdings noch rein gar nichts zu tun.

Henning Noske 1990 mit einem Datensichtgerät der Firma Siemens im »mobilen Einsatz«.

Als Reporter bei den Leichtathletik-Europameisterschaften 1988 in Stuttgart, inzwischen Mitglied der Sportredaktion, war ich indes stolz auf meine revolutionäre Technik.

Ich hatte einen Olivetti-Kleincomputer, der immerhin das Erfassen mittlerer Textmengen und das Markieren von Überschriften ermöglichte. Wenn ich im Hotel einen sogenannten Akustikkoppler anstöpselte, wurden meine Berichte in Pfeiftöne übersetzt. Diese konnten ins Pressehaus übertragen werden, wenn die richtige Nummer dort tatsächlich geschaltet war und man den Telefonhörer richtig in die Kopplerschalen gepresst oder geschnallt hatte und fest zudrückte.

Wenn man den Flow beim Schreiben hatte, das zeitlose Gefühl, jetzt endlich wirklich gut zu sein, war das jedoch alles egal.

Die Technik, welche auch immer, hatte nichts damit zu tun, dass man gut recherchiert haben musste. Hatte man es nicht, war die Sache aussichtslos. Namen, Zahlen, Fakten, Zitate, Hintergründe, Lebensläufe, Daten, Jahreszahlen, Zusatzinformationen, Bilder – wer das nicht griffbereit hat, kommt auch nicht in den Flow.

Es gab kein Internet, kein WWW, kein Google, kein Wikipedia, keine Mail, kein Smartphone. Ach ja, die Kollegen von den Nachrichtenagenturen hatten Satellitentelefone. Sie hockten wie Marsmenschen draußen vor dem Hotel auf der Wiese neben einem riesigen Koffer und funkten ins Universum. Mit meinem ersten Nokia mit ausziehbarer Antenne, das ich mir privat beschaffen musste, weil es vom Verlag noch längst kein Handy gab, arbeitete ich stolz wie Richard Gere in »Pretty Woman« in der Mittagspause draußen unterm Baum.

Internet? Als das in den 1990er Jahren in die Redaktion kam, selbstverständlich nach gewaltigen Kämpfen, kriegte man es natürlich nicht an jedem Arbeitsplatz. Internet-Anschluss zu haben galt als ganz besonderes Privileg für einige wenige. Und besonders vertrauenswürdig mussten sie natürlich auch sein, denn was konnte man während der Arbeitszeit im Internet alles anrichten. Falls man es also schon ernst genommen hatte, dieses Internet, dann hatte man es noch lange nicht.

Machte aber irgendwie gar nichts, denn man nahm es schließlich nicht ernst. Noch nicht. Vor allem schien diese sonderbare Manie einiger Freaks, jetzt alles in einem komplizierten Netz finden zu wollen, mit Journalismus und schon gar nicht mit seiner Zukunft in irgendeiner Weise etwas zu tun zu haben. Sie nervten einfach, diese Typen, die das Internet verherrlichten und sich über die Print-Veteranen lustig zu machen begannen. Doch wenn sie mit wissendem Blick davon berichteten, sie hätten »im Internet« eine wichtige Quelle gefunden, ja, dort wisse man schon mehr, dann spürten wir zum ersten Mal den Sog des Neuen, den wir mit Verachtung zu kompensieren trachteten.

Natürlich dauerte es nicht lange, bis die einleitende oder ergänzende Recherche »im Internet« und »bei Google« Standard wurde. Ehrlich gesagt kann man es sich heute nicht mehr wirklich vorstellen, wie es war, ganz allein auf Archive, Pressestellen und das Telefon angewiesen zu sein. Andererseits, nur mal nebenbei bemerkt, konnte man so auch nicht der Täuschung erliegen, durch

Internetrecherche bereits richtig und vollständig recherchiert zu haben. Heute besteht tatsächlich die Gefahr, dass die Google-Suche bereits mit Recherche verwechselt wird. Und dennoch ist dieses Instrument unverzichtbar geworden.

Ähnlich ist es mit Facebook. Ich erinnere mich noch daran, dass ich dieses Netzwerk nicht verstand, strikt ablehnte – und es in keinem Fall mit Journalismus in Zusammenhang brachte.

Zunächst teilte ich die Skepsis der Vielen. Ganz ehrlich: Warum sollte man sich der finsteren Welt da draußen mit all seinen persönlichen Informationen, Geschichten und Bildern freiwillig ausliefern? Der Datenkrake wollte mich ja doch nur aushorchen, um anschließend mein Innerstes und Bestes an finstere Mächte auszuliefern. Die Fülle der Informationen erschien mir zudem allzu banal. Hier setzte ich mich also tatsächlich der Zumutung aus, allen möglichen Vergnügungen, Ausgeburten der Langeweile und des Zeittotschlagens und der gnadenlosen Parteilichkeit und Einseitigkeit auch noch freiwillig beiwohnen zu müssen. Abgelehnt.

Es war indes eine bemerkenswerte Konstellation und Koalition aus Chef und Familie, die mich von dieser Einstellung tatsächlich abrücken ließ.

Da war einerseits Chefredakteur Armin Maus, ein Pionier der Online-Tugenden in der Redaktion, der mich sanft in die richtige Richtung drängte. Man muss sich das so vorstellen: Da sitzt der Chefredakteur einer großen deutschen Regionalzeitung bei einer Jahrestagung vor seinen leitenden Redakteuren – und das Misstrauen gegenüber diesen seltsamen sozialen Netzwerken ist mit Händen zu greifen. Und dann sagt der Chefredakteur: Ich mach das auch und erwarte von meinen Redakteuren, dass sie sich bei Facebook tummeln. Offen gesprochen, blickte ich genauso skeptisch drein wie die meisten anderen. Jetzt fing der auch noch mit diesem Quatsch an.

Doch es war ein zweites Erlebnis, das mich bekehrte. Als Vater von drei Kindern, der seinen Erziehungsauftrag sehr ernst nahm, blickte ich im trauten Heim streng auf den Computer-Konsum. Andererseits war ich jedoch immer auch irgendwie der Meinung, man könne das nicht ganz ausblenden. Vermutlich sei das die Zukunft, um die die nächste Generation wohl nicht herumkommen werde. Also haben wir vorsorglich beim Bau des Hauses eine Leitung in jedes Kinderzimmer legen lassen. Natürlich hatten sie dann auch Computer. Und natürlich waren sie dort zunächst bei Schüler-VZ und dann bei Facebook.

Um sie zu kontrollieren, also in Sorge, das muss ich zugeben, meldete ich mich auch an und schickte ihnen eine Freundschaftsanfrage. Besser ist es. Man will ja schließlich wissen, was die Kinder so machen. Doch die Brut zeigte mir die kalte Schulter. Papa, das geht dich nichts an.

Ziemlich ärgerliche Sache. Indes hatte ich als Lehrbeauftragter für Print-Journalismus in den Medienwissenschaften von TU und HBK Braunschweig natürlich gute Kontakte in die Studentenszene. Gleichzeitig startete ich ein Projekt, begabte Oberstufenschüler in mein Uni-Projekt mit einzubauen. Und natürlich ergab es sich so, dass ich mich mit den Schüler und Studenten auch bei Facebook anfreundete. Schließlich mussten wir Informationen austauschen ...

Klar, dass meine Kids bei Facebook Wind davon bekamen, dass ich mich doch tatsächlich mit ihren Freunden anfreundete. Echt ärgerlich. Als sie mir ihre Freundschaftsanfragen übermittelten, huschte ein Lächeln über mein Gesicht. Dieses Erfolgserlebnis und der sanfte Druck des Chefredakteurs brachten meinen Widerstand endgültig zum Erliegen.

Und wenn ich erst einmal irgendwo einsteige, dann mache ich dort auch kräftig mit.

Ich hoffe, dass sich diese unglaubliche Mischung der Facebook-Gründerzeit, wo sich praktisch alles trifft, von der Familie bis zum Chef, beibehalten lässt. Es bröckelt bereits merklich. Natürlich ist es eine Überfrachtung, die vermutlich nicht zu halten sein wird. Was irgendwann einmal nach Facebook kommen wird, wird diesen Charme der Anfangszeit sicherlich niemals wieder ausstrahlen können.

Doch das Prinzip der sozialen Netzwerke, wo jeder jeden treffen kann und alle nur möglichen Informationen ausgetauscht werden, wird haltbar sein. Es setzt zudem die traditionellen Nachrichtenmedien unter Druck, weil die User sehr viel Zeit dort verbringen und ihre wesentlichen Informationen des Tages aus den sozialen Netzwerken beziehen. Insofern hat sich die Philosophie von Armin Maus als richtig erwiesen, einen derart mächtigen Kanal auch konsequent für Journalismus zu nutzen.

4 »Quick and dirty«

Hypotheken des Online-Journalismus

Es ist heute kaum noch festzustellen, woher der Spruch stammt: »Quick and dirty«, schnell und schmutzig. Ich kann mich jedoch genau daran erinnern, wie giftig dieser Ausdruck für das Image des Online-Journalismus gewesen ist, in einer Zeit, als ich noch verächtlich auf ihn blickte. Ich wollte das nicht, verstand das nicht, hatte auch berechtigte Einwände – also suchte ich händeringend nach Argumenten. Und ich fand sie.

Quick and dirty, hieß es, mitunter in abschätzigem Ton, müsse man nun arbeiten.

Gemeint war, dass man eben nicht bis morgen früh wartet, sondern gleich online geht. Und wie stets: Um etwas durchzusetzen, wird es übertrieben oder überspitzt. Quick and dirty. Schnell und schmutzig. Schmutzig aber wollten und würden wir niemals sein im Journalismus. Denn dort herrschen Akkuratesse, Qualität, Recherche, Transparenz. Und im Zweifelsfall wartet man eben noch mit der Veröffentlichung. Davon sind wir bis heute zutiefst überzeugt.

Warum aber dennoch Quick and dirty? Einerseits musste man vermutlich unsere Mentalität brechen, bis zum Andruck zu warten und im Zweifelsfall auch noch einen Tag länger zu recherchieren. Online, das bedeutet eben strikte Aktualität, das bedeutet Stunden-, vielleicht sogar Minutentakt. Also muss man das, was man hat, herausbringen. Selbst, wenn die Geschichte damit noch nicht vollständig, also rund ist. Das ist Journalismus im Prozess.

Entscheidender Grundsatz: Online first

Wichtig ist der Grundsatz: Online first. Vermutlich wurde auch er geprägt, um in der Hauptsache Print-Journalisten auf den rechten Weg zu bringen. Schließlich muss ihnen klar sein, dass sie nicht erst eine Fassung für den Druck fertigstellen – und anschließend online denken können. Was ich hier indes analysiere, sind im Grunde genommen nichts anderes als Rückzugsgefechte und Auslegungsdiskussionen eines Print-Mannes, der ins Grübeln geraten ist. Es hilft nichts.

Denn Digital Natives, Einsteiger, Leute, die heute Journalist werden und die Zukunft des Journalismus aufbauen wollen, dürfen sich mit derartigen Grübeleien nicht mehr herumschlagen. Für sie, mit Verlaub, muss man sprachliche Krücken wie Quick and dirty und besser: Online first auch gar nicht mehr erfinden. Es ist selbstverständlich. Denn es bedeutet, dass die Aktualität des Mediums ausgespielt wird.

Es bedeutet indes nicht, auch nicht bei der frühestmöglichen Veröffentlichung, Nachrichten zu unterdrücken und Qualitätsmaßstäbe fahren zu lassen.

Selbstverständlich gilt die Sorgfaltsflicht auch für Quick and dirty. Die Formel bedeutet nicht, etwas zu veröffentlichen, das nach Qualitäts-Maßstäben nicht veröffentlicht werden darf. Wie verhält es sich aber mit der Strategie, im Zuge der Recherche schon einmal einen Ballon online loszuschicken und dort gewissermaßen einen Stein ins Wasser zu werfen – und dann zu beobachten und abzuwarten, was sich tut? Wenn Fehler aufgedeckt, wenn wichtige noch fehlende Recherche-Hinweise gegeben werden, kann man jederzeit korrigieren, ergänzen, aktualisieren. Die finale Fassung, sei es für Print, aber mit Sicherheit auch für Online, enthält dann den neuesten und besten Stand. Und keine Fehler mehr. Ist das legitim?

Ja, das ist es, wenn in jedem Stadium dieses Prozesses mit der zu diesem Zeitpunkt größtmöglichen Sorgfalt die Veröffentlichung geprüft wird. Ein Werkstattbericht aus dem Prozess Journalismus, transparente Einblicke in seine Arbeitsweise.

Darin liegt Sinn: Im Zusammenspiel, im Ping-Pong zwischen Online und Print, auch im Team, ergänzt durch das Wissen der Vielen da draußen (Crowdsourcing), entsteht eine neue Kraft. Es ist ein Journalismus, der Synergien nutzt, sich in die Karten schauen lässt, also mit größtmöglicher Transparenz arbeitet und letztlich zeigt, dass es ihm mit allen Mitteln und Möglichkeiten um ein größtmögliches Maß an Information geht. Und dabei nehmen wir unseren Leser/User gerne mit.

Dennoch hat der Ausdruck »Quick and dirty« Schaden angerichtet. Und er tut es noch, wo man ihn nicht reflektiert. Denn er steht für Unzuverlässigkeit und Unglaubwürdigkeit. Nachforschungen ergeben nicht eindeutig, wie er entstanden ist. Eine exakte Quelle ist nicht auszumachen. In meinem Blog henningnoske.wordpress.com frage ich, wer mehr darüber weiß.

Ein erster Befund: Quick and dirty klingt zum Beispiel in den USA gar nicht so schmutzig. Denn dort steht es oft für eine unbürokratische Praxis-Lösung, die nicht viel Zeit kostet. Auch im Jargon der Programmierer ist es eine schnelle Lösung, die durchaus auch ihren Charme haben kann. Denn sie bietet die Möglichkeit, effektiv zu arbeiten und ohne großes Abwarten zu pragmatischen Lösungen zu kommen. Das hat Vorteile, denn wenn es Schlag auf Schlag geht, kann man im Lichte der Entwicklung weiter aufbauen.

Die schnelle temporäre Problemlösung ist also durchaus auch eine Lösung für unsere Werkstatt. Zwar ist es wohl zunächst noch eine Bastellösung (»kludge«), aber auf jeden Fall sind wir bereits kräftig unterwegs, ohne nochmal umkehren zu wollen. Und dabei machen wir noch die eine oder andere interessante Entdeckung.

Second hour statt Nachdrehen am nächsten Tag

Auf Online first folgt das Prinzip **Second hour**. Es bedeutet die konsequente Fortsetzung des Prozesses und ersetzt das im Print-Journalismus angesiedelte Nachdrehen am nächsten Tag.

Second hour: Nach der ersten schnellen Meldung folgen in der nächsten Stunde Ergänzung und Präzisierung, anschließend idealerweise im Stundentakt weitere Aktualisierungen, Nachdrehen und Zusatzrecherchen.

Damit sind vertraute Zeitgesetze und Abläufe außer Kraft gesetzt. Und dies hat Konsequenzen für den Journalismus und die Organisation der redaktionellen Abläufe. Die personellen Ressourcen, Recherchen und Recherche-Fortschritte werden im Prozess permanent und transparent sichtbar.

Das bedeutet jedoch auch: Nichts ist so alt wie die Meldung von vor einer Stunde.

5   »To tease or not to be«

Hypertext

Beim Journalismus online, beim Publizieren im Netz, bewegen wir uns gewissermaßen im dreidimensionalen Raum. Unser Leser, der User, kann jederzeit abschweifen, zurückgehen, wegwischen, einen Link nutzen, wegklicken, herunterscrollen. Schlicht gesagt: Er oder sie kann machen, was er will.

Dies hat erhebliche Konsequenzen für den Journalismus. Viel mehr als in der gedruckten Zeitung kommt es online darauf an, in jedem Moment, buchstäblich in jeder Sekunde klarzumachen, dass es wichtig ist, jetzt am Ball zu bleiben.

Im Print hat der Leser die Möglichkeit, schnell einen Eindruck zu scannen. Wie groß ist der Beitrag? Wie ist die Hierarchie auf der Seite angeordnet? Und vor allem: Wie viel Zeit wird erforderlich sein, dies alles zu bewältigen? Wir wollen uns deshalb den Werkzeugen zuwenden, die der Online-Journalist benötigt, um seinem Leser im Netz klarzumachen, warum er gerade jetzt hier richtig ist und am Ball bleiben sollte. Dies sind die strategischen Werkzeuge, die dieses erleichtern.

Der Teaser

Das wichtigste Werkzeug ist der Teaser in Verbindung mit der Überschrift. Häufig werden Teaser und Überschrift als eigene Genres behandelt. Ich werde jedoch im Folgenden ganz bewusst den Teaser gemeinsam mit der Überschrift behandeln. Denn beide kann man nicht trennen. Im besten Falle funktioniert eine Überschrift als Teaser – und ein Teaser als Überschrift.

Idealerweise wiederholen sich in Überschrift und Teaser die Schlüsselbegriffe und Reizwörter nicht. Sie bauen vielmehr aufeinander auf, bilden eine Einheit, die zum Weiterlesen anreizt. Doch eine Wiederholung ist nicht das Problem. Problematischer ist es, wenn Schlüsselbegriffe eines Beitrags weder in der Überschrift noch im Teaser auftauchen.

»Teasen« – das bedeutet in der Hauptsache Reizen. Inzwischen können Lehrbücher allein über Teaser geschrieben werden. Es gibt sie in den unterschiedlichsten Formen und Variationen. Deshalb wollen wir uns jetzt mit den wichtigsten Strukturen und Funktionen des Teasers beschäftigen und vor allem fragen: Wie schreibt man ihn richtig?

Schreiben online – Meine Teaser-Werkstatt

Was unterscheidet den Teaser eigentlich von der klassischen Nachricht? Zunächst einmal nicht viel. Wie diese orientiert sich auch der Teaser ganz schlicht am Wichtigsten. Und dies sind die W-Fragen. Was passiert? Wer tut es? Wo ist es geschehen? Wann ist es geschehen? Warum ist es geschehen?

Die Funktion des Teasers ist jedoch nicht nur eine inhaltliche, sondern in ganz entscheidender Weise auch eine optische, orientierende. Letztlich eine Entscheidungshilfe. Der Online-Leser ist, wie gesehen, ein flüchtiger Kunde. Mit der Qualität eines Teasers entscheidet sich, ob er bei uns bleibt. Besser gesagt: ob er oder sie sich für unseren Beitrag entscheidet. Das ist der entscheidende Unterschied. Im Print reichen ein Blick oder eine Drehung des Kopfes. Online ist der bewusste Klick erforderlich.

Ein Teaser ist extrem kurz. Die Überschrift hat sechs bis zehn Wörter. Es folgen zwei oder maximal drei Sätze.

Das muss reichen. Um den ultimativen Klick, um den es geht, zu generieren, muss der Teaser funktionieren. Die Spannbreite reicht dabei von einer gut gemachten Schlagzeile über eine aussagekräftige Unter- oder Vorzeile bis hin zu einem möglichst kompakten, eingängigen Kurz-Text, den man im Print vielleicht als Vorspann bezeichnen würde. Die Länge des Teasers ist dabei von Fall zu Fall und von Redaktionssystem zu Redaktionssystem unterschiedlich, aber klar ist immer: Ein Teaser ist wie ein Lasso, knackig kurz, es knallt und fesselt! Diese Regel gilt immer.

In Content-Management-Systemen der Redaktionen gibt es zudem feste Vorgaben für Teaser. Reporter und Redakteure schreiben sie bis zu der vorgeschriebenen Anzahl von Wörtern oder Anschlägen in die vorgegebenen Boxen. Das ist komfortabel, befreit aber nicht von der Verpflichtung, sich intensiv mit dem Teaser-Schreiben auseinanderzusetzen. Es ist und bleibt der Schlüssel, online gelesen zu werden.

Es geht also um nicht mehr und nicht weniger als die Ankündigung einer großen Sache. Wenn wir davon nicht überzeugt sind, brauchen wir nicht anzufangen und lassen es bleiben. Das ist die ganze Philosophie des Teasers. Wer weder von sich noch von seiner Geschichte überzeugt ist, wer sie also nur halbherzig betreibt, kann auch nicht stark teasern. Sonst ist er ein Betrüger. Oder droht einer zu werden. (Oder er will sogar einer sein. Aber davon später mehr beim Thema Cliffhanger und Clickbaiting.)

Die Schlagwörter und Schlüsselbegriffe

Zunächst ist es wichtig, die Schlagwörter und Schlüsselbegriffe der eigenen Story bestens zu kennen. Dies ist auch im normalen redaktionellen Alltag, in welchem Zusammenhang auch immer, eine entscheidende Tugend. Wer die eigene Geschichte nicht auf den Punkt bringen kann, scheitert. Er kann sie in der Konferenz nicht vertreten, durchsetzen oder verteidigen. Er kann sie als Volontär oder freier Mitarbeiter in der Redaktion nicht unterbringen.

Auch in der gedruckten Zeitung wird ein Beitrag schwach bleiben, wenn der Autor nicht in der Lage ist, seine zentrale Aussage, sein Anliegen und seine Stärke in einer starken Formel zusammenzufassen. Diese Verkaufsformel ist letztlich nichts anderes als der Teaser. Und für ihn muss man **die drei wichtigsten Begriffe seiner Story identifizieren, kennen und attraktiv in die kürzeste Form verpacken.**

Ein Beispiel aus dem lokalen Bereich

Wir haben den Bericht oder die Reportage aus unserer Stadt über eine örtliche islam-kritische Pegida-Demonstration. Diese hat für hohe Wellen gesorgt, Befürworter und Gegner haben mehrere Demonstrationszüge angemeldet. Im Verlauf ist es dann tatsächlich zu Auseinandersetzungen zwischen Gegnern und Befürwortern, sogar zu vereinzelten Handgreiflichkeiten gekommen, die Polizei musste eingreifen. 20 Menschen wurden verletzt, einer schwer.

Aber am Ende haben Tausende dann doch friedlich demonstriert. Symbolisch schalteten Stadt und Kirche das Licht des Domes in der Stadt aus. Der Ministerpräsident forderte in seiner Ansprache, es müsse auch einen gesetzlichen Feiertag für Muslime geben. Der Islam gehöre zu uns. Der Oberbürgermeister der Großstadt kündigte an, sie wolle künftig um die Aufnahme von mehr Flüchtlingen und Einwanderern werben. Dies sei ein wichtiges Signal: Einerseits unterstreiche es die Weltoffenheit der Stadt, andererseits könne man die Menschen gut gebrauchen, denn in wichtigen Branchen fehlten bereits Arbeitskräfte, vor allem jüngere Menschen.

Bei dieser Passage gab es Pfiffe auf der Seite der Pegida-Anhänger, die sich bestätigt fühlten. Sie wurden vom starken Beifall der zahlenmäßig weit überlegenen Gegendemonstranten übertönt.

Schlagwörter und Schlüsselbegriffe, die sofort und sichtbar in der Überschrift und im Teaser vorkommen müssen, sind in dieser (in Teilen konstruierten) Geschichte zum Beispiel:

der **Name der Stadt**, des Ortes (z. B. Dresden oder Braunschweig)

Pegida, Antifa etc.

Gewalt, Krawall etc.

Hohe Teilnehmerzahl 20 000

Islamfeindlich

Friedlich

Politischer Vorstoß

Streit-Thema

Der Teaser muss um folgende Reiz-Kerne gebildet werden:

Prominente Namen (Ministerpräsident, Oberbürgermeister)

Feiertag für Muslime

Zuwanderungs-Stadt

Demonstrationsrecht

Zusammenstöße

Polizeieinsatz

Und jetzt kann die Kombinationsmaschine starten:

Beispiel 1

Pegida-Demo endet mit Gewalt.

Die Polizei muss bei schweren Krawallen in Dresden einschreiten. Es hatte friedlich begonnen: Ministerpräsident Müller forderte einen Feiertag für Muslime.

Beispiel 2

20 000 wollen Pegida nicht.
Dresden erlebt die bislang größte Demonstration gegen Islamfeindlichkeit.
Oberbürgermeister Müller sagt: Flüchtlinge sollen in unsere Stadt kommen,
wir brauchen sie.

Beispiel 3

Müller fordert Feiertag für Muslime.
Der Ministerpräsident startet in Dresden einen Vorstoß, über den heftig
diskutiert werden wird. Doch auch das gab es: Verletzte nach der Pegida-Demonstration.

Was gar nicht geht, sind Zeile und Teaser nach dieser Melodie

Mein Freund, der Ausländer. Das weiche Wasser bricht den Stein. Gegen die
unerträgliche Leichtigkeit des Wutbürger-Seins hilft die Klasse der Masse, die
unmissverständlich und mit großem Nachdruck klarmacht, dass Weltoffenheit
und Toleranz ...
Feuilletonistische Überschriften und Teaser funktionieren im Online-Journalismus nicht. Wir gewinnen den Leser nicht.

Noch ein Beispiel für ein »no go«

Angekommen im ostdeutschen Flachland. Erst war er der Fahrer von Kurt Schu-
macher, dann trug er die Tasche von Herbert Wehner, aber jetzt ist Stadt-Chef
Müller mitten drin im real existierenden Gefühlsstau der Verängstigten und
Entrechteten ...

Warum? Ist doch gut geschrieben

Aber: Weil die Schlüssel- und Reizwörter fehlen, dauert es zu lange, bis der
Leser identifizieren kann, worum es hier eigentlich geht. Ohnehin müssen wir
davon ausgehen, dass er oder sie angesichts der massiven Konkurrenz um die
tägliche Zeit nur bedingt lesebereit ist. Und vor allem schnell scannt. Darüber
wird diskutiert, aber fest steht: In Sekundenbruchteilen trifft unser Gehirn die
Entscheidung, ob es das vermeintliche Risiko eines Klicks jenseits des sichtbaren
Bildschirms eingehen soll.

Ständig kalkulieren wir, wie viel Zeit uns das wohl wieder kosten wird, Zeit, die wir längst nicht mehr zu haben meinen. Eine permanente Kosten-Nutzen-Rechnung. Feuilleton-Überschriften und Feuilleton-Vorspänne funktionieren also online nicht wie in der gedruckten Zeitung. Was nicht heißt, dass der Haupttext nicht durchaus »gut« geschrieben werden kann. Oder besser: so gut, so lesbar und so eingängig wie möglich. Doch es müssen starke Teaser her. Sonst bist du raus.

Der Cliffhanger

Im Baukasten für erfolgreiche Teaser fehlen noch ganz entscheidende Steine. Cliffhanger sind beeindruckende, effektive, indes wegen mancher Übertreibungen auch umstritttene Erscheinungen des Online-Journalismus.

Zunächst einmal kann man den Cliffhanger wörtlich nehmen: Da hängst du am Felsen und drohst abzustürzen – und jetzt bibbert und zittert alles, was denn nun passieren wird. Wirst du stürzen? Da fiebern alle mit. Wie geht es weiter mit der Geschichte? Der Cliffhanger ist der letzte ultimative Trick, die Leser endgültig in unsere Zone zu bringen. Er ist der möglichst packende Übergang vom Teaser zum Haupttext.

Dabei bleibt etwas möglichst Spannendes, total Überraschendes oder Rätselhaftes, auf jeden Fall aber extrem Interessantes bewusst ungesagt. Der Leser wird auf die Folter gespannt, darf jedoch die feste Gewissheit haben, dass es ihm im Haupt-Text von uns beantwortet wird. Das ist ein Versprechen. Der Cliffhanger entscheidet also im wahrsten Sinne des Wortes über den Absturz unserer journalistischen Arbeit.

Und deshalb bauen wir Cliffhanger, die prickeln, packen und tatsächlich neu-gierig machen. Dass man dabei auch über das Ziel hinausschießen kann, wird später noch Thema sein. Zunächst aber unsere drei Beispiele, ergänzt durch die notwendigen und noch fehlenden Cliffhanger:

Beispiel 1

Pegida-Demo endet mit Gewalt.
Die Polizei muss bei schweren Krawallen in Dresden einschreiten. Es hat friedlich begonnen: Ministerpräsident fordert einen Feiertag für Muslime. *Und dann sorgt auch noch Oberbürgermeister Müller für eine faustdicke Überraschung ...*

Beispiel 2

20 000 wollen Pegida nicht.
Dresden erlebt die bislang größte Demonstration gegen Islamfeindlichkeit.
Oberbürgermeister Müller sagt: Flüchtlinge sollen in unsere Stadt kommen,
wir brauchen sie. *Doch dann gibt es Zwischenfälle und Gewalt, lesen Sie das
Protokoll der Ereignisse hier …*

Beispiel 3

Müller fordert Feiertag für Muslime.
Der Ministerpräsident startet in Dresden einen Vorstoß, über den heftig diskutiert werden wird. Doch auch das gab es: Verletzte nach der Pegida-Demonstration. *Die Nacht von Dresden hat alles verändert – was alles geschah, unser
Reporter Kurt Klötzer hat es aufgeschrieben.*

Und klick. Bei Praktikern ist umstritten, ob ein Teaser am Ende so perfekt
geschrieben sein soll, dass er letztlich wie eine funktionierende Nachricht das
Weiterlesen überflüssig macht. Wenn man ehrlich ist, muss der perfekte Teaser
etwas unvollständig sein. Und diese Lücke füllt ein guter Cliffhanger. Letztlich
hält er den Leser hin, will ihn sogar in eine bestimmte Richtung drängen. Liefert
Verkaufsargumente.

Sind Journalisten eigentlich Verkäufer?

Bewusst etwas unvollständig, den Leser hinhalten – haben wir da richtig
gelesen? Ist das legitim? Darf man das? Dürfen Journalisten ihre Texte mit
Verkaufsmethoden und nach Erkenntnissen der Werbepsychologie anpreisen?
   Immerhin gibt es bestimmte Begriffe, die wir psychologisch nur einsetzen
müssen, um starke Reize auszulösen. Davon berichtet tatsächlich die Werbepsy-
chologie. Beispiele: Alles, was mit Begierden und Wünschen zu tun hat, mit
Elementarem, mit existenziellen Fragen. Glück, Gewalt, Liebe, Erotik, Schicksal,
Herausforderung, Geschmack, Essen, Trinken, gute Gefühle, Neugier. Aber
auch dunkle Seiten, Pech, Gewalt, Exzesse, das Böse, das Unaussprechliche, der
Voyeurismus.

Dürfen wir überhaupt auf der Klaviatur solcher Emotionen spielen? Oder müssen nicht die Ergebnisse unserer journalistischen Arbeit für sich sprechen können? Und wenn sie das nicht tun, wenn uns der Leser also die kalte Schulter zeigt oder nicht anklickt, ist das dann Schicksal, aber in jedem Fall doch nur das kleinere Übel gegenüber Anbiederung an den Publikumsgeschmack oder gar Verkaufspsychologie?

Nicht nur Berufsanfänger oder jüngere Mitarbeiter tun sich bisweilen schwer mit so einer Verkaufsformel, dies trifft auch und gerade für viele ältere, gestandene Kollegen im Journalismus zu. Einerseits ist das mit dem Verkaufen sowieso immer so eine Sache. Sind wir überhaupt darauf angewiesen? Gelten im Journalismus nicht ganz andere Gesetze, zum Beispiel die Freiheit des Autors, der sich nicht beeinflussen lässt, nicht beeinflussen lassen darf, nicht mal von seinem eigenen Leser?

Das kann man so sehen. Doch wenn es darum geht, nicht abgeschaltet zu werden oder überhaupt noch »auf Sendung« zu kommen, dann sollte man sich mit eigenen, attraktiven und aussagekräftigen Teasern samt Cliffhangern beschäftigen – und die Regel beherrschen: Reize immer, langweile nie.

Das Clickbaiting

Die Grenze indes ist überschritten, wenn vom so genannten Clickbaiting die Rede ist. Diese Klick-Schinderei oder auch Klicktäuscherei, Klickbettelei oder Klickschluderei, ganz, wie man es auch immer nennen will, ist eine degenerative Erscheinung des Online-Journalismus.

Einerseits macht sie brennglasartig sichtbar, worauf es ankommt. Es wird ein extremer Reiz, eine unbändige Lust ausgelöst, den entscheidenden Klick zu unternehmen. Doch dann kippt das Ganze um. Es steckt nichts dahinter, bestenfalls heiße Luft. Es werden Dinge versprochen, die man nicht halten kann. Mehr noch: Dies geschieht in der Weise eines journalistischen Betrugs und verstößt mithin gegen Vieles, was uns heilig ist. Hierfür wieder drei Beispiele:

Beispiel 1

Fassungslosigkeit in Berlin über Merkel. Die Bundeskanzlerin ist verzweifelt und denkt an Rücktritt. Es ist schier unglaublich, was sie bedrückt.
(Angela Merkel hat sich ein neues Fahrrad gekauft.)

Beispiel 2

Sensationelle Entdeckung in Afrika – Affen sind intelligenter als Menschen. Zehn Videos beweisen das. Video 7 hat uns jedoch sprachlos gemacht. *(Ein ca. 10 Jahre altes Video zeigt einen Orang-Utan, der tatsächlich mit einem Stock die Wassertiefe eines Tümpels prüft.)*

Beispiel 3

Schlamperei im Rathaus, es stinkt bis unters Dach. In der Stadtverwaltung ist etwas oberfaul. Wenn Sie das gelesen haben, werden Sie ihr Leben ändern. *(Im Rathaus hat es durchs Dach geregnet, dabei sind Bauakten verschimmelt).*

Etliche Online-Medien funktionieren mittlerweile ausschließlich so, zum Beispiel Vice, heftig.co, upworthy oder buzzfeed. Auch die Huffington-Post gräbt hier kräftig. Selbst die Portale manch vertrauter Print-Magazine, normalerweise Flaggschiffe journalistischer Qualität, baiten fleißig mit.

Zunächst ist dies nichts anderes als der Boulevard-Mechanismus. Ähnlich funktionieren auch Schlagzeilen der großen Boulevard-Medien am Kiosk. Auch sie müssen sofort funktionieren und hohe Erwartungen wecken, sonst wird eine andere Kaufentscheidung getroffen.

Tatsächlich geht es um Auflage und buchstäblich um Einschaltquote. Also Klicks. Deshalb ist das Koordinatensystem klar: Cliffhanger sind – seriös eingesetzt – ein wirkungsvolles Instrument, um sichtbar zu werden, durchaus für den eigenen Beitrag zu werben und Leser buchstäblich zu gewinnen. Doch Clickbaiting mit betrügerischen Methoden müssen wir ablehnen, wenn wir die Standards des Qualitätsjournalismus beibehalten wollen. Davon handelt auch in diesem Buch ein ausführliches Kapitel.

Journalismus täuscht nicht und hält nicht hin. Diese klare Erkenntnis und Regel ändert indes nichts an der Tatsache, dass die erwähnten Clickbait-Online-Medien enorme Reichweite erzielen, die die Ergebnisse seriöser Verlage und Medienhäuser bereits klar in den Schatten stellen. Es findet also der befürchtete und fatale Abzug von Werbeerlösen und Lebenszeit zum Konsumieren von Medieninhalten, so simpel und mitunter betrügerisch sie auch immer sein mögen, bereits flächendeckend statt.

Dies ist ein Befund, den man nicht ignorieren kann. Und deshalb kommen auch Qualitätsjournalisten nicht umhin, sich mit kreativen und fantasievollen Methoden gleichsam zu wehren. Dies ist übrigens auch das ultimative Argument gegen ein »Weiter so«, das ja auch zu dem bekannten Seufzer führen könnte: Nun, auch mit Qualitätsjournalismus kann man eine Zeitung oder einen Verlag zu Grunde richten. Dies sei dahingestellt und sofort dementiert, denn ganz anders wird ein Schuh draus: Die neuesten und besten Methoden müssen von den engagiertesten Pionieren eines Journalismus vorangetrieben werden, der Online und Print gleichermaßen als seine Kanäle, Spielwiese und Leidenschaft betrachtet. Punkt.

Das wichtigste Rezept: Komm auf den Punkt!

Fassen wir zusammen: Teaser, Cliffhanger und Leseanreize sind Elixiere, mit denen wir im Online-Journalismus länger am Leben bleiben. Achtlosigkeit, Phantasielosigkeit, Langeweile, Ziel- und Planlosigkeit bedeuten den Tod.

- Komm auf den Punkt!
- Kenne die wichtigsten, die Schlüsselbegriffe deiner Story!
- Beschäftige dich intensiv damit, was besonders reizt und anspricht!

Diese Strategie der Schlagwörter und Schlüsselbegriffe ist auch für andere wichtige Zusammenhänge des Online-Journalismus entscheidend. Dabei geht es um die Sichtbarkeit und Auffindbarkeit im Netz und damit um eine weitere Steigerung der Reichweite. Schlagworte, Tags und Hashtags, dienen einerseits der Einsortierung und Klassifizierung. Da geht es um Orte, Veranstaltungen, Bereiche, Sparten, Produkte. Immer löst das Schlagwort auch eine Identifikation aus. Andererseits sind es Schlagworte, die aufgrund aktueller Ereignisse täglich entstehen können und sich sofort weltweit verbreiten (z. B. »Je suis Charlie«) und sofort eine Zuordnung ermöglichen, aber eben auch hohe Aufmerksamkeit erzielen.

So wichtig sind Schlagwörter

Schlagwörter, Tags und Hashtags, sind Begriffe mit Signalwirkung, die man sofort erkennt und im Zusammenhang identifizieren kann. Sie dienen den wichtigsten Funktionen.

- **Erstens:** helfen sie beim schlagkräftigen Formulieren einer Überschrift und eines Teasers.
- **Zweitens:** helfen sie über die Schlagwortsuche bei der Wiederauffindbarkeit von Texten im Redaktionssystem oder in Blogs.
- **Drittens:** helfen sie dabei, von Suchmaschinen oder in sozialen Netzwerken gefunden zu werden.
- **Viertens:** bilden sich über das soziale Verschlagworten neue virtuelle Gemeinschaften, die an den gemeinsamen Themen interessiert snd und darüber diskutieren.

Es geht also darum, jene Begriffe der eigenen Arbeit zu identifizieren und zu benennen, die wie Visitenkarten oder Karteikarten sind.

Das hilft nicht nur dabei, auf den Punkt zu kommen. Es ordnet und sortiert auch im Netz und im System. Dabei geht es um übergeordnete Kategorien wie Sport, Politik, Wirtschaft, Nationen, Städtenamen. Es geht um Klubnamen wie Schalke, Hertha oder Eintracht ..., bekannte Namen (Obama, Merkel, lokale Namen), Phänomene (Terror, Gender etc.), aktuelle Begriffe (schwarze Null, Haushaltssperre etc.). In Kurzform: Ohne Schlagwort kein Thema.

Der Textaufbau. Der Hypertextaufbau

Im Print waren und sind Texte analog, chronologisch und linear. Im Web 2.0 baut Hypertext gewissermaßen eine dreidimensionale Struktur auf, in der Texte auf verschiedenen Ebenen wie Knoten über Links miteinander verbunden sind. Wir haben gerade gesehen, welche besondere Sorgfalt und Aufmerksamkeit einer solchen Übergangsstelle vom Teaser zum Haupttext zukommt. Hier entscheidet sich buchstäblich, ob unser Leser überhaupt bis zu unserem Text vordringen wird.

Eine der heiligen Kühe der Medienwissenschaften, wenn es um Textaufbau geht, ist die auf der Spitze stehende Pyramide. Sie ist das klassische Modell eines Textes, bei dem das Allerwichtigste gleich am Anfang ganz oben steht – und dann mit absteigender Hierarchie alles Weitere folgt. Das Unverzichtbare, die Basis, das Fundament steht also oben, das vermeintlich Unwichtigste, das möglicherweise Verzichtbare ganz unten.

Man kann es nennen, wie man will: von 100 auf null, von ganz auf gar nicht, von sehr wichtig bis immer noch wichtig. Wie auch immer. Jedenfalls hatte diese »inverted pyramide« im Print ihre besondere Bedeutung. Klare Sache: Beim Bleisatz musste man von hinten wegschlagen können, wenn es nicht passt. Später, als die Papierfahnen kamen, musste man ebenfalls von hinten wegschneiden können. Gekürzt wird immer von hinten. Ein Text muss also so aufgebaut sein, dass er dies aushalten kann.

Man kann sogar noch früher in der Zeit zurückgehen. Während des amerikanischen Bürgerkrieges waren die Reporter der US-Zeitungen darauf angewiesen, ihre Berichte per Telegrafenleitungen durchzugeben. Wenn diese unterbrochen wurden, und das kam nicht selten vor, dann kam es darauf an, dass immer noch verständliche, informative Texte durchgedrungen waren ...

Mittlerweile ist diese schöne Anekdote umstritten, weil die »inverted pyramide« als Modell erst später erfunden wurde. Aber die Geschichte ist zu schön: Und wenn die Leitung nach acht Wörtern abbricht...

Eine weitere Entstehungstheorie für die Pyramide lautet so: Man dachte in den USA am Beginn des 20. Jahrhunderts bereits an den Leser und an die Konkurrenz – und wollte ohne Zeitverzug stets der Erste mit den Informationen sein.

Hier schließt sich der Kreis zum Online-Journalismus. Schließlich ist auch hier der Leser flüchtig, ein scheues Reh, das sich ständig auf Absetzbewegung im Fluchtmodus befindet. Hier sind es Schlagzeile und Teaser plus Cliffhanger, die auf und an der Spitze stehen und das Wichtigste sind. Passt also.

Dann geht es nach gängigen Theorien, die für den Online-Journalismus übernommen wurden, mit der »inverted pyramide« weiter: Es folgen Zusatzinformationen, Hintergründe und Analysen, jedoch tatsächlich mit abfallender Bedeutung. Dieses Bild ist übernommen worden und wird kräftig gelehrt. Es macht zumindest in einem Punkt vollständig Sinn: Am Anfang, dort, wo das Wichtigste steht, entscheidet sich auch Online das gesamte Schicksal des Beitrags.

Mehr noch: Wir wollen den Leser so lange wie möglich bei der Stange halten, und deshalb liefern wir ihm immer die stärkste Patrone, die wir gerade im Lauf haben – bis keine mehr da ist. Der Leser entscheidet selbst: Wenn mir das Kaliber zu klein ist, gehe ich woanders hin. Natürlich kann das vor dem Ende unseres Beitrags sein.

Diese Übernahme der »inverted pyramide« ist nicht unumstritten, es gibt auch Gegenstimmen. Und diesen neige ich zu.

Es ist keine Pyramide. Mein neues Modell des Hypertextaufbaus
Zunächst einmal ist nicht einzusehen, dass ein Gedankengebilde aus der analogen Zeit, das zu seiner Zeit wertvolle Dienste leistete und aus technischen
Zwängen erwuchs, automatisch übertragen wird. Das ist zwar zunächst psychologisch verständlich. Ebenso spricht man im Printbereich ja auch noch vom
Übersatz oder vom Stehsatz, also Relikten aus der Bleizeit.

Online gibt es jedoch keine Platzbeschränkungen mehr. Wenn man will,
kann alles untergebracht werden. Durch Links im Hypertext kann man dem
Leser zudem die Dokumente, die Recherche, die Hintergrundinformationen
und mehr präsentieren. Man kann ihn zu entscheidenden Erweiterungen und
Zusatzinformationen führen. Man lässt ihn kommentieren und antwortet. Und
nicht zuletzt erschließt man ihm neue Medien, die in das zweidimensionale Bild
einer Pyramide nicht mehr hineinpassen. Es lassen sich Bilder, Töne, Emotionen
einspielen, die uns zu einem anderen Bild kommen lassen müssen.

Ich habe hierfür das Bild der geometrischen Figur eines dreidimensionalen
Zylinders entworfen und entwickele es hier erstmalig.

Erzählen wir ein wenig davon. Der Zylinder ist so groß wie ein Sandsack, also
wie ich, nur etwas schlanker. Eben steht er noch. Jetzt werfe ich ihn um, da liegt
er vor mir. Aus ist's mit »von oben nach unten!

Jetzt zerschneide ich meinen Hypertext in etliche Flachzylinder, vermutlich
brauche ich dazu ein Laserschwert. Da liegen sie jetzt wie Hantelscheiben beim
Gewichtheben nebeneinander. Gleichberechtigt. Da wird nichts schwächer.
Nicht mal die letzte Scheibe ganz rechts. Du könntest sie auch alleine auflegen.
Machen wir eine kleine Ausnahme: Ohne Scheibe 1 ganz links geht es nicht.
Das sind Zeile, Teaser und Cliffhanger. Sie müssen den Energie-Schub geben,
der wie beim Kugelstoßpendel bis zum Ende durchschlägt. Aber auch das passt
ja ins Bild: Schließlich lässt uns unser Gehirn immer zunächst links beginnen.

Der Hypertext ist also nicht von oben nach unten aufgebaut und vor allem
nicht in abschwellender Bedeutung. Bringen wir es auf den Punkt: Da gibt es
keine Indianerüberfälle auf Telegrafenleitungen mehr, keine Bleiwüsten, die
nicht mehr ins Schiff passen – und auch keinen Rotstift für Textkürzungen,
weil wir keine Gummiseiten haben und noch nie hatten (Achtung, für Digital
Natives: alter Print-Jargon).

Schicksalhafte Ereignisse und analoge Beschränkungen können uns nicht mehr bremsen. Warum sollten wir also immer noch so schreiben, produzieren und präsentieren, dass man auch auf vieles davon verzichten könnte? Das macht keinen Sinn. Unsere bisherige Lehre für den Online-Journalismus lautete ja: Gib alles oder lass es.

Das ist gut, denn von starken Stücken können unsere Leser nicht genug bekommen. Für sie gibt es im digitalen Journalismus »no limits«. Das haben wir uns stets so sehr gewünscht, dass man dafür auch gern mal ein neues Lehrmodell springen lassen kann. Schauen wir es uns also einmal genauer an – und gehen es Hantelscheibe für Hantelscheibe durch:

- **Das erste Segment** ist Zeile, Teaser und Cliffhanger vorbehalten.
- **Zweites bis viertes Segment** Haupttext. In den einzelnen Scheiben jeweils ein bis drei Hyperlinks auf Hintergrundinformationen, Belege, Multimedia-Angebote. Jede einzelne Scheibe mit Kurzteaser auf die nächste.
- **Segmente 5, 6, 7** ... Aktualisierungen, Weiterdrehen, Dokumente, Konsequenzen, Links, Multimedia, Crossmedia, Kommentar, Zeitleisten, Pro und Contra etc.

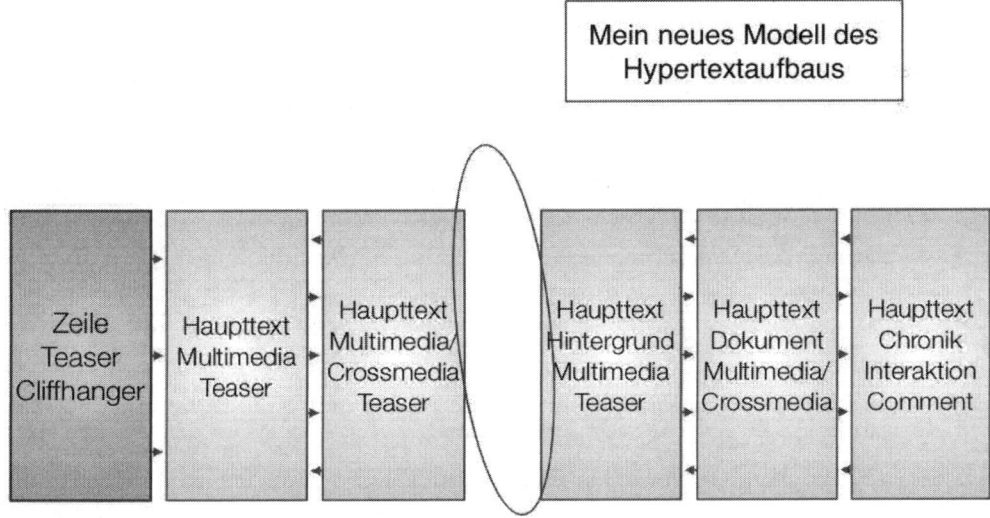

Die Hyperlinks

Im Hypertext ist der Link das Wurmloch, das Dimensionen sprengt, die Einstiegsstelle, die Ausstiegsstelle, der Umsteigepunkt, wie auch immer man es nennen will. Durch die Links, die erst die Bewegung und Navigation im dreidimensionalen Raum ermöglichen, wird ein Text erst zum Hypertext. Hier liegt der entscheidende Unterschied: Wenn ich nicht chronologisch von oben nach unten lese, sondern auf den verschiedenen Ebenen im Netz navigieren und operieren kann, muss ein Text vollständig anders aufgebaut sein und anderen Gesichtspunkten genügen.

Links kommt als Knotenpunkten deshalb entscheidende Bedeutung zu. Einerseits sind sie Qualitätsmerkmal eines konsequenten Hypertextes. Denn einen Text, der die Aktions-Möglichkeiten im Medium nicht ermöglicht, muss man auch nicht ins Medium stellen. Man kann ihn drucken.

Deshalb erkennt man einen konsequenten Hypertext an den gezielt und vor allem sinnvoll gesetzten Links. Bei aller Sympathie dafür muss jedoch auch klar sein: Mit dem kritischen Bewusstsein für die Flüchtigkeit unseres Lesers können wir feststellen, dass auch Links Leser vertreiben können. Dies gilt in erster Linie für ein Übermaß an Links, das zu Verwirrung führt. Du wirst in eine Richtung gedrängt und findest die Ausgangsquelle nicht mehr wieder. Du vergaloppierst dich. Du zappst dich raus.

Der Link allein ist also nicht schon der Erfolg, sondern der gut gesetzte Link. Er zeigt dem Leser den Weg zu einer attraktiven Zusatz- und Hintergrundinformation. Oder ermöglicht ihm den Zugang zur Interaktion. Der Link suggeriert Achtung vor dem Medium und Respekt vor denen, die dort auch noch mit Qualität unterwegs sind. Doch gleichzeitig muss der Link im Spannungsbogen des Hypertextes eingebettet sein, damit der Leser den Weg zurück findet. Man kann dies sehr gut mit einem Wanderer vergleichen, der in attraktivem, aber durchaus unwegsamem Gelände auf eine Karte angewiesen ist. Auf dieser Karte hat er immer seine Gesamtstrecke im Sinn und im Blick – und die Nebenstrecken führen ihn immer wieder darauf zurück.

Um im Bild zu bleiben: Wenn der Wanderer seine Richtung und sein Ziel tatsächlich ändern will, dann wird er mit der Karte auch eine neue Route finden. So ist es auch mit den Links. Denn schließlich setzen wir sie doch ein, um unseren Text und damit die Ausgangsroute attraktiv zu halten. Wir wollen die Möglichkeiten des Mediums attraktiv nutzen, uns jedoch nicht selbst überflüssig machen.

Darüber kann durchaus diskutiert werden. Schaut euch das nur mal an. Da linken die einen besinnungslos drauf los. Hier wirkt sich aus, dass ohnehin genaue Untersuchungsmethoden darüber noch fehlen, wie viele Leser tatsächlich zum Ausgangspunkt zurückkehren. Bei den üblichen oberflächlichen Messmethoden reicht es bereits aus, möglichst Klicks zu erzielen. Eine inhaltliche Analyse, wie es dann weitergeht, findet weitgehend (noch) nicht statt.

Dennoch sind Links auch unentbehrlich. Einerseits drücken sie schlicht Wertschätzung für den User aus. Sie verweisen auf Hintergründe, auf Texte von Teilnehmern einer Kontroverse, liefern Zahlen, Zitate und Fakten. Sie machen den Ausgangstext stärker, weil sie letztlich auch die Argumentation des Autors verstärken und unterstützen, selbst wenn sie »anderer Meinung« sind.

So setzt man Links

Deshalb halte ich es für sinnvoll, in jedem Abschnitt/Segment meines Zylinder-Modells einen, zwei oder drei Links sorgfältig zu setzen. Der jeweils letzte dieser Links ist immer klar: Er führt zurück zum Ausgangstext oder zur nächsten Zylinder-Scheibe. Dieser Link ist wichtig. Und es ist deshalb auch richtig, ihn mit einem Teaser auszustatten. So geht es weiter.

Der andere oder die anderen Links müssen so gesetzt werden, dass sie keinesfalls eine Odyssee im Netz auslösen. Denn auch dort schlummern und »lauern« weitere Links. Der Weg der Wahl muss zurück zum Heimathafen führen.

Deshalb ist auch von Links, die in unüberschaubares Terrain ausführen, zum Beispiel Google, abzuraten. Das gleiche gilt für Alibi-Links, die nur um des Links willen gesetzt werden, deren Sinn sich beim Draufklicken jedoch gar nicht erschließt und nur Ratlosigkeit auslöst. Besser sind stringente, schlüssige, stimmige Links, die scharf abgegrenzt eine wesentliche wichtige Zusatzinformation, eine wesentliche Zahl oder ein Zitat vermitteln können. Das können auch Links auf eigene Seiten sein.

Ich selbst habe wie viele die Erfahrung gemacht, dass mich Links oft sehr weit vom Ausgangspunkt fortgeführt haben. Deshalb empfehle ich, Links idealerweise am Ende eines Abschnitts oder sogar des gesamten Haupttextes einzusetzen, damit sie den Lesefluss nicht stören und den Leser nicht hinauswerfen.

Das muss man genau abwägen. Ich denke, ein Link sollte schon besonders wichtig sein. Und ich vertraue ihm auch sehr und lege ihn meinem Leser schließlich nicht umsonst ans Herz. Wenn ich Zweifel habe, lasse ich es sein. Und noch etwas: Mein gesamter Hypertext ist eben im besten Fall auch so konsequent durchdacht und durchgeplant, dass die Verlinkungen nicht nur möglichst wenig stören, sondern maximale Wirkung erzielen.

Und wie setzt man Links? In den meisten Redaktionssystemen und Content-Management-Systemen, auch in Blogs, sind hier einfache Routinen eingebaut, die niemanden überfordern. Es funktioniert meistens nach dem gleichen Prinzip. Der entsprechende Begriff, das entsprechende Zitat oder der entsprechende ganze Satz, der auf eine andere Website führen soll, werden markiert.

Dieser Markierung wird eine bestimmte URL, eine Internet-Adresse, zugeordnet. Dort soll es beim Click hingehen. Der Link wird zudem idealerweise beschriftet: So erhält der User eine kurze Erläuterung eingeblendet, wenn er mit dem Cursor über der markierten Stelle verweilt. Und kann sich entscheiden.

Wichtig ist es auch, kryptische, wenig aussagekräftige URLs zu optimieren und sie mit Schlüsselbegriffen statt der zusammenhanglosen Zahlen- und Buchstabenketten auszurüsten. Das ist vor allem für Links auf eigene Beiträge sehr empfehlenswert. Denn erstens ist die URL selbst lesbarer und informativer. Und zweitens wird sie von Suchenden und Suchmaschinen besser gefunden und ist mithin sichtbarer.

Absätze und Zwischenüberschriften

Was kann man nun im Text selbst noch tun? Hier, immerhin, bietet sich noch ein sehr wirkungsvolles Rezept aus den Print-Spalten an. Es sind Zwischenüberschriften und Absätze, die Texte ungemein wirkungsvoll strukturieren und optisch auflockern. Wer sich so viel Mühe gegeben hat, wie wir es bislang gemeinsam getan haben, wird es wohl auch noch schaffen, möglichst komfortable, griffige Absätze einzubauen – und diese mit informativen Zwischenüberschriften auszustatten.

Legion sind indes achtlose Textwüsten, die keine Absätze kennen. Da muss man sich nicht wundern, wenn das Auge müde wird und das Gehirn suggeriert: Das ist mir zu viel, das schaffe ich nicht. Wie ein Link gehört auch der Absatz zur Wertschätzung für unseren Leser. Idealerweise widmet sich ein Abschnitt oder Absatz einem abgeschlossenen Aspekt und leuchtet ihn kurz aus. Die Zwischenüberschrift sollte in fünf bis acht Wörtern den Inhalt beschreiben können. Ganz nach Belieben kann man Zwischenüberschriften auch nach zwei oder drei

Absätzen einrücken. Auch hier stets im Hintergrund: Unsere Strategie, unseren und andere Leser ständig mit Schlüsselbegriffen zu versorgen. Und, so lange es seriös bleibt, das eine oder andere Reizwort auf Lager zu haben.

6 »Keep it simple and short«

Mein journalistischer Werkzeugkasten online (Online-Stilformen)
Es ist eine Legende, dass der Online-Journalismus ohne einen Mix journalisti-scher Stilformen auskommt. Nach dieser Melodie: Es geht immer nur um den gleichen Stil, so sagen manche, es geht um eine attraktive, süffige Melange aus allen nur möglichen Stilen, sagen andere. Nachricht und Kommentar werden da oft nicht mehr voneinander getrennt, Bericht und Meinung nicht auseinander-gehalten, Meldung, Satire und Reportage miteinander verknüpft und vermischt.

Das kann man machen, das kann sogar attraktiv sein und viele Leser und Klicks bringen. Aber der reinen Lehre des Qualitätsjournalismus und der Sorgfaltspflicht entspricht es nicht. Einerseits gibt es einen real existierenden Erosionsprozess, der nicht von der Hand zu weisen ist. Man schreibt also munter und engagiert und besonders persönlich drauf los, hat starke Themen, ist überdurchschnittlich engagiert am Ball – und wird kräftig gelesen! Dieses Phänomen finden wir in Blogs, wo man sich nur in seltenen Fällen an die jour-nalistischen Stilformen hält.

Natürlich können solche Blogs ausgezeichneten Lesestoff und einen reich-haltigen Recherche-Steinbruch bieten. Man muss halt nur wissen, worum es sich handelt und womit man sich beschäftigt.

Dieses Verhältnis der neuen Ausdrucks-, Verbreitungs- und Stilformen des Online-Journalismus zu den gleichsam klassischen Stilformen ist bislang erst im Ansatz untersucht und behandelt worden. Klar ist jedoch, dass es sich bei einem persönlich gefärbten Blog um eine wichtige Quelle und Stilform handelt – und mithin um eine Errungenschaft des Online-Journalismus.

Das gleiche gilt für eine weitere Errungenschaft, die Kurznachricht oder Kurzmitteilung. Hier aber wollen wir uns passend dazu ziemlich kurz fassen. Denn die Tugend und Herausforderung, komplexe Zusammenhänge in wenigen Wörtern und knappen Sätzen zusammenzufassen, ist neben der Reportage die Königsdisziplin des Journalismus. Hier gibt es keine Differenzen:

Lerne, kurz zu schreiben, damit man dich versteht. Die verboten umständliche Langfassung geht dann ungefähr so: Wenn du deine Gedanken und Geschichten nicht wirklich ordnen, kurz zusammenfassen und auf den Punkt bringen kannst, dann sind sie nicht gut, bist du nicht gut.

News-Ticker. Live-Ticker

Eine der dynamischsten Stilformen, die nur der Online-Journalismus bietet, ist der Live-Ticker. Er nutzt die Möglichkeit der permanenten Aktualisierung. Letztlich setzt sich durch ständige Aktualisierung der Meldungen, durch ständig neue und live veröffentlichte News eine neuartige Form der Reportage zusammen. Der Reporter ist vor Ort und »tickert« in Echtzeit durch, vermutlich im Minuten- oder im Stundentakt.

Der Stil ist knapp, nachrichtlich, einordnend, aber nicht kommentierend. Der Reporter erlebt hautnah, was passiert. Er oder sie ist mittendrin oder ganz dicht dran. Wenn etwas passiert, dann werden die Meldungen verzögerungslos durchgegeben und sofort veröffentlicht.

Einsatzorte solcher Live-Ticker sind Großveranstaltungen, Fußballspiele, politische Demonstrationen, Stichflammen aller Art. Man kann nichts falsch machen. Denn das Interesse ist riesengroß, die Klickzahlen gehen bei besonders elektrisierenden Ereignissen durch die Decke. Und das Beste: Dies gilt nicht nur für das Portal eines großen Medienhauses oder eines reinen Online-Portals, sondern für jeden, der im Netz Journalismus betreibt. Und dafür kaum Equipment benötigt.

Im Minimalfall reicht für einen Live-Ticker ein Blog, die Verlinkung der Adresse möglichst weit gestreut – und über ein Smartphone kann ständig getickert und aktualisiert werden. Die brandaktuellen Fotos können dazu gestellt werden.

Dies gilt im Übrigen nicht nur für Ereignisse, von denen jeder gehört hat und bei denen naturgemäß die Konkurrenz der Medien und der professionellen Kollegen besonders groß ist die. Dies gilt auch für lokale Ereignisse, Geschehnisse in der Nachbarschaft, die sonst niemand auf dem Schirm hat. Du kannst sie in die Welt bringen. Du bist überraschend vor Ort. Du meldest dich vom Ort des überraschenden Geschehens. Du erhältst Aufmerksamkeit und informierst regelmäßig über den Fortschritt.

Was hätte der legendäre Reporter Egon Erwin Kisch getickert?

Die neuen Möglichkeiten hätte sich der rasende Reporter Egon Erwin Kisch (1885–1948) nicht vorstellen können, zumindest technisch. Aber ein begnadeter Reporter wie er hätte damit zu operieren und umzugehen gewusst. Denn als er 1912 zu den Schitkauer Mühlen in Prag geschickt wurde, wusste er zunächst nichts zu schreiben. Und befand sich in einer Situation, in der sich bis vor kurzem alle Print-Journalisten befanden. Wenn er also nicht wusste, was er schreiben sollte und ihm die Informationen fehlten, so hatte er doch immer noch bis zum Andruck und oft auch darüber hinaus Zeit, sich etwas auszudenken.

Und er dachte sich etwas aus: Er sah, wie die verelendeten Arbeiter an die brennenden Mühlen herandrängten und um ihre Existenz fürchten mussten. Er sah, wie sie einer Polizeireihe gegenüberstanden. Kischs Leser waren begeistert von derart starken Bildern, seine Chefs ebenso. Und die Konkurrenz war düpiert.

Denn die vermeintlich erfahrenen Schreiber und Platzhirsche der Prager Presse hatten natürlich den Chef der Polizei und den Leiter der Feuerwehr im Interview einvernommen – und also alle die gleiche Geschichte geschrieben.

Kischs Story jedoch war die beste von allen. Er hatte vermeintlich live berichtet, seine Protagonisten hatten Ruß im Gesicht und den Feuerschein in den Augen, und seine Story knisterte nur so vor Brisanz und Aktualität. Aus dieser Geschichte kann man einiges lernen. Egon Erwin Kisch hätte damit auch Online heute die besten Ergebnisse erzielt. Allerdings hätte er nicht so viel Zeit dazu gehabt. Er hätte im Minutentakt tickern müssen. Doch es hätte ihm auch einiges an Seelen-Qualen erspart. Gewiss hätte es ihn auch gezwungen, nicht so viel hinzu zu erfinden. Aber das ist eine andere Geschichte.

Der Live-Ticker ist für den Reporter eine faszinierende Möglichkeit, gleichsam die eigenen Notizen und unmittelbaren Beobachtungen sofort zu veröffentlichen, weiter alles zu beobachten – und den Liveticker später sogar für eine folgende Reportage nutzen zu können. Zunächst ist der Live-Ticker also eine Form des Küchenzurufs mit den modernsten Mitteln des Online-Journalismus. Schon gehört? So ist es weitergegangen. Was ist da jetzt los, was machen sie jetzt? Schau mal rein.

Dafür braucht man nicht unbedingt ein aufwändiges Redaktionssystem. Bei solchen Content-Management-Systemen ist die Sache klar: Die Reporter schreiben von draußen vor Ort in die in ihren mobilen Geräten aufgezogenen Boxen. Oder sie nutzen Apps zum Versenden von Kurznachrichten und Fotos vom Smartphone ins Redaktionssystem – zum Beispiel Whats App oder Scribble live.

Den gleichen Effekt kann man mit einem permanenten Strom von Kurzmitteilungen auf Twitter oder mit der ständigen Aktualisierung seines Blogs erzielen. Man braucht dazu lediglich ein aufgeladenes Smartphone oder ein Tablet, Netz, die App – und ein wenig Übung mit der virtuellen Tastatur. Ansonsten ist es Live-Journalismus pur, wie er sein muss: Genau beobachten, aufsaugen, unbestechlich berichten, gut schreiben.

Aber das ist nicht alles: Smartphone und Tablet sind mit ausgezeichneten Kameras ausgestattet. Diese Möglichkeiten werden von den meisten Usern freilich nicht annähernd ausgenutzt, das meiste liegt brach. Ich werde davon noch ausführlich berichten.

Die Welt mit dem eigenen Smartphone informieren

Es ist eines der entscheidenden Merkmale des neuen Online-Journalismus: Du bist nicht mehr nur allein der Schreiber. Oder fragst dich, so wie früher mancher Kollege, ob du denn ausgebildet und überhaupt befugt bist, eine Kamera zu benutzen. Schließlich steht das ja möglicherweise noch nicht einmal in deinem Vertrag. Außerdem ist das ja so komisch mit solchen Geräten in der Hand. Da könnte man sich ja einen Zacken aus der Krone brechen. Oder blöd aussehen. Früher gab es Spezialisten dafür. Fotografen. Und macht man die nicht jetzt überhaupt arbeitslos damit?

Vergiss das alles. Jetzt hast du selbst ein fantastisches Gerät in der Hand, mit dem man ständig auf einfachste Weise perfekte Fotos und Videos aufnehmen kann. Mit deinem Smartphone.

Damit nicht genug: In den entsprechenden Apps lassen sich deine Fotos in wenigen Sekunden in den entsprechenden Beitrag hochladen. Das bedeutet: Im Liveticker sendest du nicht nur ständig aktuelle Botschaften, sondern auch Bilder und Videos. Zunächst geschieht dies alles noch ungeschnitten und unbearbeitet, denn beim Liveticker geht es zweifellos um Geschwindigkeit und Aktualität.

Der Leser ist online ganz nah dran, gewissermaßen in Echtzeit. Neben dem Klassiker des Live-Tickers, der Fußball-Reportage im Minuten-Abstand (Tore, Spielstand, Aus- und Einwechselungen) hier Beispiele für Live-Ticker:

Wochenlang verfolgte die Welt den Kampf in Fukushima/Japan gegen die Kernschmelze und die radioaktive Verseuchung.

Über mehrere Tage wurden die Ereignisse in Paris nach dem Anschlag auf die Satirezeitschrift Charlie Hebdo verfolgt – bis hin zur großen Trauer-Kundgebung.

Im lokalen Bereich sorgen häufig Demonstrationen von Rechtsradikalen und die Gegendemonstrationen für große Aufmerksamkeit. Wer den Live-Ticker online verfolgt, bekommt alles mit, von der Entwicklung der Teilnehmerzahlen über die wichtigsten Aussagen bis hin zu möglichen Auseinandersetzungen.

Mit dem Live-Ticker lässt sich schnell Alleinstellung erzielen. Im Lokalen ist dies zum Beispiel bei schweren Verkehrsunfällen oder Bränden und Katastrophen denkbar. Und was ist eigentlich gegen diese Idee einzuwenden: Wir stellen uns auf den Marktplatz, fragen nach den Preisen, den besten aktuellen Produkten und möglichen Problemen damit – und tickern dann eine Stunde lang?

Oder: Vor Ort gibt es ein brennendes Problem, zum Beispiel die geplante Ausweitung einer Atommüll-Konditionierungsanlage in unmittelbarer Nachbarschaft zur Wohnbebauung und zu Schulen und Kindergärten. Wir kündigen unseren Live-Ticker an, rufen die Leser zur Teilnahme und zur Diskussion auf – und schreiben dann einfach nur noch kräftig mit, fotografieren und drehen und tickern pausenlos.

Gut für die Redaktion – Kommentarfunktion und Diskussion

Dann kommt es nur noch darauf an, dass wir mit diesem starken Produkt auch tatsächlich wahrgenommen werden – und die Möglichkeit bieten, zu kommentieren und zu diskutieren. Direkter und unmittelbarer ist die Redaktion selten dabei gewesen, wenn sie bislang ausschließlich auf Print fixiert gewesen ist. Gleichzeitig haben reine Online-Portale die Möglichkeit, hier in der Aktualität Punkte zu sammeln. Sie sind Print-Redaktionen, die erst noch ächzend um- und draufsatteln müssen (und ihr neues Glück vielleicht noch gar nicht fassen können oder wollen), zunächst überlegen. Manchmal sogar deutlich. Wie beim Märchen vom Hasen und vom Igel sind sie immer schon da.

Dies gilt besonders im lokalen Bereich, dort, wo sich viele Print-Redaktionen noch schwertun und alten Strukturen verhaftet sind. Eine solche lautet: Wir müssen hinterher erst noch die Polizei oder die Stadt fragen, wie es denn gewesen ist. Außerdem kann man ja auch noch morgen bei der Feuerwehr nachhaken. Im Ernst: Im Online-Wettstreit ist es dann zu spät. Was jedoch nicht bedeutet, dass die Tugenden der Recherche endgültig zu den Akten gelegt sind. Die Qualitäts- und Sorgfaltskriterien des Pressekodex gelten nach wie vor.

Es schließt sich jedoch gar nicht aus: Mit Instrumenten wie dem Live-Ticker zeigen wir unserem Leser Stück für Stück, wie wir arbeiten – und eben auch recherchieren.

Wir nehmen ihn mit, lassen ihn in Echtzeit am Prozess teilhaben. An unseren Recherchen ist er beteiligt, und unsere Informationen bekommt er ohne Zeitverzögerung zur Verfügung gestellt. Vielleicht kann er sich sogar selbst daran mit Informationen und Hinweisen beteiligen, denn auch dieses ist jederzeit möglich. So sind Zusatzinformationen möglich, die man sonst nicht bekommen hätte.

Das bedeutet auch: Keine Angst vor einem Irrtum, denn man kann und muss ihn jederzeit korrigieren. Auch das hat sich geändert. Hier ist in vielen Redaktionen allerdings noch ein Mentalitätswandel notwendig, der noch längst nicht endgültig vollzogen ist. Wer neu in den Journalismus hineinwächst, sollte sich mit solchen Bedenken allerdings nicht allzu lange tragen.

Die Meldung

Die klassische Meldung hat auch online nichts von ihrer Bedeutung eingebüßt. Sie erlebt sogar eine Renaissance. Denn dort kommt es auf knappste Präzision und Ressourcenmanagement an. Jede Abschweifung kann Leser kosten. Warum da nicht bei der kernigen Meldung bleiben? Sie ist die professionell ausformulierte Nachricht. Es handelt sich um die für den Leser knapp und präzise aufbereitete Beantwortung der W-Fragen. Nach der reinen Lehre sind es fünf: Was? Wer? Wie? Wann? Wo?

Als sechstes W gilt Warum? Aber es gibt auch noch zwei weitere W-Fragen: Woher? (im Sinne von Quelle, Nr. 7) und Wozu? (im Sinne von: welche Konsequenzen, Nr. 8). Alle diese Ws bleiben jedoch hinter der Mutter aller W-Fragen zurück – und das ist das WAS. Was ist passiert? Was war los? Anschließend geht es nach absteigender Bedeutung. Und nach wie vor geht es so: Du kannst bei der Meldung von hinten wegkürzen.

Kern der Meldung ist stets die Nachricht, also das, was wirklich neu ist. Entscheidendes Kriterium ist die Aktualität. Die Nachricht ist relevant, sie stößt auf Interesse, überschreitet also eine bestimmte Reizschwelle. Denn sie ist nicht banal. Die Nachricht übermittelt eine Tatsache und ist objektiv. Sie hat nur wenige Zeilen. In Nachricht und Meldung kommentieren wir nicht. Das hat sich auch online nicht geändert.

Der Bericht

Nachricht an Nachricht, ergänzende Nachricht an ergänzende Nachricht erweitern sich zum Bericht, ergänzt durch Zitate und erläuternde Informationen. Auch im Bericht kommentieren wir nicht, er ist eine konsequent nachrichtlich orientierte Form. Der Bericht-Stil kommentiert nicht. Punkt.

Auch im Online-Journalismus gilt die Regel: Bericht und Kommentar sind zwei verschiedene Dinge. Warum ist das so? Es sei auch hier noch einmal erläutert. Der Journalist hat natürlich eine eigene Meinung, berichtet jedoch im Sinne der Aufklärung der Öffentlichkeit. Und das bedeutet, die Fakten hervorzuholen und zu präsentieren und nicht mit der eigenen Meinung zu vermischen. Es gehört zur Sauberkeit und vor allem zur Qualität, eigene Meinung konsequent als Kommentar kenntlich zu machen.

Auch für Meldung und Bericht gilt online: Langweile nie, sei nicht zu lang und denk an dein Verkaufsargument, den Teaser. Im besten Falle ist eine starke Nachricht ein noch besserer Teaser. Online hat der Bericht als Haupttext jedoch stark bewusstseinserweiternde Möglichkeiten: Wir können ihn an den geeigneten Stellen mit Zusatzinformationen und anderen Medien verlinken. Und das macht den Bericht online gewissermaßen zum Nachrichten-Navigator und damit zu einem starken Instrument.

Das Interview

Das Interview ist nicht tot. Es ist für den Online-Journalismus geradezu prädestiniert. Denn allein schon von Optik und Struktur her bietet es jene Auflockerungen, die auf dem Bildschirm notwendig sind und Halt geben.

Die Fragen sind dabei gut geeignete Zwischenüberschriften. Bei den Antworten muss man unbedingt darauf achten, dass sie nicht allzu lang, ausschweifend oder nichtssagend ausfallen. Für einen guten Teaser ist das Interview bestens geeignet. Der Interviewpartner wird mit einer zentralen, packenden Aussage vorgestellt. Die Neugier auf ihn wird geweckt – und das ist auch legitim. Und dann heißt es im gesetzten Cliffhanger:

Lesen Sie unser Interview mit ...

Oder: Lesen Sie, was ... über ... sagt.

Na, wenn da nicht geklickt wird – dann kann es höchstens zwei Ursachen haben: Der Interviewpartner ist langweilig, also für ein Online-Interview nicht geeignet. Oder seine Themen sind langweilig, funktionieren online also auch nicht. Darüber muss man sich im Klaren sein: Journalistische Kopfgeburten, wenn man vielleicht ein Interview »schuldig« ist oder im politischen Proporz noch abliefern zu müssen meint – sie funktionieren überhaupt nicht.

Für die Autorisierung von Interviews gelten im Übrigen online die gleichen Kriterien wie im Print. Ein Interview muss offen geführt werden, der Interviewer gibt sich als solcher zu erkennen und vereinbart ein Interview mit seinem Gesprächspartner.

Eine Autorisierung, das heißt eine Abnahme und Korrektur des Textes durch den Gesprächspartner, ist entgegen landläufiger Vorstellung nicht obligatorisch. Auch die Autorisierung muss vereinbart werden. Wenn dies jedoch geschehen ist, dann muss sich der Interviewer an diese Vereinbarung auch halten. Wenn keine Autorisierung vereinbart wurde, gilt der schlichte Satz des Pressekodex: Ein Interview ist dann korrekt, wenn es korrekt wiedergegeben ist.

Glosse und Kolumne

Beide Stilformen sind für den Online-Journalismus bestens geeignet. Denn sie verbinden etwas, das der Leser sehr mag: Sie sind persönlich, identifizierbar, intim, sie sind dicht und vor allem: Sie sind verdammt gut geschrieben.

Und hier ist schon der Haken: Nicht gut geschrieben, ohne mindestens eine starke Pointe, ohne Salz und Pfeffer sind Glosse und Kolumne einfach nur peinlich, bemüht und überflüssig. Die Glosse ist eine Stilform, die online bestens funktioniert. Es ist ein kleines, persönliches Stück, vielleicht auch ein bizarr verdrehtes oder übertriebenes Stück, das man sehr gut auf einer Bildschirmseite konsumieren kann.

Idealerweise befindet sich die Glosse in einem Umfeld, in dem man starke Glossen erwartet und danach sucht. Es ist eine kleine, feine Stilform, die aufspießt, überspitzt, überzeichnet, aber dennoch sehr intelligent eine Pointe aufbereitet. Glossieren heißt bekanntlich hervorheben, unterstreichen, herausstreichen, also übertreiben. Oder zum mindesten leicht übertreiben.

Dabei werden Ironie und Satire benutzt – und das macht auch bereits das Problem der Glosse im Internet deutlich. Denn dort gibt es einen Merksatz: Ironie kann auch missverstanden werden. Mitunter finden sich glossierende oder ironische Texte über Suchmaschinen – und im Zusammenhang oder über den Link erschließt sich nicht sogleich, dass es sich nicht um Tatsachenbehauptungen handelt …

Dies jedoch außer Acht gelassen, sind Glossen mit die stärksten Lesestücke und ein gutes Argument, eine Plattform zu besuchen. Sie spießen meistens kleine Begebenheiten auf, kommen von hinten durch die Brust ins Auge und vom Hölzchen aufs Stöckchen, drehen auch schon mal einen Vorgang ins Bizarre und Groteske, zaubern aber in jedem Fall beim Leser ein Lächeln ins Gesicht. Sonst hat es nicht geklappt.

Auch die Kolumne kann eine Glosse sein, muss es aber nicht. Kolumne heißt eigentlich Spalte, der Begriff stammt wie so viele aus dem Print, im Online-Journalismus ist die Kolumne jedoch »eine Bank«. Einfach ausgedrückt: Egal, wo sie erscheint, ist die Kolumne eine regelmäßig, meist auf einem festen Platz und zu einer festen Zeit erscheinende ganz persönliche Visitenkarte eines Autors. Bitte immer mit Porträt.

Es ist eine Persönlichkeit, die hier etwas zu sagen hat und die in ihrer ganz eigenen Sprache mit Charakter und besonderen persönlichen Eigenschaften glänzt.

Der Kolumnist nimmt sich regelmäßig ein spezielles Thema vor, vielleicht Außenpolitik, Sport, Lokales, vielleicht eine besondere Perspektive, einen besonderen Standort oder Standpunkt. Man weiß, wo er steht. Und wofür. Und ist immer gespannt, was er zu sagen hat und wie er es sagt.

Kolumnen sind Quotenbringer, wenn sie gut gemacht sind. Sie boten schon immer alles, was beim Leser ankam. Und jetzt erst recht. Denn jetzt ist es möglich, dass der Leser sofort und direkt mit seinem Lieblings-Schreiber Kontakt aufnehmen und ihn kommentieren kann. Natürlich setzt es dabei nicht immer nur Lob, mitunter auch Kritik und Schmähkritik. Aber eine stärkere Bindung als die Antwort des Autors und die Auseinandersetzung mit der Kritik kann man sich schwerlich denken. Der Aufwand ist zwar hoch. Doch es lohnt sich. Das ist der Unterschied, bei dem Print nicht mithalten kann.

Kommentar. Pro und Contra

Was wir für Glosse und Kolumne gesagt haben, gilt auch für den Kommentar. Er ist persönlich, kommt auf den Punkt, passt auf eine Bildschirmseite. Für den Kommentar gilt jedoch in allererster Linie: Eine Meinung musst du wirklich haben! Wenn du dich nicht traust, sie zu sagen, dann schreibe keinen Kommentar!

Ein guter Autor ist meinungsstark – und seine Spielwiese für die starke Meinung ist der Kommentar. Er ist als Stilform im Journalismus besonders privilegiert. Denn – wie bei der Satire: Der Kommentar darf alles, wenn es sich um Bewertungen handelt, allerdings nicht um Tatsachenbehauptungen. Wegen seiner Meinung darf man niemanden verfolgen, bestrafen oder gar ins Gefängnis werfen. Meinung muss man aushalten.

Dabei ist es egal, was kommentiert wird. Denn der Kommentator steht zu seiner Meinung und vertritt sie. Und das darf er auch. Nur zwei Dinge darf der Kommentar nicht: Er darf nicht Meinung verschleiern, verbergen oder vortäuschen. Und er darf nicht dort hineingeschmuggelt werden, wo der Leser keinen Kommentar, sondern Nachrichten und Berichte erwartet.

Es gibt drei wesentliche Kommentar-Typen

※ Da ist der **Geradeheraus-Kommentar**, der eindeutig und unmissverständlich kommentiert und am besten geeignet ist. Er sagt eine klare Meinung, gibt ein klares Statement rundheraus und ohne lange Umschweife ab. Er nimmt Stellung, bezieht eindeutig Position. Gleichzeitig vermittelt er dem Leser die zentralen Argumente, die für diese Meinung sprechen. Er sagt: So musst du das sehen. Es spricht alles dafür.

※ Da ist der **Einerseits-Andererseits-Kommentar**. Er ist zwar beliebt, aber nur zweite Wahl. Eine gewisse Sympathie kann man ihm bei Vielen nicht absprechen. Denn manchmal sind die Dinge nicht so einfach. Deshalb tastet sich der Einerseits-Andererseits-Kommentar behutsamer als der Geradeheraus-Kommentar voran, wägt ab, lotet aus, kommt dann aber zum gleichen Ergebnis. Denn wenn er seine

Meinung nicht klar auf den Punkt bringt, ist es kein Kommentar.
Dieser hier aber nimmt Menschen mit anderen Meinungen eher mit.
Achtung: Beim Einerseits-Andererseits-Kommentar ist die Gefahr
größer, dass man am Ende doch noch die Courage verliert und seine
wahre Meinung dann lieber für sich behält.

※ Und da ist das **Pamphlet**. Das Pamphlet ist auch ein Kommentar,
aber von der brachialen Sorte. Das Pamphlet argumentiert nicht,
es greift an. Direkt, von vorn, mitten zwischen die Augen. Das
Pamphlet kennt und duldet keinen Widerspruch, greift zu starken
Vokabeln und benennt aggressiv die eindeutige, unumstößliche
Meinung. Man kann zum Pamphlet sagen, was man will. Erste Wahl
ist es nicht. Doch in jedem Fall, und wenn es noch so verstört, wird
es verdammt gut gelesen und hat beträchtlichen Unterhaltungswert.
Und nicht die schlechteste Leser-Reaktion ist es schließlich: Diese
Meinung teile ich nicht, und so darf man das wohl auch nicht sagen.
Aber eigentlich weiß ich selbst nicht mehr, wie ich den Kommentar
in einem Zug durchgelesen habe. Und schließlich: Der Pamphletist
muss immer auch die passende Antwort ertragen können. Wie man
in den Wald hinein ruft, so schallt es zurück.

※ Dann noch das **Pro und Contra**. Es ist das Mittel der Wahl, wenn
es sich um ein besonders kontroverses Thema handelt. Ein Thema,
von dem wir wissen, dass es mehr als eine Meinung gibt, die ernst-
zunehmen ist und viele Befürworter findet. Dann lassen wir eben
beide Seiten möglichst eindrucksvoll zu Wort kommen, mit zwei
starken Kommentaren. Wichtig ist, dass man gute Autoren findet.
Und selbstverständlich müssen sie auch tatsächlich verschiedener
Meinung sein. Ein Pro und Contra, bei dem die Meinungsunter-
schiede nicht deutlich werden, geht gar nicht. Wichtig ist jedoch
auch, das Thema klar zu benennen und als gemeinsames Oberthema
vorzugeben.

Unterschwellig gibt es übrigens immer einen Konkurrenzkampf der beiden
Kommentatoren. Wer hat seine Meinung besser vertreten? Wer hat überzeugt?
Das macht den besonderen Reiz des Pro und Contra aus.

Im Grunde genommen will jeder Kommentator Sieger sein. Die Leser wollen über Sieg und Niederlage entscheiden und sich mit einem der beiden Kommentare identifizieren. das heißt, es macht Sinn, sie online auch darüber abstimmen zu lassen. Und ihnen die Möglichkeit zu geben, ihre Bewertung selbst in einem Leserkommentar abzugeben.

Kleiner Wermutstropfen: Leser, die sich von Kommentaren tatsächlich überzeugen lassen, scheinen leider oft in der Minderheit zu sein. Was nichts an gewöhnlich sehr guten Einschaltquoten für sie ändert.

Bildergalerie

In vielen Redaktionen waren und sind Bildergalerien sehr beliebt. So beliebt, dass man im Rausch der Klicks oftmals Bildergalerien mit Online-Journalismus verwechselte. Einerseits sind die Bilderstrecken natürlich überaus attraktiv und sorgen für kräftig Page Impressions (PI), also Klicks. Andererseits ist das natürlich eine Nutzung, so schön sie ist, mit der allein wir nicht zufrieden sein können. Denn wenn die Bilder durchgeklickt sind, wenn alles angeschaut ist, sind wir den Leser wieder los. Eine Bindung findet nicht statt. Ich möchte das etwas boshaft als Strohfeuer bezeichnen, nicht als Leuchtturm, der es sein sollte. Strohfeuer von Party zu Party gewissermaßen.

Hinzu kommt die oft lausige Qualität der Foto-Massenware. Oft schicken Teilnehmer massenhafte Foto-Sendungen an die Online-Redaktion, die dieser Flut kaum Herr werden kann und in letzter Konsequenz nicht selten alles achtlos und ohne Auswahl online stellt. Der User wird sich da schon durchklicken. Ärgerlich bloß, dass in den meisten Fällen nicht einmal eine Bildunterschrift vorhanden ist. Und das kommt so: Der Fotograf hält drauflos, vermutlich fehlt ihm ohnehin die Zeit, für jedes Foto die Caption zu erstellen. Das Resultat: Namen fehlen, Hintergründe sind nicht beschriftet, es fehlt die Geschichte zum jeweiligen Bild. Letztlich erkennen sich am Ende nur die Leute selbst, die auf dem Foto zu sehen sind.

Das ist natürlich ein bisschen wenig. Die Kunst liegt deshalb darin, eine Bildergalerie zu organisieren. Das Hineinstellen und Hochladen von Fotodateien ist mittlerweile auf allen Ebenen das geringste Problem. Klar ist auch, dass Veranstaltungen mit Massenbesuch, bei denen zudem kräftig Action herrscht, für Bildergalerien besonders geeignet sind. Und klar ist auch, dass wir dieses Geschäft mitnehmen sollten und natürlich mitnehmen werden. Da kann man es doch auch ordentlich machen. Das bedeutet: Die jeweiligen Fotografen erhalten einen richtigen Plan, nach dem sie die wichtigsten Informationen zu einem Foto notieren und als Caption erstellen müssen. Dann kann sich die Online-Redaktion entsprechend bedienen und das Ganze aufbereiten.

Für Journalismus-Anfänger sind Bildergalerien keine schlechte Gelegenheit, sich auszuzeichnen. Sie bieten die Möglichkeit, trotz der Masse an Fotos auf Qualität zu achten und selbstverständlich die notwendigen Bild-Informationen zu liefern. Fotografen, die das können, heben sich wohltuend von anderen ab.

Und: Beim schnellen Foto und beim Einsatz vor Ort ergeben sich erfahrungsgemäß weitere Kontakte und nicht die schlechtesten Geschichten. Merke: Ein Foto ist ein ganz starkes Instrument der Bindung und der Aufmerksamkeit. Das gilt natürlich auch für gut gemachte Bildergalerien. Inflationäre, achtlose Massenware ohne Informationen sollte es jedoch nicht sein.

Zeitleisten

Timelines, Zeitleisten, sind ein komfortables Instrument, um die Erfordernisse und Chancen des Hypertextes mit bekömmlichen und attraktiven Portionen für den Leser zu verknüpfen. Einerseits ist die Chronologie rein psychologisch attraktiv, denn sie ermöglicht auch dem Leser, Jahr für Jahr mitzugehen. Gleichzeitig kann er die Jahreszahl beziehungsweise den Teaser zur Jahreszahl bequem anklicken – und es verbirgt sich dahinter die jeweilige Entwicklung, ein Foto, vielleicht ein Video.

Die Chronologie ist sehr geeignet, Entwicklungen und Hintergründe deutlich zu machen. So ist es bei Krisen und Konflikten, bei Wissenschafts- und Forschungs-Entwicklungen. Und so ist es auch im Lokalen, wenn es beispielsweise darum geht, wie sich Entscheidungsprozesse gestaltet, Aussagen verändert haben. Die Didaktik macht es vor: Wenn man etwas lernen und sich ein Gebiet aneignen will, dann funktioniert dies am besten über die Geschichte, über die chronologische Entwicklung, gewissermaßen über die Metamorphosen.

Wer sich in der Zeitleiste bedient, wird zum Forscher, zum Rechercheur. Gut so.

Die App unserer Wahl ist Timeline 3D, das wunderbar auf dem iPhone funktioniert und sich eindrucksvoll im Raum entfaltet. Über dem Zeitstrahl sind unsere Fotos oder Videos aufgereiht, die extrem einfach aus der Dropbox oder der eigenen Mediathek hochgeladen und betextet werden können. Wischt man mit dem Finger über den Startbildschirm, klappt das früheste Foto oder Video mit dem entsprechenden Text heraus. Wischt man weiter, kann man sich Aktion für Aktion der Chronologie und den Hintergründen widmen. Diese Timeline ist ein Tool, das privat sehr stark genutzt wird, schließlich kann man so Urlaube oder Freundschaften Revue passieren lassen.

Die journalistische Funktion ist jedoch nicht zu verachten. Hier lässt sich mit Hilfe des Zeitstrahls eine richtige Story erzählen, nicht nur in der großen Politik mit Bildern aus dem Archiv, sondern auch im Lokalen mit ganz einfachen Mitteln.

Beispiel: Ich will mit der Hilfe von Denkmälern zeigen, wie sich meine Heimatstadt im Laufe der Jahrhunderte verändert hat. Ich benötige lediglich einen 40-minütigen Rundgang durch die Innenstadt, pilgere vom Dom über das Landesmuseum und den Altstadtmarkt bis hin zum Rathaus und zur neuen Bibliothek. Unterwegs nehme ich mit meinem iPhone die Fotos auf und stelle gleich das Baujahr und einen Kurzkommentar, sei es zum Zustand oder zum Besucherstrom, dazu. Fertig.

Zweites Beispiel, jenseits von Geschichte und Denkmälern. In der Stadt gibt es einen Betrieb, der in der Nähe zu einem Wohngebiet expandieren will, was die Bürger gar nicht gern sehen. In den vergangenen zehn Jahren hat es immer wieder Auseinandersetzungen gegeben. Ich habe bereits eine Chronologie »im Block«, kenne die wichtigsten Meilensteine der vergangenen zehn Jahre, habe aber keine Bilder. Mit dem iPhone schieße ich jedoch symbolische Fotos vom Unternehmen und der Umgebung, vom Zaun, von den Messgeräten der Umweltüberwachung, von den Bauten, die zuletzt errichtet wurden. Ich zeige Gegner und Befürworter, habe vielleicht sogar noch ein älteres Foto von einer Demonstration in meiner Mediathek.

Wenn ich das jetzt alles einem bestimmten Datum zuordne und in der App hochlade, bekomme ich ein eindrucksvolles Ergebnis. Meine Timeline kann ich in die Dropbox exportieren, wo sich beispielsweise die Online-Redaktion bedienen kann. Ich kann den Link auch in meinen Word-Press-Blog einbauen und dort präsentieren. So erhalten auch meine Leser die Möglichkeit, mein Werk zu kommentieren und gegebenenfalls zu ergänzen.

Die Slide-Show

Im Grunde genommen ist die Timeline bereits nichts anderes als eine Slide-Show. Dabei werden Bilder präsentiert, die eins nach dem anderen ablaufen. Dabei ist es sehr komfortabel, wenn die einzelnen Bilder mit Bildunterschriften und Teasern ausgestattet sind. Bei der Slide-Show jedoch kommt nun noch Ton ins Spiel – Musik oder gesprochener Text. Die Bilder müssen auch nicht weiter »gewischt« werden, sondern werden wie in einer Diashow vorgeführt.

Hier habe ich mich für die App Flipagram entschieden, die direkt bei Facebook eingebunden ist. Ganz ehrlich: Das macht richtig Spaß. Die Fotos sind extrem leicht aus der Mediathek hochzuladen, sie werden dort lediglich kurz markiert und sortiert. Jedes einzelne Foto kann beschriftet werden oder einen eingesprochenen Kurztext bekommen.

Hier zahlt sich aus, dass wir alles in einem Gerät »an Bord« haben. Natürlich auch die Musik, die ebenso leicht hochgeladen und daruntergelegt werden kann. Sie kommt aus dem eigenen Musik-Fundus (auf dem iPhone) oder aus dem iTunes Store. Die Verweildauer der einzelnen Fotos kann eingestellt werden. Schon nach wenigen Versuchen gelingt es, die Bild-Abfolge tatsächlich in den Rhythmus der Musik zu bringen. Wie schon bei der Timeline kommt ein verblüffend professionelles Ergebnis heraus.

Mit Schreibblock und Kugelschreiber hat das nicht mehr viel zu tun. Aber jetzt wieder ganz praktisch: Schneller als man schauen kann und es vielleicht sogar will, ist die Slide-Show bei Facebook eingestellt und kann dort von den Freunden gesehen und geteilt werden. Über YouTube lässt sie sich perfekt in meinen WordPress-Blog einfügen und präsentieren. Ich kann den Link an die Online-Redaktion mailen oder in der Dropbox deponieren.

Will mein Leser eigentlich Musik zu den Fotos? Das muss er selbst entscheiden. Als Journalist präferiere ich selbstverständlich einen kurzen Audio-Kommentar pro Foto. Mit ein wenig Übung kann man hier eine schöne Geschichte erzählen, eins baut auf dem anderen auf. Beispiel: Mein Bilder-Streifzug führt mich durch eine Ausstellung im Stadion mit Trikots, Pokalen, Meisterschalen. Ich zeige die interessantesten Stücke als Bild und spreche jeweils einen kurzen Kommentar dazu. Damals, als wir Deutscher Meister waren ...

Listen/Rankings. Listicles

Nur wenige Dinge sind reizvoller als Ranglisten, Rankings, Reihenfolgen, Tabellen. Es liegt vermutlich in der Natur des Menschen, Reihenfolgen herzustellen und daraus Erkenntnisgewinn und vor allem Vergnügen zu ziehen. Man will halt einfach wissen, wer an der Spitze liegt, ins Mittelfeld abgefallen ist oder gar die rote Laterne trägt. Beim Vergleich erkennt man Auf- und Absteiger.

Im Boulevard waren und sind Listen deshalb immer schon besonders attraktiv. Kein Wunder, dass sie auch im Online-Journalismus zu den besonderen Quotenrennern zählen. buzzfeed.com baut sein ganzes Prinzip darauf auf und hat ausschließlich Listicles im Programm.

Da geht es nicht nur um die zehn besten Katzen-Videos und 15 Gründe, kein Fleisch mehr zu essen oder eben doch. Das ist vollkommen beliebig. Wichtig ist nur, dass der Leser eine Rangfolge, eine Bewertung aufspüren kann – und das ist die eigentliche Botschaft der Listen. Natürlich sind Rangfolgen und Vergleiche auch Journalismus, weshalb sich sogar buzzfeed mit seinen Listicles an aktuelle Themen heranwagt. »22 Momente, die dir den Alltagsrassismus in Deutschland zeigen«, lesen wir. Doch dann wieder: »20 Sätze, die jedes Date sofort beenden« – und ein Ranking der Sonntag-Abend-Tatort-Kommissare.

Natürlich ist das in erster Linie Clickbaiting, denn es bleibt in den meisten Fällen vollkommen unklar, auf welcher Datenbasis und Grundlage die Listen erstellt werden. Meistens sind es nur gefühlte und konstruierte Listen aus reiner Phantasie. Etwas anderes ist es natürlich, wenn man auf einer gesicherten Grundlage und Datenbasis Rankings erstellen kann. Es reicht also nicht nur die Liste allein. Es muss eine recherchierte Basis mit Quellenangabe dafür geben. Und wenn es diese gibt, dann ist die Liste ein treffliches Mittel der Wahl, möglichst viele Leser anzusprechen und Inhalte zu transportieren.

Kleiner Exkurs: Natürlich kann man über persönliche Listen nicht unerheblichen Unterhaltungswert produzieren. Man kann zum Beispiel persönliche Vorlieben im Umgang mit dem anderen Geschlecht, beim Einkaufen oder Pech und Pannen aller Art auflisten und online stellen.

Man kann es jedoch auch seriös und sinnvoll machen und beispielsweise eine Umfrage in der Innenstadt starten. Was fehlt Ihnen? Was ärgert Sie gerade? Ich habe mir die App Wunderlist auf mein iPad geladen. Sie ist normalerweise gut dazu geeignet, die eigene Arbeit in To-do-Listen zu organisieren und zuverlässig zu erledigen.

Doch weil Listen so ungemein attraktiv sind, bietet die App eine Funktion an, Listicles zu erstellen – mit Teasern, mit Fotos und vor allem mit einer Funktion, dies anschließend zu teilen und zu veröffentlichen. Kann sein, dass die Listerei nur ein kurzfristiger Trend ist. Aber: In erfolgreich und weniger erfolgreich, in gut oder schlecht wird man die Welt vermutlich immer einteilen wollen.

Chat. Umfrage, Online-Abstimmung

Online bieten sich besondere Dialogformen an, wenn das Content-Management-System sie hergibt. In Chats stellt sich die Redaktion den Meinungen und Fragen der User und antwortet und diskutiert. Gleichzeitig ist es möglich, spezielle Gäste wie Interviewpartner in den Mittelpunkt eines Chats zu stellen und sie mit den Usern diskutieren zu lassen.

Die Inhalte bieten attraktiven Lesestoff, weil jeder in Echtzeit sehen kann, wie auskunftsfreudig sich der Gesprächspartner gibt. Die Redaktion kann die Chat-Ergebnisse entsprechend präsentieren, aufbereiten, portionieren. Achtung: Der geschriebene Chat steht an Authentizität und Eindringlichkeit dem gesprochenen Wort deutlich nach. Außerdem bietet er die Möglichkeit, auszuweichen und sich in allgemeinen Floskeln zu verlieren.

Umfragen und Abstimmungen sind ein besonders beliebtes und wirkungsvolles Mittel, Stimmen und Stimmungen bei den Usern auszuloten. Sie bieten zudem die Möglichkeit, die Ergebnisse in Grafiken und Schaubildern zu visualisieren. Achtung: Hier ist allerdings die Beteiligungsquote entscheidend. Man sollte Wert darauf legen, die Zahl der Beteiligten zu analysieren und in ein vernünftiges Verhältnis zum Ergebnis zu stellen.

Dabei ist es nicht notwendig, stets repräsentative Ergebnisse zu erzielen. Online-Umfragen und Abstimmungen bieten ein aktuelles, begrenztes Stimmungsbild, nicht mehr, aber auch nicht weniger. Gerade in den Schwerpunkten und Haltungen einer lokalen Community kann ein besonderer Reiz solcher Abstimmungen und Umfragen liegen.

Live-Stream

Die konsequente Fortsetzung des Echtzeit-Prinzips per Text (Chat, Live-Ticker) ist die Direktübertragung von Ton und Bild, das Live-Streaming. Die entsprechenden Apps für Live-Streams sind, wie sich zeigt, jedoch noch sehr kurzlebig.

Beim Audio-Livestreaming für gesprochene Direktübertragungen gibt es zum Beispiel die App Mixlr, die mit Facebook verknüpft ist. Beim Video-Livestreaming stehen Apps wie Meerkat und Periscope zur Verfügung, die über Twitter ins soziale Netzwerk integriert sind. Welche Programme und Apps noch neu entstehen und sich letztlich durchsetzen werden, ist jedoch unerheblich. Entscheidend ist das Prinzip, das wiederum ohne große technische und finanzielle Hürden allein mit einem Smartphone journalistische Leistungen ermöglicht, auf die bislang die Profis der Sender das Monopol der »Gatekeeper« besaßen. Jetzt kann es leicht durchbrochen werden – freilich idealerweise verknüpft mit einem hohen Maße an Verantwortungsbewusstsein. Es sind zwei Dinge zu berücksichtigen. Erstens: Für den »Spaß« in den sozialen Netzwerken sind die Live-Apps, zumal flüchtig, kaum geeignet. Zudem zeigte sich bei YouNow, das von vielen Jugendlichen benutzt wurde, dass auch die Verantwortung hoch und das Missbrauchspotenzial groß ist. Überdies bedarf es konkreter Absprachen der Themen, der Besucherkreise und des jeweiligen exakten Zeitpunktes der Live-Übertragung. Diese Faktoren indes machen das Livestreaming für den Journalismus naturgemäß besonders interessant. Mit dem Smartphone allein kann man an einem Brennpunkt des Geschehens stehen, überraschend oder geplant – und live übertragen, sowohl Ton als auch bewegte Bilder, sowie kommentieren und berichten. Über die sozialen Netzwerke lässt sich die Aufmerksamkeit auf das »Programm« ziehen bezeihungsweise für ein Ereignis überhaupt erst herstellen und schnell vervielfachen. Entscheidend ist, dass das Publikum informiert ist, dass es mobilisiert werden kann, aber hierfür sind die soziale Netzwerke wie Facebook oder Twitter prädestiniert. Es ist abzusehen, dass gerade die Bedeutung des Live-Streaming und mithin der Liveübertragung durch Jedermann im Online-Journalismus und für den Online-Journalismus trotz derzeit noch stark schwankender Basis erheblich zunehmen wird. Insbesondere für unvorgesehene Ereignisse, die von konventionellen Medien nicht erreicht oder nicht erkannt werden, und für politische Wahlkampagnen ist das Live-Streaming eine starke Option. Die Möglichkeit, als Person und Marke zu festen Zeiten an verschiedenen Orten aufzutreten und ein Publikum im Netz an sich persönlich zu binden und anzusprechen, tritt hinzu.

Datenjournalismus

Als klassisches Feld für den Online-Journalismus gilt mittlerweile die multimediale Aufbereitung von Daten und das Schürfen nach Datensätzen, das Datamining.

Zunächst: Das Sammeln von Daten und das Aufbereiten in Grafiken gehörte schon immer zum journalistischen Handwerk. Und seit jeher war es notwendig, aus den Unterschieden von Zahlen und Größenordnungen Trends und Entwicklungen herauszuarbeiten. Die Möglichkeiten des Online-Journalismus erschließen hier ein neues, faszinierendes Feld.

Beispiel: Eine multimediale Grafik lässt Möglichkeiten der Interaktion mit dem Leser zu, die bislang im Print nicht möglich war. Hinzu kommt, dass durch leistungsfähige Rechnersysteme und Programme Massen an Daten geschürft, gesammelt und aufbereitet werden können. Entscheidend ist die journalistische Idee, die dahintersteckt. Ohne sie wird die Grafik fad – und der Datenjournalismus stumpf.

Zunächst bedarf es Quellen in Datenbeständen, Datenbanken, Archiven, Dokumentationsabteilungen, Pressestellen, Diensten und ähnlichem. Grundsätzlich ist es selbstverständlich auch denkbar, die Daten selbst zu recherchieren und zusammenzutragen. Hierbei muss jedoch der große Aufwand berücksichtigt werden. Kann man auf vorhandene Datensätze zurückgreifen, dann kommt es darauf an, in ihnen die journalistische Geschichte und die Grafik-Idee sowie den Angriffspunkt für Interaktivität zu entdecken.

Ausgezeichnete Quellen sind die statistischen Ämter. Dort besteht einerseits ein Anspruch der Öffentlichkeit auf Information. Andererseits werden dort auch selbst offensiv Daten aufbereitet und angeboten. Man ist jedoch nicht nur auf die amtliche Statistik angewiesen. Nach dem Informationsfreiheitsgesetz besteht ein Anspruch auf Daten, die von öffentlichem Interesse sind. Wenn ein solcher Anspruch nicht besteht, was bei Privatpersonen und Unternehmen zutrifft, können durch Recherche oder freiwillige Zusammenarbeit ähnliche Resultate erzielt werden.

Auch hier wiederum gilt: Es handelt sich um ein journalistisches Konstrukt. Ein Beispiel ist es, mit einer Karte der City einer Großstadt die Besitzverhältnisse an den Geschäftszeilen zu zeigen, die Leerstände, die potentiellen Nutzungsmöglichkeiten, die Sortimente. Und damit dem User die Möglichkeit zu geben, in einem solchen Stück Datenjournalismus selbstständig zu recherchieren – und gleichzeitig einen virtuellen Einkaufsbummel zu absolvieren.

Die Möglichkeiten für den einzelnen Online-Journalisten, den mobilen Reporter oder den Blogger, sich Meriten im Datenjournalismus zu erwerben, sind jedoch beschränkt. Hier gibt es keine schnelle App, mit der ich auf meinem Smartphone kleine Wunderdinge vollbringen kann.

Vielmehr benötigt man ein Team, in dem Daten geschürft, in entsprechenden Tabellen verwaltet, zu präzisen journalistischen Ideen verarbeitet und schließlich mit Grafikprogrammen produziert werden. Hier liegen die Grenzen des Einzelnen und die Chancen von Teams, in denen idealerweise auch Menschen beteiligt sind, die mit der Kenntnis von Programmiersprachen einfache Anpassungen selbst vornehmen können.

Allerdings gibt es auch hier eine empfehlenswerte Ausnahme. Dies ist das Programm **Datawrapper**, mit dem auch Einzelkämpfer verblüffenden Daten-Journalismus produzieren können.

Jeder hat zum Datawrapper, den das Bildungswerk der Zeitungen anbietet, Zugang. Allerdings: Wenn es um die Veröffentlichung geht, ist am Ende des Prozesses ein Obolus fällig. Dies ist eine Monats-oder Jahresgebühr, die selbst für den Einzelnen erschwinglich ist, aber für Unternehmen eigentlich gar kein Problem darstellen sollte.

Beim Datawrapper geht es möglichst einfach zu. Nach der Anmeldung kann man auf vorhandene Datensätze zugreifen oder diese liefern. Entscheidend ist, dass sie in eine Tabellenkalkulation eingespeist werden. Anschließend kann man die Informationen weiter spezifizieren und beschriften. Schließlich setzt sie das Programm in Kurven-, Säulen-, Torten- und Liniendiagramme wie gewünscht um.

Natürlich ist dies eine einfache Form des Datenjournalismus. Er bietet spannende Möglichkeiten, wenn man an die Freigabe von Datenbeständen durch Whistleblower denkt, wenn man Geodaten mit einbezieht und im Sinne des Crowdsourcing denkt. Dies ist ein Zukunftsjournalismus, der direkt mit dem Online-Journalismus verbunden ist.

Hier einige Beispiele für Datenjournalismus-Projekte

- **Beispiel 1:** Flüchtlingsströme lassen sich als Wanderungsbewegungen in Wohlstandsregionen darstellen.
- **Beispiel 2:** Diesmal aus dem lokalen Bereich. Welche Quartiere mit welchen Bevölkerungsgruppen sind von welchen Geschäften und Sortimenten versorgt?

※ **Beispiel 3:** Wie wirken sich Einkommenssituation und die Verteilung sozialer Sicherungssysteme in Quartieren auf verschiedene Faktoren wie Wahlbeteiligung, Anzahl der Ehescheidungen oder Wahl der Vornamen für die Kinder aus?

Hier sind also der Phantasie keine Grenzen gesetzt. Die Ergebnisse werden in Karten eingearbeitet und mit interaktiven Angeboten, Videos und Crossmedia-Stücken angereichert.

7 »One story all media«

Multimedia

Am Anfang kann und muss man beim Thema Multimedia etwas zur Gehirn-forschung sagen. Einerseits ist es ein Mythos, dass Multitasking tatsächlich existiert. Gehirnforscher wie der Zoologe Professor Martin Korte von der TU Braunschweig können eindrucksvoll darlegen, wie sich unser Gehirn immer nur auf eine qualifizierte Tätigkeit wirklich konzentrieren kann. Dies liegt in den Be-schränktheiten unseres Kurzzeitgedächtnisses begründet. Es ist gewissermaßen der Arbeitsspeicher unseres Gehirns.

Es gibt verschiedene Theorien darüber, wie viele Zahlen, Buchstaben oder Kombinationen man sich dort merken kann, bevor eine Information in das Langzeitgedächtnis übergeht – oder im Nirvana des Vergessens verschwindet. Oft ist von sieben solcher Info-Pakete die Rede. Dennoch wird es für das Kurz-zeitgedächtnis knifflig, wenn komplexe Konzentrationsaufgaben gleichzeitig anfallen.

Experiment: Warum unser Gehirn Multitasking gar nicht beherrscht

Martin Korte zeigt dazu gern ein eindrucksvolles Experiment: Die Menschen in einem vollbesetzten Raum sind damit beschäftigt, Basketballer in einem Video zu beobachten und erfolgreich zu zählen, wie oft diese den Ball auf dem Hallenboden auftippen lassen. Die Konzentration auf das genaue Zählen ist derart stark, dass sogar ein Gorilla durchs Bild laufen kann und dabei nicht bemerkt wird.

Verblüffung und Gelächter sind immer wieder groß, wenn Korte den Film anschließend noch einmal vorführt. Dann muss nicht mehr gezählt werden. Grinsend schreitet da ein Schauspieler im Gorilla-Kostüm mitten durchs Bild – und keiner hatte ihn zuvor gesehen.

Unser Gehirn war zu busy. Multitasking senkt eindeutig die Aufmerksam-keit und erhöht die Fehlerrate. Was bedeutet das für Multimedia? Und was für Cross-Media?

Zunächst einmal ist klar: Wenn verschiedene Ereigniskanäle miteinander um Gehirnkapazität konkurrieren, dann kann es dem User so gehen wie den Probanden in Professor Kortes Hörsaal, die vor lauter Aufmerksamkeit nicht einmal einen Gorilla durchs Bild laufen sehen. Gleiches gilt für Bildschirmseiten, auf denen es an allen Ecken und Enden blinkt, flimmert, ploppt und aufklappt wie in einer Spielhalle. Unstrukturierte, unübersichtliche, verwirrende Formen wirken sich negativ aus. Einfach ist viel, weniger ist mehr.

Gerade diese Schwäche des Gehirns beim Multitasking spricht für Konvergenz der Medien, wie wir sie jetzt im Online-Journalismus sehen und beschreiben, wie sie im besten Sinne jedoch immer stattgefunden hat. Texte und Töne ergänzen Bilder, auch Bewegtbilder. Ja, sie waren und sind sogar in der Lage, sich gegenseitig zu verstärken.

Psychologische Wechselwirkungen aber, starke crossmediale Resonanzphänomene können das Gehirn erobern und es im besten Sinne vollständig beschäftigen. Solche Flow-Erlebnisse machen erst jene journalistischen magic moments aus, von denen wir träumen. Wenn wir ehrlich sind, handelt es sich hierbei noch um ein großes Experimentierfeld. Das Neue entsteht gerade.

Denke wie ein Ingenieur

Für einen Wissenschaftsjournalisten ist es immer wieder spannend zu sehen, wie Forscher und Journalisten ähnlich vorgehen. Wie sie gründlich recherchieren und evaluieren – und wie sie vor allem vom Fortschritt der Technik existenziell abhängig sind. Doch zunächst ist der Ausgangspunkt ihrer gesamten Tätigkeit: Kriege das Neue, das Wahre, das Richtige heraus, bring Licht ins Dunkel, schaffe Transparenz, kläre Zusammenhänge auf, erkläre die Welt.

Dies ist jedoch in fast schon erbarmungswürdiger Weise abhängig von der zur Verfügung stehenden Technik, so dass man sagen kann: Ingenieur sein bestimmt das Bewusstsein.

Für die geschützte Berufsbezeichnung und den Titel des Ingenieurs braucht man ein Technik-Fachstudium, doch hier geht es um die Kulturtechnik des Pionierseins. Die Mentalität des Erfinders brauchen wir alle. Entwicklungs-Psychologen berichten, dass Kinder beim Spielen noch echte Pioniere, Erfinder und Entwickler sind. Versuch und Irrtum und immer wieder Versuch. Wer damit früh beginnt und nicht nachlässt und Wissen begründet, kann lebenslang immer wieder daran anknüpfen und lebenslang lernen. Der Hintergrund ist der

Trieb der Neugier – und ein Gehirn, das wie ein Denkmuskel aufgebaut wird und ständig trainiert werden will. Sonst baut es ab oder kann gar nicht aufgebaut werden.

Doch leider gewöhnen wir uns das Entwickeln und Pioniersein (zu) früh ab und bewegen uns oft nur noch in den Schablonen von Bachelor, Master, Tarifvertrag und 36,5-Stunden-Woche (7 Stunden, 23 Minuten am Tag).

Die Geschichte vom Stuhl, der vom Himmel fiel

Was wir dringend brauchen, ist eine Kultur der Garage, in der wir die vorhandenen Werkzeuge, Bauteile und Bruchstücke zusammenstecken und herausfinden, was man damit anfangen kann. Nur in einer solchen Atmosphäre, im Team mit Freunden und mit einer Mentalität des Risikos, das man nicht ständig absichern kann, wird das Neue entwickelt. Denn am Anfang ist das Neue immer riskant.

Um dies zu veranschaulichen, möchte ich eine kleine Geschichte erzählen, die etwas mit Wissenschaft und Journalismus zu tun hat.

Im Jahr 1804 war es der Franzose Joseph Louis Gay-Lussac, der erstmals als Forscher mit einem Wasserstoff-Ballon aufstieg, um wissenschaftliche Experimente durchzuführen. Man muss sich den Pionier im dicken Mantel und mit Pelzmütze vorstellen, denn da oben wird es ziemlich kalt. Wie kalt, das wollte er herausfinden.

Außerdem ging es um nicht ganz ungefährliche Studien zur Zusammensetzung der Luft in größerer Höhe. Ob man freilich heile wieder runterkommt, war unklar. Als Gay-Lussac im Ballon bis auf 7000 Meter emporgestiegen war, reichten ihm die wissenschaftlich gewonnenen Erkenntnisse immer noch nicht. Also warf er einen Stuhl ab, um Ballast loszuwerden. Und kam immerhin bis auf 7400 Meter – und heil zurück.

So weit, so kühn. Aber auch der Stuhl ist interessant.

Er fiel in ein Gebüsch neben einer Schafweide und wurde von verängstigten Einwohnern eingesammelt. Der Stuhl, der vom Himmel gefallen war, musste vom Deuter der Wahrheit in Augenschein genommen werden – und das war der örtliche Pastor. Jener analysierte messerscharf, der Stuhl könne nach reiner Lehre nur direkt aus dem Paradies auf die Erde herabgefallen sein.

Da erhob sich jedoch Widerspruch und eine echte Kontroverse entwickelte sich: So ein hässlicher Stuhl, weiß lackiert und mit Kratzern und Macken, könne doch nicht aus dem Paradies stammen. Das hätte man sich schöner vorgestellt. Wie die Leute aber noch streiten und zweifeln, da erscheint einige Tage später die Zeitung und klärt die Sache auf. So ist das mit den Medien.

Dabei ist es vollkommen egal, ob die Nachricht, das Wahre, das Bewusstseins-erweiternde, ja sogar die Kirche Widerlegende einige Tage später als gedruckte Tageszeitung erscheint. Man kann sich diese Meldung auch als Telegrafen-Meldung, Ansprache eines Redners auf dem Marktplatz, Radiosendung, Meldung in der Tagesschau, Breaking News bei CNN oder als Online-first-Eilmeldung vorstellen, natürlich mit Teaser: Hier lesen Sie weiter, hier sehen Sie mehr.

Welches Medium den berühmten Küchenzuruf provoziert, ist vollkommen egal. Hast du gehört? Der Stuhl kam gar nicht aus dem Paradies. Solange dies funktioniert, bedienen Journalisten die Neugier ihres Publikums und informieren. Allerdings klappt das nur, wenn man ihnen glaubt. Hast du gehört? Die Kirche hat auch keine Ahnung. Das ist Aufklärung im besten Sinne mit den Mitteln und Medien der jeweiligen Zeit.

Selbstversuch. Meine Ausrüstung als mobiler Reporter

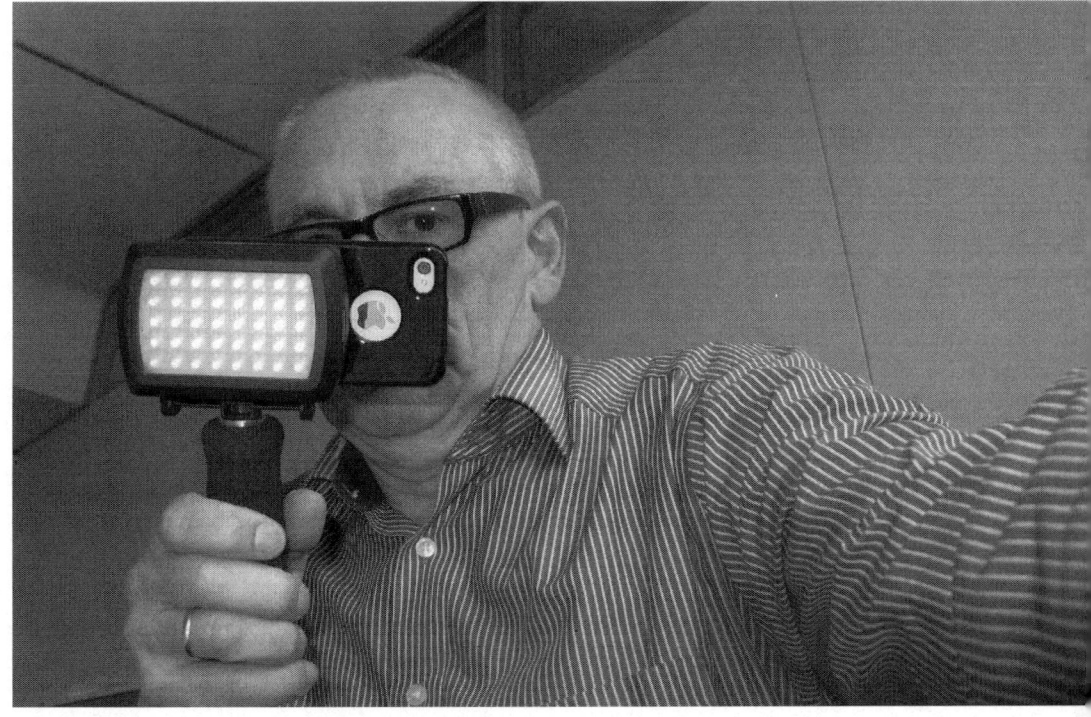

Autor Henning Noske hat sein iPhone für den mobilen Einsatz in eine
Stativhalterung mit LED-Leuchte gespannt.

Wenn ich die Mittel und Medien betrachte, die mir heute zur Verfügung stehen,
kann ich nicht klagen.

Ich habe zunächst die Grundsatzentscheidung für dieses Buch getroffen,
mich auf möglichst ein Gerät zu konzentrieren, das viele, möglichst alle
Möglichkeiten in sich vereinigt. Konvergenz ist angesagt, nicht Abgrenzung.
Die verschiedenen Medien fließen ineinander – und die Pioniere des neuen
Mediums schrauben in ihren Werkstätten das Neue zusammen.

Mutmaßlich wird auch der Journalismus der Zukunft darauf hinauslaufen. In
meinem Selbstversuch für dieses Buch versuche ich, nur mit einem Smartphone
und einem Tablet zu produzieren. Hintergrund: Die intelligenten Mobiltelefone
können mittlerweile (fast) alles: fotografieren, filmen, Text übertragen und den
Kontakt zur Redaktion oder in mein eigenes Redaktionssystem herstellen.

Aber das Wenigste davon wird bislang wirklich genutzt.

Das Smartphone meiner Wahl ist ein iPhone 4S, das meine Tochter Annika abgelegt hatte, weil sie natürlich das nächste Apple-Modell besitzen möchte und damit hauptsächlich telefoniert, Kurznachrichten absetzt und Facebook bedient.

Ich aber war gerade auf dieses iPhone scharf, weil ich gehört hatte, dass damit mittlerweile sogar Radio- und Fernsehsendungen produziert werden können. Damit müsste es gehen.

Ich bin jedoch von meinem Plan leicht abgewichen. Denn ich komme vom Schreiben und bin komfortable Tastaturen gewöhnt. Sie ziehen mich förmlich in den Text. Der Rhythmus, die Melodie, das Hämmern, der Sound, das Ritual mit knackenden Fingern, bevor es beginnt – ich brauche das. Ganz einfach: Die virtuelle Tastatur des iPhone macht mich wahnsinnig, ist mir einfach zu popelig klein und zu langsam für mich.

Da fällt mir dann auch nix ein. Zwar verspricht ein Eingabestift, mit dem ich tapfer herumstochere, leichte Besserung. Aber dafür bin ich nicht Journalist geworden, um hier wie ein Uhrmacher mit Lupe im Auge feinmechanische Instrumente zu führen.

Spaß beiseite. Wenn ich gar nichts zum Schreiben und zum Senden habe, ist es schließlich noch schlimmer. Da stehst du blöd da. Das Problem lässt sich zudem mit einer kleinen, preiswerten Blootooth-Tastatur (24 Euro) zwar nicht vollständig lösen, aber merklich lindern.

Dennoch habe ich kurzerhand meine Laborbedingungen erweitert und mir zusätzlich ein iPad zugelegt. Nächtelang suchte ich bei Amazon so lange, bis ich ein fast neues Gerät für rund 250 Euro erstand. Als Basis noch im Hintergrund: ein MacBook.

Mit diesen Geräten und der daraus resultierenden Entscheidung für die Apple-Hälfte der noch in zwei Systeme geteilten Online-Welt habe ich Zugang zu den Apps im iTunes-Store, kombiniere meine Geräte und Apps in der iCloud und kann von den Erfahrungen profitieren, die vor allem in den USA viele Journalisten damit gemacht haben.

Wobei meine Entscheidung für iOS und Mac-Welt genau so pragmatisch gefallen ist, wie ich es hier geschildert habe. Ebenso gut hätte ich mich für Android und Microsoft entscheiden können und dort ebenso geeignete Geräte und Apps gefunden. Das Schisma ist ein Handicap, auch für den Online-Journalismus.

Wie bei einem Raumschiff, dessen Mission scheitert, weil da unten auf der Erde immer noch verschiedene Maßeinheiten benutzt werden. Lost in space – oft auch das Schicksal von Journalisten im Außenbordeinsatz.

Also iPhone und iPad, zwei Mal Akku, zwei mal so viel Speicher, zwei Kameras, zwei Mikrofone, Smartphone- und Tablet-Architektur gleichzeitig – und beim größeren Gerät auch das etwas komfortablere Schreiben und ein Bildschirm, an den man sich durchaus gewöhnen kann. In der Kombination ist das ein gutes Duo. Zum Beispiel kann man O-Töne und Videosequenzen auf dem iPhone aufnehmen und auf dem iPad bearbeiten. Auf dem iPad kann man zudem die gut sortierte Mediathek bereithalten, mit allem, was man braucht.

Ins Netz gehe ich mit beiden Geräten idealerweise über W-Lan, dort, wo es vorhanden ist. Ins iPhone habe ich meine private Mobilfunk-Karte gesteckt (Mobilfunk- und Surf-Flatrate, 19,90 Euro/Monat) und ins iPad eine Prepaid-Karte (30-Tage-Surf-Flatrate, 9,90 Euro).

Was braucht man sonst noch? Ein Stativ (Gorillapod, 20 Euro) und einen Pistolengriff (20 Euro), mit denen man das iPhone aufstellen beziehungsweise schwenken kann. Eine Halterung, das Glif, mit dem man es sicher in Stellung bringt (20 Euro). Ein externes Zusatz-Mikrofon (35 Euro), denn für Interviews und Aufnahmen aus größeren Entfernungen sind die eingebauten Mikros zu schwach. Zusätzlich einen kleinen Scheinwerfer (LED), der bei mir am Pistolengriff befestigt ist.

Den Shutter, eine Blootooth-Fernbedienung, um bei beiden Geräten die Kamera für Foto- und Videoaufnahmen auszulösen, gibt's für 15 Euro. Und schließlich sogar Wechselobjektive, denn die Kamera des iPhone kann nicht optisch zoomen. Sie hat ein festes Normalobjektiv mit einem leichten Weitwinkeleffekt, vergleichbar mit einem 35-Millimeter-Objektiv einer analogen Kleinbildkamera. Ich habe mir eine Aufsteck-Optik von Olloclip (gebraucht, 40 Euro) zugelegt, die gleich drei neue Brennweiten in einem liefert: echtes Weitwinkel (man kann noch näher rangehen), Fisheye (muss man nicht haben, bietet aber kreative Möglichkeiten) und Makro (must have, mit dem man Details dokumentieren kann).

Das iPhone auf einem Gorillapod-Stativ, zusätzlich ausgerüstet mit einem
Weitwinkel-Objektiv und einem Richtmikrofon.

Ich möchte hier noch einige Dinge erwähnen, die sinnvoll sein können, die ich
selbst jedoch noch nicht getestet habe: Da sind zum einen Teleobjektive, die
in einem eher gewöhnungsbedürftigen Größenverhältnis zum iPhone selbst
stehen.

Dann Solar-Akkus, die man zum Aufladen benutzen kann, wenn Steckdosen
fehlen oder nicht in der Nähe sind.

Eine Art Waage kann die Schwankungen auspendeln, die bei einem Schwenk des iPhones aus der Hand zwangsläufig entstehen. Und schließlich gibt es sogar Rollen, Schienen und Wagen, mit denen Kamerafahrten mit dem iPhone produziert werden können ...

Ist das professionell? Ist das primitiv? Was ist das? Nun, es ist das Experimentierfeld, auf das auf keinen Fall mit Verachtung herabgeblickt werden sollte. Jeder Fernsehsender, jede Radiostation und jede Zeitungsredaktion haben eine bessere, ausgefeiltere und wesentlich teurere Technik. Doch was wir gerade besichtigen, ist nichts anderes als die berühmte Garage, in der einige Kinder und Verrückte spielen und alles zusammenschrauben, was sie gerade zur Verfügung haben.

Mehr noch: Der mobile Reporter ist nicht wählerisch. Er ist allerdings davor gefeit, dass gerade kein Kamera- oder Ton-Mann mit seiner Ausrüstung da ist – und vielleicht eine einmalige Situation aktionslos verstreicht. Er nutzt das, was er hat. Und das ist nicht wenig.

Und siehe da, dabei erfindet der mobile Reporter auch Neues. Denn im Zusammenbauen, im Kombinieren von Dingen, die bislang hermetisch getrennt waren, schlummert ein Erkenntnisgewinn. Das heißt: Das Verschmelzen der Medien macht auch etwas im Kopf der Journalisten.

Sie tun einerseits das, was sie immer getan haben: Sie berichten, decken auf, unterhalten, erzählen Geschichten. Und gleichzeitig tun sie es mit allen Medien, Geräten und Techniken, die dafür gerade zur Verfügung stehen – und entwickeln dabei eine neue Sprache, eine neue Ästhetik und vor allem ein neues Tempo und eine neue Taktrate.

Online-Journalismus. Jede Stunde neu.

Crossmedia. Das Storyboard

Christian Jakubetz ist Trainer an der deutschen Journalisten-Schule in München und weiß, wovon er spricht. Denn er gehört zu jenen Journalisten, die in jedem Medium zu Hause sind. Er lernte bei der Zeitung, heuerte beim Radio und bei Fernsehsendern an, ist heute freiberuflich tätig und erfolgreicher Buchautor. Jakubetz blogt auf vielen Kanälen und ist ein Pionier des Crossmedia-Journalismus.

Von ihm kann man lernen, dass es nicht genügt, »Multimedia« nebeneinander zu betrachten und einzeln abzuspielen. Cross, crossover also spielt die
Musik – und was da neu entsteht und neu entwickelt werden muss mit allen
Sinnen und Programmen, das ist ein neues Medium, das dem Online-Journalismus Alleinstellung verleiht. In ihm fusionieren die bislang getrennten »Denken«
des Journalismus. Hier treffen sich plötzlich Leute und kooperieren im besten
Sinne miteinander, die bislang nicht wirklich Team gespielt haben.

Und doch gehört es zur Wahrheit, dass tatsächlich auch ein neues Medium
entstanden ist – und in Online-Crossmedia hat es seine Königsdisziplin. Es ist
die Reportage mit allen Mitteln und Möglichkeiten. Zur Wahrheit gehört auch,
dass die Akteure unterschiedliche Zugänge haben, solange sie nicht Crossmedia-Natives sind – und davon gibt es wahrlich noch nicht viele.

In diesem Buch beschreibe ich selbst, wie ich mit Schreibmaschinen der
Marken »Olympia« und »Gabriele« in den Job gestartet bin und jahrzehntelang
die Metamorphosen einer Regionalzeitungs-Print-Redaktion durchlief. Da ist
mein Zugang klar.

In diesem Buch schreibe ich jedoch für Menschen, die einen Weg in den
künftigen Journalismus, den Journalismus der Zukunft suchen. Hier müssen
aus den Digital-Natives, die es massenhaft gibt, Crossmedia-Natives werden.
Um das wirklich zu schaffen, heißt es schlicht: Journalistische Vorbilder aller
Medien, vereinigt euch.

Eine Spezialität des Trainers Jakubetz ist das fast schon mantra-artige
Hinweisen auf das so genannte Storyboard. Ich nenne es einmal Regie- und
Medien-Plan. Ausgangspunkt ist die Überlegung, dass es bei weitem nicht mehr
reicht, mit Kugelschreiber und Notizblock bewaffnet auf die Recherche- und
Reportage-Reise zu gehen.

Bleiben wir nur bei meinen beiden Instrumenten, mit denen ich mich auf den
Weg gemacht habe, dem iPad und dem iPhone. Auf ihnen habe ich Texterfassung,
Textverarbeitung, Textübertragung, Bildherstellung, Bildbearbeitung, Bild-
übertragung, Mikrofon, Audio-Bearbeitung, Kamera, Blitz, Video-Herstellung,
Schnitt, Überspieltechnik, Redaktionssystem, soziales Netzwerk, Homepage,
Blog, weltweite Präsenz, ach ja – und Telefon. Nicht schlecht. Doch ich möchte
von diesen Möglichkeiten nicht erschlagen werden. Ich muss planen.

Gestrichen: Print to online

Was nicht mehr funktioniert beziehungsweise hier nicht mehr behandelt wird, das ist Print to online: Konzeption für und Fokus auf Print – Nebenverwertung online. Das bedarf eigentlich keiner Erwähnung mehr, wenngleich es oft noch Praxis ist. Print to online sollte eigentlich die Ausnahme sein im Sinne einer Eins-zu-eins-Übernahme des gedruckten Textes ins Internet. Dagegen sprechen die strikte Aktualität und die vollkommen andere Struktur des nicht-linearen Erzählens.

Deshalb lautet die erste Frage für das Storyboard: Welche Medien erlaubt die Situation, die ich mutmaßlich vorfinden werde? Und, daran anknüpfend: Welche Medien erfordert die Situation?

Wenn ich ein Interview führe, dann will ich meinen Interviewpartner sehen und seine Stimme hören. Will ich einen Missstand aufdecken, dann muss man ihn sehen. Oder Betroffene berichten, möglichst eindringlich.

Das bedeutet: Die Ausgangsentscheidung, ob ich mit Text, Ton oder Bild – und mit welchen Kombinationen und Stilformen – berichte, muss sehr früh getroffen, geplant und darf nicht dem Zufall überlassen werden. Gut ist ein Regie- und Medien-Plan, ein Storyboard, improvisieren kann und muss man dann immer noch. Jakubetz ist hier nicht päpstlicher als der Papst, ihm reicht schon ein Blatt Papier. Vollkommen o.k., aber auch die App Wunderlist auf dem Gerät selbst, mit Verlaub, ist ein gutes Mittel der Wahl.

Die Liste sollte enthalten, was man auf jeden Fall benötigt: Beteiligte, Namen, Funktionen, Kontakte. Ist ein O-Ton geplant, welcher ist atmosphärisch stark und stimmig? Zum Beispiel Kirchenglocken, Straßenlärm, Stimmengewirr, Sirenen etc.

Welche Bilder kann und muss man sehen, welche Porträts sollte man in der Mediathek haben? Soll das Interview linear ablaufen oder sollen immer wieder kürzere Interview-Passagen eingespielt werden? Führe ich ein großes Interview am Stück oder führe ich mehrere Kurz-Interviews?

Wichtig ist, dass sich der Regie- und Medien-Plan bereits grob mit Zeit-Abläufen beschäftigt. Dabei geht es nicht nur um die Zeit, die wir für die Recherche und die Produktion benötigen. Es geht auch um die Zeit und den Platz, die für den Beitrag und seine einzelnen Abschnitte benötigt werden. Das gilt für kontrollierte Sequenzen, zum Beispiel in Interviews. Besser lassen wir es nicht mehr so lange auf Verdacht laufen, bis die gewaltigen Text- und Informationsmengen nicht mehr in den Griff zu bekommen sind. Jedenfalls heute nicht mehr.

Wenn wir ehrlich sind, haben wir uns damit bislang eigentlich beschäftigt?

Wir sind »zum Termin gegangen«, und wie lange der dann dauert und was wir draus machen, na, schaun wir mal. Wir waren gut und selbstbewusst genug, das Beste daraus zu machen. Gleichzeitig haben wir Strategien entwickelt, mit dem Zeitdruck umzugehen und zu improvisieren, der sich aus dieser Vorgehensweise ergeben konnte. Das funktioniert online nicht mehr, denn beim Ausspielen gibt es mehrere unumstößliche Prinzipien: Online first, online-adäquat, interaktiv und als fließender Prozess.

Deshalb gehört es auch zum Regie- und Medien-Plan, den groben Ablauf für Vorab-Veröffentlichungen zu planen. Und das sieht so aus: Unser Plan sieht vor, wann eine erste Meldung online geht, mit Hinweis auf das Folgende.

Ein zweiter Schritt kann darin bestehen, aus einem oder mehreren Interviews eine bereits längere Fassung mit einem Link auf ein Video zu veröffentlichen. Im nächsten Schritt kann man einkalkulieren, dass bereits erste Leserkommentare und Reaktionen eingetroffen sind. Schließlich lassen sich die einzelnen Elemente des Plans zu einem Haupttext mit Teaser, Cliffhanger und Links oder zu einem crossmedialen Erzähl-Stück zusammenbinden und veröffentlichen.

Es zeigt sich bei der von mir gewählten Methode, möglichst mit zwei kleinen Geräten auszukommen, dass die eigene Mediathek auf iPad und iPhone besonders gepflegt, geordnet, ausgezeichnet und üppig ausgestattet sein sollte. Viele Apps sind so komfortabel, dass in wenigen Sekunden das notwendige Medium hochgeladen und sendebereit ist. Bitter nur, wenn das Gewünschte fehlt, weil wir eine entsprechende Sequenz, ein Foto oder einen O-Ton gar nicht dabei haben. Dann wird es unangenehm, weil man noch mal raus muss, die Zeit fehlt – oder gar nichts mehr geht.

Ins Storyboard gehören auch bereits Grobplanungen, wann und wo WLAN oder Mobilfunknetz zur Verfügung stehen. Die Akku-Kapazitäten beziehungsweise Auflademöglichkeiten sollten abgeschätzt werden. Das gleiche gilt für Störgeräusche, die ein Interview zunichte machen können.

Und die Lichtfrage! Ist noch Tageslicht da? Ist die Situation in einem schummerigen Raum? Kann man rausgehen? Kann man ausleuchten oder blitzen? Schließlich, last but not least: Welche Plattformen kommen für die Geschichte noch in Frage, wann kommen die Links in Facebook und Twitter?

Übrigens: Nichts spricht gegen das wunderbare lineare Text-Erzählen, das Dinge andeuten und in sprachliche Bilder fassen kann, das manchmal deutlicher als jedes Bild Umstände auf den Punkt bringen und das Kino im Kopf anwerfen kann. Nichts spricht dagegen.

Im Gegenteil: Auch in eine Crossmedia-Reportage lassen sich starke Textpassagen und Lesestrecken einfügen. Es ist indes selbstverständlich und wird vom User auch eingefordert, dass die Möglichkeiten eines Mediums auch tatsächlich genutzt werden. Schließlich soll es uns ja nicht gehen wie manchen Zeitungen, die sich ziemlich lange geweigert haben, Fotos auf der Titelseite zu drucken ...

Text

Text, geschriebener Text, Schreiben – das braucht man für jedes Medium, für jede journalistische Stilform. Schreiben ist die Königsdisziplin. Die Schreibe verrät eine Struktur im Gehirn, den Anspruch, die Philosophie. Geschriebene Texte sind Werkzeug und Moderation zugleich.

Wichtigster Grundsatz: Wir versetzen uns in unseren Leser hinein, wir versetzen uns in seine Gedankenwelt, pflanzen uns dort ein. Es gibt hierfür ein schönes Bild: Ich stecke mit dem Leser die Köpfe zusammen, wir sitzen Schulter an Schulter. Und wenn ich fortschreite, dann frage ich meinen Leser im übertragenen Sinne: Bist du noch da? Kannst du mir noch folgen? Entsprechende Rückgriffe, Analogien, Bilder und Brücken (roter Faden) sind notwendig im Text.

Dies klingt etwas pathetisch, ist jedoch ein ungemein wichtiges Rezept. Texte sind journalistische Schlüssel. Nach wie vor sind sie der entscheidende Zugang zu journalistischen Produkten.

Es gibt erneut verschiedene Theorien, wie viele Sekunden uns der Leser Zeit gibt, bis er uns vertraut – oder verlässt. Vermutlich sind es nur zehn Sekunden. Wenn es in diesen zehn Sekunden nicht gelungen ist, zu fesseln, Relevanz deutlich zu machen, letztlich unsere Story zu verkaufen, dann haben wir den Leser verloren beziehungsweise gar nicht erst gewonnen.

Es kommt darauf an, keine Missverständnisse auszulösen. Solche kognitiven Dissonanzen ergeben sich immer dann, wenn das Erwartete und das Geschriebene allzu weit auseinanderklaffen. Dies bedeutet nicht, dass man immer das Erwartete schreiben muss. Es bedeutet jedoch, dass mehrere Schritte einer plausiblen Zwischenmoderation erforderlich sind, um Irritationen abzubauen.

Achtung: Selektive Wahrnehmung ist auch beim Journalisten bereits im Kopf. Er kennt die Geschichte schon, setzt viel voraus. Der Leser hingegen kennt die ganze Vorgeschichte nicht, beginnt bei Null. Mehr noch: Auch der Leser hat seine selektive Wahrnehmung, ist vorgeprägt. Text muss also überwinden, verbinden, erklären, moderieren.

Gut schreiben muss man können, übrigens auch die Radio- und Fernsehmacher. Es ist eine allzu starke Vereinfachung, dass Print-Journalisten das Schreiben für sich gepachtet haben. Doch immerhin: Sie sind damit gewissermaßen Mainstream, auch wenn sie die Deutungshoheit über ihr Terrain längst abgegeben haben. Für Online-Journalisten ist das Texten und Schreiben so wichtig wie für sie, doch die visuellen und audiovisuellen Ausdrucksformen sind hinzugekommen.

Fotografieren

Fotos, direkt platziert neben der Überschrift und dem Teaser – sie stehen diesen zentralen Instrumenten des Online-Journalismus in ihrer Bedeutung in nichts nach. Es ist ein berüchtigter Allgemeinplatz, aber er ist um so gültiger: Ein Bild sagt mehr als tausend Worte.

Bilder, Fotos haben eine starke Signalwirkung für Themen. Sie signalisieren unmittelbar, worum es geht. Dabei ist es unerheblich, wie die Bilder entstanden sind. Und mit welcher Technik. Es ist nicht notwendig, eine extrem teure Kameraausrüstung zu besitzen. Es geht hier auch nicht darum, den Berufsstand der Fotografen ad absurdum zu führen. Dies ist nämlich eine Kunst und eine Profession, die man gar nicht hoch genug einschätzen kann.

Es gibt allerdings nähere Umstände, die sich Journalisten nicht mehr leisten können: Kein Fotograf da? Keine Kamera dabei? Nicht selbst in der Lage, ein Foto für die eigene Reportage anzufertigen? Das geht natürlich gar nicht. Und so schön es ist, in Teams zu beraten und Arbeitsteilung zu perfektionieren: Für Online-Journalisten und mobile Journalisten reicht mitunter ein Smartphone, um die wesentlichen Ergebnisse selbst zu erzielen.

So ein Smartphone haben wir immer dabei. Es ist zudem psychologisch leichter einzusetzen, denn Fotografen mit voluminösen Kameraausrüstungen lösen oft Beklemmung bei den Fotografierten aus. Andererseits kann man auch mit dem Smartphone nicht einfach drauflos fotografieren, muss bei Veröffentlichung natürlich ebenfalls die Persönlichkeitsrechte berücksichtigen.

Das Handy wird also zur Kamera, zu einem hoch professionellen Werkzeug. Das Bild, auch dies wieder ein geflügeltes Wort, entsteht nicht in der Kamera, sondern im Kopf. Und deshalb lautet die wichtigste Regel:

Wenn du die wichtigsten Schlagwörter und Schlüsselbegriffe deiner Geschichte sammelst, dann besinne dich auch auf ihre Bilder.

Das bedeutet: Zum Storyboard gehört es, die Motive, Einstellungen, Portraits und Details, die für die Geschichte unverzichtbar sind, zunächst zu notieren – und dann tatsächlich gezielt zu fotografieren.

In diesem Buch berichte ich von dem Selbstversuch, allein mit dem iPhone und mit Hilfe eines iPads journalistisch mobil unterwegs zu sein, komplette Reportagen zu erstellen, zu produzieren und zu publizieren. Wichtig ist es, in der Mediathek auf meinen beiden Endgeräten die notwendigen Ikonen, also die Motive, die ich für meine journalistischen Aussagen benötige, bereitzuhalten.

Egal, in welcher Situation ich mich dann später befinde, sei es beim Schreiben und Anreichern meines Blogs, sei es beim Posten in sozialen Netzwerken oder beim Produzieren mit einer Smartphone-App – dann brauche ich nur noch den Zugriff des Gerätes beziehungsweise des Programms auf meine Mediathek zuzulassen. Und habe schließlich das Bildmaterial, das ich benötige, ständig und verlässlich zur Hand.

Bei aller Unzulänglichkeit in fotografischen Details und Finessen, die dies auch bedeutet, erleben wir hier doch eine Mobilität und Ausstattung, von der auch viele Fotografen bislang geträumt haben. Denn nun ist es möglich, die eigene Geschichte in die verschiedenen Kanäle in unterschiedlichen Kombinationen und Stilformen auszuspielen.

Zudem ist bereits eine Kameratechnik in der Pipeline und sogar bereits verfügbar, bei der alles noch einmal weitergedreht wird. Hier kann man bereits ein Smartphone in eine hochwertige Spiegelreflexkamera einklinken.

Bleiben wir beim Smartphone. Die Schlichtheit der Lösungen hat für den mobilen Journalismus auch Konsequenzen. Erforderlich sind Einblicke und Bewusstsein für das radikal einfache Foto. Geht es um ein Interview oder ein Statement, kann dies nur eine einfache Portrait-Aufnahme sein. Geht es um ein wissenschaftliches Thema, muss vermutlich eher ein Symbolbild her. Und Politik oder Kommunalpolitik lassen sich am besten über das Gebäude, den Komplex oder Bezirk, um den es geht, visualisieren.

Pragmatische Regel über allem: Ein Foto ist besser als kein Foto. Der Gedanke an eine Geschichte, die sich nicht bebildern lässt, ist unerträglich. Einerseits ermöglicht diese Betrachtungsweise durchaus auch unscharfe oder schlecht belichtete Aufnahmen, wenngleich hier nicht allzu große Sorglosigkeit angebracht ist. Denn mit einem schlechten, unscharfen, im wahrsten Sinne des Wortes nicht sinnlichen Foto kann man eine ganze Geschichte zerstören. Zwischen besonderer Ästhetik und Peinlichkeit ist es ein schmaler Grat.

Andererseits: Haben wir einen Scoop beobachtet und aufgenommen, dann wird unsere Aufnahme durch die Decke gehen. So oder so.

Deshalb gelten folgende Regeln:

- **In Fotos denken**. Wachsam und aufmerksam die Szenerie nach Bildmotiven scannen.
- **Ein Gerüst schaffen.** Unterdessen die im Storyboard geplanten Bildmotive stoisch abfotografieren und damit sichern.
- **Das Licht nutzen**. Niemals gegen das Licht, zum Beispiel in Innenräumen gegen ein Fenster, sondern immer mit dem Licht, also vom Fenster weg fotografieren. Draußen nicht gegen die Sonne, sondern mit der Sonne. Wenn es möglich ist, Räume für das Foto verlassen und bei Tageslicht fotografieren. Blitzen vermeiden. Wenn es nicht zu verhindern ist, indirekt blitzen.
- **Ganz ruhig.** Blitz möglichst ausschalten, bei längeren Belichtungszeiten auf Verwacklungsgefahr vorbereitet sein. Ruhig halten, ausatmen. Stativ benutzen oder auf eine stabile Fläche auflegen.
- **Die eigenen Grenzen akzeptieren.** Keine Angst, Bilder zu »stellen«. Für ein geplantes Bildmotiv Zeit nehmen. Action-Bilder sind wünschenswert, misslingen jedoch oft. Unbeobachtete Fotografie ist authentisch, gut, wer es kann.
- **Die Perspektive.** Weitwinkel ist leichter zu handeln als Teleobjektiv. Du bist näher dran. Du hast eher die Möglichkeit, mit Vorder- und Hintergrund zu arbeiten.
- **Das Motiv. Der Bildausschnitt**. Such dir Geometrien, Linien, Kreise, symmetrische Strukturen im Motiv. Sie machen das Bild interessant. Der Goldene Schnitt (siehe auch Video) zeigt dir, dass ein zentrales Motiv nicht wie die »10« auf der Schützenscheibe platziert sein muss.

✎ **Caption.** Ganz wichtig: Namen, Orte, Details und nähere Umstände notieren.

Grafik

Auf der Suche nach der richtigen Grafik-App kann man schon einmal ins Schwitzen geraten. Klar ist, dass ein professioneller Grafiker und ein professionelles Info-Grafik-Programm nicht zu ersetzen sind. Das ist auch gar kein Problem, denn in der Redaktion sitzen ein Grafiker oder eine gesamte Grafik-Abteilung und warten auf Aufträge, die gemeinsam angegangen werden können. Hierbei ist es entscheidend, die Grafik-Ideen gemeinsam zu entwickeln.

Dennoch ist es auch für den Anfänger, den Einzelkämpfer und den auf sich allein gestellten mobilen Journalisten draußen möglich, mit findigen Apps auf dem iPad verblüffende Resultate zu erzielen.

Eine solche App ist Canva, das zwar nur wenig Spielraum für eigene Konstruktionen lässt. Dafür aber gibt es spezielle Designs, die mit unglaublich vielen Spielarten von Grafiken und Layouts locken und sie für die eigene Gestaltung und Kombination zur Verfügung stellen.

In diesen Layouts kann man sich bedienen – und Text-Schablonen hineinziehen und beschriften. An jeder Stelle können Fotos in die Frames hochgeladen und bearbeitet werden. Aussagekräftige Grafiken sind hiermit leicht zu erstellen und können im gleichen Workflow veröffentlicht werden. Indes kann man nicht mehr als drei oder vier Größen zeigen, vergleichen oder herausheben – und mit extrem kurzen Teasern betexten.

Etwas anders sieht das mit der App Grafio aus. Sie ist ebenfalls schlicht, bietet jedoch die Möglichkeit, eigene geometrische Figuren und Formen als Grundlage einer vollkommen neuen und selbstdefinierten Grafik mit dem Finger oder dem Stift auf die iPad-Oberfläche zu zeichnen. Vom Programm werden die Kritzeleien dann geglättet. Mit Verbindungslinien kann ich Bezüge herstellen. Und natürlich lassen sich die geometrischen Elemente mit Texten und mit Medien befüllen.

Tatsächlich habe ich die simplen Grafiken der inhaltlich überarbeiteten Poynter-Pyramide (siehe »Broadcast yourself«) und meinen Hypertextaufbau-Zylinder (siehe »To tease or not to be«) mit Grafio hergestellt und kann die mir zur Verfügung gestellten Links nun veröffentlichen und einbinden.

Audio

Noch nie war es so einfach, Radio zu machen, Sprache, Musik, Klänge und Geräusche zu veröffentlichen. Audio – du kannst es hören. Einerseits haben wir Diktier- und Aufnahmegeräte mit allen Möglichkeiten. Sie sind klein, handlich, preiswert. Über das nahezu einheitliche MP3-Format, das vormals kaum handhabbare Datenmengen zusammenpresst und handlich verpackt, können die Töne überall hin verschickt und verteilt werden.

Mit kostenlosen Schnittprogrammen wie Audacity können wir sendefähiges Material sogar auf dem iPhone und dem iPad herstellen. Wir können unsere Audio-Beiträge recherchieren, sprechen, mit O-Tönen und Interview-Sequenzen anreichern und regelmäßig publizieren – als Podcast mit eigener Marke, also bestes Radio auf einen Klick.

Und die Veröffentlichung? Versende einfach deinen Link oder bette deine Töne in Programme wie soundcloud ein. Man könnte sagen: So leicht war Radiomachen noch nie, aber das wäre vermessen. Denn darum geht es gar nicht. Es geht nicht darum, eine Profession, für die man eine jahrelange gründliche Ausbildung braucht und die mit ganz anderen Qualitätsmaßstäben arbeitet, hier in Sekundenschnelle vorzuführen.

Es geht schlicht darum, sich klar zu machen, in welch medien-revolutionären Zeiten wir uns befinden. Auch der Radiojournalismus ist vergesellschaftet, herrschaftsfrei, da liegt er wie eine reife Frucht vor uns.

Es geht darum, seine faszinierendsten Elemente im Online-Journalismus zu hegen und zu pflegen. Ein Geschenk!

Als Print-Mann kam man dem bei eigenen Interviews am nächsten. Aber es war gruselig, sich das Gestammel auf dem Recorder beim »Verschriften« noch einmal anzuhören. Anders ist es schon bei einer Moderation, etwa bei einer Podiumsdiskussion oder einer Sportveranstaltung. Da trägt der Reporter schon mal Mikro. Aber gemach, den Radioleuten geht's doch umgekehrt genauso. Derzeit diskutieren manche von ihnen, ob man nicht auch einmal eine Kamera in die Hand nehmen kann oder sollte. Um Fotos oder Videos zu schießen. Los!

Sound oder Ton sind umgekehrt nicht mehr exklusiv fürs Radio. Klang erreicht und ergreift das Gehirn in einer elementaren Weise. Das Gehörte spricht Gehirnregionen an, in denen die Erinnerungen, Gefühle und Empfindungen aufgehoben sind. Es ist ein ganz starker Reiz für Emotionalität. Gleichzeitig ist es authentisch, was man selbst gehört hat, direkt, glaubhafter und eindrucksvoller als etwas, von dem nur vermittelt berichtet wurde.

Der Online-Journalismus bietet auch für Audio und Radio neue Chancen, bettet es ein. Ton erlebt als wahrer Trigger für das Kino im Kopf sogar eine Renaissance.

Allein unser Mobil-Telefon ist schon so ein Ding, mit dem wir ständig sprechen und hören können. Der mobile Journalismus basiert direkt auf der Live-Reportage vor Ort, wo ein Reporter im Brennpunkt direkt am Geschehen steht und seinen Hörern übers Mikrofon mitteilt, was er jetzt gerade sieht. Mehr noch: Ton gibt Quellen im wahrsten Sinne des Wortes eine Stimme. Und nicht nur das, sondern mit der Stimme auch Emotionen, Betonung, Ironie, Persönlichkeit, Vielschichtigkeit. Das kann in diesem Maße kein Text.

Aber auch der Sound, der hinter oder über Bilder gelegt ist, kann eine Geschichte erzählen. Er macht Bilder sichtbarer, manche kommentiert oder interpretiert er auch. Mit Musik, Klang, Ton, Sprache kann man Bilder verstärken und intensiver im Gedächtnis verankern.

Auch Audio ist in Zeiten des Online-Journalismus nicht mehr nur lineares Hören, sondern interaktiv. Der Nutzer selbst kann eingreifen und bestimmen, was er hören möchte, wie und in welcher Reihenfolge. So entwickeln sich derzeit auch experimentell ganz neue Formen des Multimedia-Journalismus. Was eben noch »out« schien, erlebt im nächsten Moment – oder mit dem nächsten Technologie-Schub – eine Renaissance.

Aber eine Konstante bleibt: Zumindest während man zuhört, kann man parallel etwas anderes tun. Autofahren, Zähneputzen, Joggen. Allein deshalb wird Radio in seinen vielfältigsten Formen vermutlich immer Bestand haben. Und es gibt die Möglichkeit, Stimm-Beziehungen zu führen. Besonders ausgeprägt ist dies mit Moderatoren beliebter Sendungen. Mit Verlaub: Derart starke Instrumente persönlicher Bindung sollten wirklich nicht nur Radiojournalisten pflegen. Wenn du eine Stimme hast, lass sie hören.

Der Riesenspaß an der Sache ist, dass es in jedem Medien-Genre heilige Regeln gibt, jahrzehntelang geübte Praxis, Tipps und Kniffe, die man kennen sollte. Natürlich gibt es immer noch viel mehr. Aber schließlich wollen wir keine Spezialisten werden, sondern flexible Generalisten. Irgendwann da draußen oder um die nächste Häuserecke, wenn kein anderer mehr da ist, kein Spezialist, Mikrofon-Mann oder Ton-Techniker, schlägt unsere Stunde.

Hier also einige Regeln, die man kennen und berücksichtigen muss:

Lärm, Stör-Geräusch und Rauschen sind unsere Feinde und müssen ferngehalten werden. Dies gilt um so mehr angesichts der von uns für den Selbstversuch freiwillig gewählten schlichten Smartphone-Mobiltechnik. In der Aufnahmequalität hat sie ihre größte Schwäche. Das eingebaute Mikrofon ist nur passabel, wenn man direkt hineinsprechen kann. Angesichts größerer Entfernungen und vor allem eines undefinierbaren, nicht selten beim Aufnehmen sogar überhörten Klangteppichs von Nebengeräuschen benötigt man ein Zusatz-Mikrofon. Außerdem geht es nicht ohne Windschutz.

Unser Studio. Es klingt simpel, aber Töne, die nicht passen oder die wir nicht wollen, müssen wir abschirmen. Denn sie verwirren oder ärgern den User. Manchmal reicht es schon, auf die andere Straßenseite zu gehen. Im Zweifelsfalle muss man an einen sicheren Ort gehen, an dem man die störende Akustik heraushalten und gegebenenfalls die Tür schließen kann. Bitte nicht stören. Aufnahme.

Bei Interviews heißt es: Komm auf den Punkt! Das gilt übrigens nicht nur für den Interviewten, sondern auch für den Fragesteller. Unbrauchbar sind Fragen, die der Interviewer erst beim Fragen entwickelt. Sie ziehen sich elend lange hin, erläutern die Frage nochmal und nochmal, bringen einen neuen Punkt und eine neue Frage, erläutern wieder ... Im schlimmsten Fall erntet man dann die Antwort: Wie war noch gleich die Frage? Besser: Frage ist notiert und wird präzise auf den Punkt gestellt.

Kurze Antworten! Mit gleicher Konsequenz müssen wir ausschweifenden, geschwätzigen und langatmigen Small talk in den Antworten verhindern. Sonst explodieren Längen, Datenmengen, Bearbeitungszeiten. Also: Volle Konzentration auf das Wesentliche. Nicht abschweifen. Disziplin. Zusammenfassend: Schon im Storyboard müssen die wichtigsten Fragen notiert sein, dann wird der Plan eingehalten und durchgezogen.

Wiederholungen sind tödlich. Sie schmeißen den User raus, denn er hat nie Zeit.

Goldene Regel: Frage präzise, rede nicht dazwischen. Super ärgerlich, wenn du dir später beim Schnitt ständig auf die Zunge beißen möchtest.

Bei Musik und Aufnahmen gilt das Urheberrecht. Es ist das Recht am eigenen Werk. Man kann sich also bei der Veröffentlichung nicht einfach bedienen. Es gibt jedoch auch »freie Musik«. Wer ganz sicher gehen will, komponiert sich idealerweise seine eigene Musik, zum Beispiel mit der App GarageBand.

Das Recht am eigenen Wort ist eines der Persönlichkeitsrechte und muss berücksichtigt werden. Verdeckte Aufnahmen sind illegal. Es gibt nur eine seltene Ausnahme: Das öffentliche Interesse an der Aufdeckung einer Angelegenheit ist so groß, dass das Recht am eigenen Wort dahinter zurücksteht.

O-Töne sind frei. Allerdings darf man nicht gegen Hausrecht verstoßen oder Privatgelände betreten, um sie aufzunehmen.

Eine Mediathek mit möglichst vielen gesammelten O-Tönen ist empfehlenswert, zum Beispiel Glockenläuten, Verkehrslärm, Hundegebell, Stimmengewirr. Der eigene Sound, gut sortiert, ist eine starke Ressource für Multimedia-Reportagen.

Kognitive Dissonanzen müssen verhindert werden. Beim Zusammenschnitt von Audio-Sequenzen muss die logische Reihenfolge eingehalten werden. Auch der emotionale Zusammenhang darf nicht verloren gehen. Ton spiegelt Atmosphäre und Ambiente wider. Deshalb darf durch Herausschneiden und Zusammenstellen die Geschichte nicht verfälscht werden. Sie muss wahrhaftig und authentisch bleiben. Schnitte dürfen nicht lügen.

Es verstößt gegen die Ethik, nur so zu tun, als sei man da gewesen. Auch O-Töne dürfen nicht lügen.

Apps. Hier noch zwei Tipps für starke Audio-Apps für iPhone und iPad. Da ist zum einen soundcloud, mit der man Audio-Sequenzen sehr gut mit Texten und Bildern montieren und in Blogs einbinden oder in die sozialen Netzwerke oder die Redaktion senden kann. Es ist möglich, Bilderstrecken, Slide-Shows, mit Ton zu hinterlegen – oder aber ein Audio zu bebildern.

Der zweite Tipp ist ThingLink. Hierbei kann man ein Foto wie einen Hyper-Text-Körper präsentieren und darauf Bildpunkte markieren. Dies sind dann Links zu Audios – O-Töne, Interview-Schnipsel oder Aufsager. So kann man sich als Nutzer das passende Geräusch selbst anhören, zum Beispiel die Musik, die ein Komet macht. Oder man kann sich ein Interview ganz nach eigenem Belieben zusammenstellen.

Zum Schneiden und Mischen des Tons, zum Beispiel mit Audacity, gehören natürlich etwas Zeit und Übung. Das iPad ist hierfür gut geeignet. Die verschiedenen Tonspuren – Moderationstext, Interview-Text, O-Töne – werden zerlegt, kombiniert, zusammengefügt und abgestimmt.

Wie geht das? Es funktioniert tatsächlich einfach wie bei einer Textverarbeitung. Die entsprechende Passage wird markiert, kopiert und an der gewünschten Stelle eingefügt. Es ist faszinierend, was möglich ist, wo man früher mit Schere und Klebstoff Schnipsel zusammenmontieren musste und sich nicht verschneiden durfte. Sonst war der Ton kaputt. Heute kann man alles beliebig wiederholen – und auch bequem »Testballons« starten.

Praktiker haben einige Regeln zusammengestellt:
- Keine übertriebenen Spezialeffekte, keine Hektik.
- Ruhiger Rhythmus.
- Weniger ist mehr.
- Kozentration auf einzelne klare Thesen, Töne und Aussagen.
- Knappe Anmoderation mit den wichtigsten Informationen.
- Kurze Zwischenmoderationen mit notwendigen Informationen.
- O-Töne in sinnvollem Zusammenhang.
- Verständlichkeit und Plausibilität.
- Bilder (bei Slide-Shows) ausspielen lassen, bis zu drei Sekunden pro Bild.
- Musik spielt nicht nur im Hintergrund, sie passt zum Rhythmus oder komponiert ihn, wird leiser oder lauter.
- Akteure werden mit Namen und persönlichen Angaben vorgestellt, wenn sie auftauchen.

Video

Mit allen Sinnen, das ist buchstäblich Video. Hören, Sehen, Lesen, sich hineinfühlen und hinein finden. Video lebt, es ist auch am kompliziertesten herzustellen – und birgt die meisten Fallen und Fehlerquellen.

Vermutlich ist nirgendwo im Online-Journalismus und im mobilen Journalismus die Fallhöhe so hoch wie beim Video. Zunächst einmal braucht man nicht mehr die sündhaft teuren Geräte, die früher notwendig waren, um Videoproduktionen herzustellen. Nicht mehr Mannschaften, die in Ü-Wagen anreisen. Das ist der große Vorteil. Ich kann, wenn ich will, mit dem iPhone oder iPad respektable Videos herstellen und senden. Ich kann sie zu Videofilmen, Reporterstücken und Multimedia-Reportagen kombinieren. Ich kann sie in mein Blog integrieren. Oder an die Redaktion senden.

Und wenn das alles geht, warum sollte ich es nicht tun?

Bis vor nicht allzu langer Zeit war es kaum vorstellbar, mal so kurz und »nebenbei« einen Film, ein Video zu drehen. Ausrüstung, technisches Wissen, Zeit und Ausbildung waren einfach nicht vorhanden. Außerdem war das nicht »dein Beruf«, wenn du nicht gerade beim Fernsehen arbeitetest. Und selbstverständlich brauchte man auch Spezialisten, zum Beispiel beim Bearbeiten, Schneiden und Mischen, Menschen, die das schnell und sicher können.

Wenn man an das wertvolle Material Amateure heran lässt, dann kann das ganz schön schiefgehen. Man muss also wissen, was man sich zumutet und was man wirklich kann. Und deshalb geht es auch hier nicht darum, gestandene Experten überflüssig zu machen, sondern schlicht und ergreifend Optionen zu nutzen. In unserem Fall: Wenn es beispielsweise im lokalen Bereich gar keinen Fernsehsender gibt, der Bewegtbilder erstellen und liefern kann, dann kann ich es selbst tun. Und ich werde es tun.

Denn jetzt kann ich meinem Leser buchstäblich zeigen, was geschieht. Wie bei Audio zeigt sich, dass dies stärker ist als bloß geschriebener Text. Video ist ja gewissermaßen der Klassiker zum Film im Kopf. Das Original. Fast zeigt er schon zu viel, fast ist er schon zu konkret. Deshalb ist beim Video zu raten, auf brüllende Effekte, Hektik, Übertreibungen zu verzichten.

Starke, ruhige Bilder, vor allem authentische Szenen, die ein Reporter einfängt, der vor Ort war und aufmerksam ist – sie sind das, was zählt.

Gleichzeitig sind die Bilder selbst so stark, dass wir uns wieder etwas zurücknehmen können. Weniger ist auch hier wieder mehr. Entscheidend ist, dass die Story steht. Die Idee, die wir umsetzen wollen. Um diesen Fixpunkt der Idee herum dreht sich unser Video. Klamauk, Lametta und Schmuck brauchen wir nicht. Es wiederholt sich, weil es auch für Texte und Audio gilt:

Man muss die eigene Geschichte auch in einem Satz erzählen können.

Dann kann man sie auch in einem guten Video erzählen. Halte dich kurz, prägnant, sei bündig. Punkt. Sonst dauert es zu lange. Sonst wird es uns überfordern.

Diese zentrale Idee, die Dinge einfach, fokussiert und übersichtlich zu halten, ist letztlich auch das, was mobile Journalisten draußen überleben und vor lauter Komplexität nicht verzweifeln lässt. Wir tun, was wir können. Das muss praktikabel sein, das muss praktisch sein. Hierfür haben wir kein großes Team zur Verfügung.Und das machen wir gut.

Regeln von Praktikern

Natürlich ist auch wieder ein **Storyboard** erforderlich. Gerade beim Video muss man eine Liste oder eine Datei dabei haben, in der die wichtigsten Schritte, Fragen und praktischen Weichenstellungen festgehalten sind.

Nicht allein auf das Gedächtnis verlassen. Memorys aufsprechen. Notizen machen.

Es gilt: Je besser das Storyboard, also die Planung, desto geringer später der Bearbeitungsaufwand. Und darauf kann es entscheidend ankommen. Idealerweise behandelt unser Regieplan als Leitfaden inhaltlich die wichtigsten journalistischen W-Fragen und verknüpft sie gleichzeitig auch mit den praktischen Lösungen des Arbeitens vor Ort.

Wer? Wer soll Interviewt werden? Wer steht im Mittelpunkt der Geschichte? Kann man ihn anrufen, wenn es schnell gehen muss? Oder anmailen wenn man etwas mehr Zeit hat? Welche Fragen werden gestellt? Kontakte stehen: Telefon, Handy, E-Mail. Stehen die Gesprächspartner für Interviews zur Verfügung? Darf man sie filmen? Sind sie befugt, Auskünfte zu geben und zu sprechen?

Was? Was ist passiert, was wird passieren? Gibt es ein Dokument, einen Gegenstand, einen zentralen Ort, den man zeigen kann? Ist das überhaupt zu visualisieren und zu dokumentieren? Hier geht es auch um alles, was für die Recherche bedeutsam ist. Es geht um die inhaltliche Stärke, die Checks und Gegenchecks. Fertige ein Script an: Du schreibst ein Drehbuch mit dem Text, den du selbst sprichst.

Wo? Wo spielt die Geschichte? Wo ist der authentische Ort? Wo ist der Ort, der auch technisch (Licht, Lärm, Akkus laden) geeignet ist? Wie kommt man da hin? Die Location zeigt unsere besondere Aufmerksamkeit für die Story. Denn der User schaut natürlich besonders aufmerksam, wo es spielt. Andererseits: Das Setting darf auch nicht die Aufmerksamkeit für ein Interview nehmen. Lärm und Geräusch können es zerstören. »Wo?« steht hier zwar an Nr. 3, ist aber vermutlich fast der wichtigste Punkt für das Video. Und gleichzeitig macht es am meisten Spaß, sich den richtigen Ort auszuwählen und dort einzurichten. Dabei entfernen wir uns am weitesten von unserem Job als Stubenhocker in der Redaktion. Das ist Reportage. Goldene Regel (die sich von selbst versteht): Man geht hin! Und ist dabei.

Wann? Ist es live? Kann man es planen? Termin, Treffpunkt. Wie viel Zeit haben wir – für die Recherche, für die Bearbeitung, für die Produktion, wie viel Zeit bis zur Veröffentlichung? Ablaufplan. Aber auch: Zeit-Vorgaben für die einzelnen Elemente der Reportage – Interviews, Textpassagen, O-Töne, Einstellungen.

Das sind die Essentials.

Im Kopf entsteht die Geschichte, nicht in der Kamera. Entscheidend ist der konsequente Gedanke, der sich wie ein roter Faden durch deinen Ablauf zieht: Was brauchst du, was ist wichtig für die Story? Sie entwickelt sich in deinem Kopf. Was braucht man an Szenen, Einstellungen, Bildern, Interviews? Manchmal verändert sie sich auch. Das Storyboard ist ein wichtiges Backup, das verhindert, dass wir schwimmen oder einbrechen oder uns vollkommen verzetteln. Das gibt Sicherheit. Doch man ist stets frei, es zu ändern und flexibel auf Veränderungen und neue Möglichkeiten zu reagieren.

Unsere Geschichte muss einen Spannungsbogen haben. Die Einleitung, die Anmoderation ist wichtig. Die Story muss fließen, Höhepunkten zustreben. Sie muss etwas zu bieten und immer noch etwas Pulver trocken haben. In den Übergängen muss klar werden, dass es einen stringenten, logischen Aufbau und Zusammenhang gibt. Im Interview kann man sich einen Knüller, eine »Bombe« bis zum Schluss aufheben, damit der User »dran« bleibt. Wiederholungen sind tödlich. Unsere Einspielungen müssen zum Script passen und dürfen nicht verwirren und kognitive Dissonanzen auslösen. Denn es ist wie bei allen Storys,

auch in Print und Audio: Die Geschichte ist zwar bereits im Kopf des Journalisten. Da muss sie noch raus, adäquat und vor allem verständlich umgesetzt.
Unser User kennt sie eben noch nicht, hat auch nicht das Vorverständnis, das
wir bereits haben. Gelingt es, alles ohne Missverständnisse und logische Brüche
rüberzubringen? Im Print sagt man: Gut, wenn es vorher nochmal einer liest.
Auch beim Video sollte der erste Betrachter durchaus ein kritischer Kollege sein.
Die Sache hat freilich einen Haken: So leicht wie beim Gedruckten ist es dann
nicht mehr zu korrigieren.

Die Kamera ist die Technik, doch sie erzählt die Geschichte nicht. Sie spricht
nicht. Sie ist nur Mittel zum Zweck, wird in Position gebracht, stabil gehalten,
behutsam geschwenkt. Der Mensch mit der Kamera erzählt die Geschichte. Er
ist Kameramann, Autor und Reporter. Kamerafrau, Autorin, Reporterin. Das
wichtigste Instrument ist nicht die Kamera, sondern das Gehirn. Aber ohne
Kamera geht es natürlich auch nicht. Experten raten, schnell und effizient zu
schießen, wachsam zu scannen, immer ein wenig mehr aufzunehmen, als es
nötig ist. Aber das Material darf nicht die Luft abschnüren. Und: Aufnahmen
werden nicht verfremdet, manipuliert, durch Montage verfälscht. Spezialeffekte
sind überflüssig. Die Geschichte spricht für sich.

Regeln für die Aufnahme

Lass Lücken »zwischen« den einzelnen Aufnahmen, zum Beispiel einige Sekunden davor und danach. Es vergehen also beispielsweise einige Sekunden bis
zur ersten Interviewfrage. Oder nach der letzten. Diese Lücken erleichtern das
Bearbeiten und Zusammenschneiden.

Der Goldene Schnitt oder »Rule of the third«. Zunächst einmal gilt: Füll den
Rahmen. Je dichter du herangehst, desto besser. Aber nicht zu dicht. Ein Kopf
sollte immer noch einen schmalen Streifen Abstand zum oberen Rand haben
und nicht angeschnitten werden. Ansonsten zerteile das Bild gedanklich in zwei
horizontale und zwei vertikale Linien. Das Wichtige des Bildes sollte sich entweder an den Linien oder an ihren vier Überschneidungspunkten orientieren.
So werden Bilder interessant.

Verschiedene Kameraeinstellungen sind wichtig, sorgen für Abwechslung
und verhindern, dass Totale an Totale gereiht wird. Das ist die Five-Shot-Regel.

⍟ Shot 1: Im Detail wird eine Handlung gezeigt, die neugierig macht.

⍟ Shot 2: Eine Nahaufnahme zeigt die handelnde Person.

⍟ Shot 3: Die Totale zeigt, wo wir uns hier überhaupt befinden.

⍟ Shot 4: Über die Schulter des Handelnden gefilmt, wird er aus seinem Blickwinkel in Beziehung zu seiner Umgebung gesetzt.

⍟ Shot 5: Sogenannte Cutaways gehen nochmal ganz woanders hin, entwickeln eine neue Idee, sind ungewöhnlich und reizvoll. Das wird auch Beauty-Shot genannt.

Interviews sind eine Hauptsache für den mobilen Journalisten mit Mikrofon und Kamera. Doch nicht der Interviewer steht im Vordergrund, sondern der Interviewte. Deshalb wichtig: nicht dazwischensprechen! Auch »Ah« und »oh«, »richtig« und »gut« sollte man sich verkneifen. Also: starke Fragen! Aber nimm dich ansonsten selbst zurück. Auch wenn es manchmal schwer fällt. Für einen kurzen Moment kannst du es jedoch organisieren, in einer Einstellung selbst kurz ins Bild zu kommen. Das ist üblich, das ist selbstbewusst, der User will dich sehen. Und einen Kommentar, den darf und sollst du immer sprechen.

Mit dem Ton steht und fällt das Video. Ton macht es stark, aber daran kann es auch scheitern. Deshalb gibt es verschiedene Möglichkeiten: Man kann den Originalton vom Bild trennen, wenn er zu schlecht oder störend ist. Ideal ist das jedoch nicht, brauchbarer Original-Ton ist immer das beste und vor allem authentischste Material. Man kann jedoch auch nachvertonen. Zum Beispiel mit Musik, mit O-Tönen, Interviewsequenzen und mit Voice over. Das ist die eigene Moderation. Dies sollte sich jedoch nicht »beißen«, nicht hektisch, sondern sparsam und ruhig verwendet werden. Eine Grundsatzentscheidung sollte bereits im Storyboard getroffen sein: Man kann bereits während der Video-Aufnahme gewissermaßen laufend aktuell und »live« ins Mikrofon sprechen. Man kann jedoch auch zunächst das Video aufnehmen und anschließend den Text auf das fertige Video sprechen.

Mit iMovie mein Video herstellen

Alles bisher Gesagte kann ich mit iPhone und iPad bewerkstelligen. Hier erzähle ich, wie ich mein Video mit der App iMovie produziere und publiziere.

Ich will wieder stark vereinfachen, konzentriere mich auf iMovie. Eine App, die mir Apple kostenlos zur Verfügung stellt. Mehr noch: Weltweit wird sie genutzt, mittlerweile bringt man Kindern den Videoschnitt damit bei. Es ist derart einfach und in den Prinzipien dennoch professionell. Deshalb wäre es auch ein bisschen dumm von mir, es nicht zu nutzen. Natürlich gibt es auch andere Apps. Und es lohnt sich, hier zu recherchieren.

Nun die wichtigsten Schritte, um mit iMovie zu arbeiten

Als Erstes muss ich natürlich nach den eben aufgezählten Kriterien und Regeln meine Aufnahmen anfertigen. Ich habe sie als Datei in der Mediathek meines iPads. In dieser Erlebnis-Mediathek sind auch meine Töne und meine Bilder.

In iMovie wird mir das Video sowohl in der Bildspur als auch in der Tonspur präsentiert. Ich kann die Tonspur verstärken oder bearbeiten. Ich kann sie auch vollkommen von der Bildspur trennen.

Beim Montieren meines Films kann ich nun Bildsequenzen, Tonsequenzen und aufgesprochene Stücke miteinander kombinieren.

Wie geht das?

Ich lege ein Projekt an.

Nun will ich verschiedene Clips und Takes zu einem Film montieren. Ich rufe eine Sequenz auf, markiere sie und kann sie gleichzeitig für die Weiterverarbeitung trimmen, das heißt kürzen.

Das Gleiche kann ich mit der Tonspur veranstalten. Zudem habe ich die Möglichkeit, neuen Text aufzusprechen. Oder Originaltöne einzuspielen.

Dies alles wird auf die beschriebene Weise getrimmt, das bedeutet: Ich markiere mit einem schlichten Rahmen, welchen Ausschnitt ich für die Weiterverarbeitung benötige. Natürlich schaue und höre ich mir das vorher genau an. Ist das geschehen, klicke ich die Passage an und ziehe sie in die Timeline, die Zeitleiste meines Films. Die gewählte Passage wird also in meinen Film importiert.

So entsteht mein Film Sequenz für Sequenz, und ich kann mit Voice over das Video anschließend auch angemessen und sparsam kommentieren. Dabei fließt das Video nach einer Vorwarnzeit von drei Sekunden vor mir ab – und ich kann es entsprechend kommentieren. Fertig.

Mein Video kann ich nun wieder als Link in die Dropbox fallen lassen oder an die Redaktion versenden. Ich kann es bei Facebook oder Twitter posten. Und ich kann es in mein WordPress-Blog einbinden – und kräftig dafür Reklame machen. Interessant: Bereits bei iMovie gibt es die iReporter-Funktion des US-Nachrichtensenders CNN. Sie bedeutet nichts anderes, als dass ich mit meinem Smartphone, falls ich mich an einem Brennpunkt des Weltgeschehens befinden sollte, sofort dem Sender meinen Beitrag schicken kann. iReporting hat sogar eine Funktion, Breaking News und Nachrichten zu erstellen.

Ich stelle mir einmal vor, eine solche Reporting-Funktion bekomme ich in meinem lokalen und regionalen Pressehaus für meine mobilen Reporter dort draußen in den Quartieren meiner Heimatstadt eingerichtet. Sie sehen, was dort geschieht, sind dabei – und jederzeit mit ihrem Smartphone bereit und in der Lage, uns sendefähige Beiträge in die Lokalredaktion zu schicken. Das ist zwar noch Zukunftsmusik, aber genau so wird er im Lokalen aussehen, der Journalismus der Zukunft.

8 »Please tell me«

Lagerfeuergeschichten

Es ist viel von Lagerfeuer die Rede, von Atmosphäre, von den großen Geschichten und Mythen. Tatsächlich verdanken wir unsere innigsten und intensivsten Erfahrungen mit Geschichten dem dichten Erzählen.

Es ist egal, was passiert und wann es passiert. Wenn jemand etwas zu erzählen hat, wenn er eine Geschichte erzählt, wenn er sich dabei persönlich öffnet und eine eingängige Sprache findet, dann schmilzt sein Publikum förmlich dahin. Es ist nicht ganz ausgeschlossen, dass die besten Talente im Journalismus, jene, die wir jetzt brauchen, ihre glücklichsten Erinnerungen im Zuhören bei guten Vorlesern und Erzählern hatten. Zum Beispiel bei Eltern, die tagelang aus ihrem Leben erzählten – und dabei selbst etwas für ihre Seele taten.

Das setzt sich fort. Lehrer vermögen sich in die Köpfe ihrer Schüler zu bringen, wenn sie in der Lage sind, packende Geschichten aus dem vollen Menschenleben zu erzählen und darin ihre Inhalte zu verpacken. Dozenten in verhassten Vorlesungen können plötzlich zu Stars mutieren, wenn es ihnen gelingt, mit Geschichten, Anekdoten und Erzählungen bisweilen sperrigen Stoff zu transportieren.

So erklärt sich auch der Erfolg vieler Autoren bei Lesungen. Da sind sie, da kann man sie anfassen, da kann man sich neben sie hocken, und die Wärme und der Klang ihrer Stimme nimmt dich ein.

Sogar in der Kantine, um einmal ganz banal zu werden, funktionieren die stärksten Geschichten mit Erzählungen. Hast du gehört? Auch Wissenschaftsjournalisten wissen, wovon sie reden. In der Spitze der Forschung sind Fortschritte heute kaum noch zu erklären und verständlich zu machen. Dennoch ist es notwendig, darüber zu berichten, in interessanten Reportagen die vermeintlich sperrigen Stoffe zu vermitteln.

Dies gelingt, wenn Menschen wie du und ich ihre Geschichten erzählen. Wenn sie dabei glühen und brennen, wenn sie vermitteln und mitzureißen vermögen. Ich erzähle dir einfach, wie ich hingegangen bin, was ich erlebt und gefühlt habe, wie es mir gegangen ist. Und was ich dabei gelernt habe und dir

jetzt vermitteln kann. Ich muss es noch nicht einmal in einer Liste zusammenfassen, denn durch meine Erzählung ist es so dicht geworden, dass du es nun
selbst nacherzählen kannst.

Dann ist es eine gute Geschichte.

Erzählung (2): Mein Flug in die Schwerelosigkeit

Autor Henning Noske in der Schwerelosigkeit an Bord des Airbus A300 Zero G.

Als ich diesen Anruf vom Deutschen Zentrum für Luft- und Raumfahrt (DLR)
aus Köln bekam, wusste ich noch nicht, was mich erwartet.

Sie hätten da ein interessantes Angebot und eine sehr nette Einladung für
mich. Ich könnte ja den Flieger nach Bordeaux in Frankreich nehmen, mich
dort an Bord eines Spezialflugzeuges 31 Mal in die Luft schießen lassen, worauf

man den Flieger abstürzen lassen würde, um ihn einige Kilometer tiefer wieder abzufangen. Ich fasse dies jetzt hier schon einmal ganz grob so zusammen, denn das Angebot für mich wurde natürlich etwas seriöser formuliert.

Es geht um einen so genannten Parabelflug, besser gesagt: 31 Parabelflüge hintereinander an Bord eines Airbus A300 Zero G des französischen Raumfahrtunternehmens Novespace. Hintereinander. Zero G steht für »null Gravitation«. Schwerelos. In der Phase des »Absturzes«, was natürlich ziemlich unwissenschaftlich ausgedrückt ist, gerät alles an Bord des Spezialflugzeugs in die Schwerelosigkeit. Wie im Weltraum. Und also kann man Weltraumexperimente in diesen jeweils circa 25 Sekunden mit Zero G durchführen. Parabelflug heißt es deshalb, weil das Flugzeug eine parabelförmige Bahn schießt. Sie gleicht der Flugbahn des Balles beim hohen Abstoß eines Torwarts.

Selbstverständlich hatte die Sache auch einen lokalen Bezug. Wissenschaftler des Deutschen Zentrums für Luft- und Raumfahrt (DLR) in Braunschweig, über die ich als Wissenschaftsredakteur bereits berichtet hatte, waren damit beschäftigt, besondere Materialien und Geräte für die Weltraumforschung herzustellen. Das Institut für Strukturmechanik und Leichtbau hatte ich bereits besucht, als dort der kleine Lander Philae gebaut worden war. Das ist jener Kasten, der 2014 zum ersten Mal auf einem Kometen landete und dort wie ein Flummi Luftsprünge veranstaltete.

In meiner Geschichte geht es jedoch um einen ganz erstaunlichen neuen Antrieb. Es ist der Schub durch Photonen, also extrem kleine Lichtblitze, die bei Weltraummissionen künftig Fahrzeuge antreiben sollen. Tolle Sache. Ein Sonnensegel entfaltet sich im All und wird durch Licht-Druck mit unerschöpflicher Energie durch das Sonnensystem getrieben.

Damit kann man natürlich schöne Geschichten erzählen. Allein schon das Bild vom Segeln lässt die Fantasie sprießen …

Ich jedoch dachte nur daran, wie es gelingen kann, dass mir an Bord des Parabelfliegers nicht speiübel wird.

Natürlich wollte ich da oben beobachten, wie sich so ein Sonnensegel in der Schwerelosigkeit komplikationslos entfalten kann – und wie erfolgreich die Braunschweiger Ingenieure waren, die entsprechende Konstruktion herzustellen. Denn alles muss extrem leicht gebaut sein, aber auch die Schocks beim Start vom Weltraumbahnhof überstehen. Schließlich nützt das schönste Sonnensegel nichts, wenn es da oben im Weltraum kaputt ankommt und sich nicht entfalten kann.

Kaputt – das ist allerdings auch das richtige Stichwort für mich. Schnell hatte ich herausbekommen, dass es für jeden Parabelflug-Anfänger ein extremes Handicap gibt. Und das sind kleine Knöchelchen im Ohr, die einem die Flugbahn ganz schön verhageln können. Denn, wie wir schon gelernt haben, mit kognitiven Dissonanzen kommt das Gehirn überhaupt nicht klar. Und in einer Situation, in der unser schönes Koordinatensystem aus Schwerkraft, Halt, Orientierung und Blickrichtung vollständig durcheinandergerät, schaltet die Denkzentrale in den Krisenmodus und spielt dir eine gepflegte Übelkeit ein.

Auf gut Deutsch: zum Kotzen.

Du wirst weltraumseekrank. Und gerade ich. Ich gehe normalerweise nie auf ein Schiff, weil ich Angst habe, dass das Wetter schlecht wird. Beim Fliegen mache ich in kritischen Situationen gern mal die Augen zu und halte ein Schläfchen. Braunschweiger Reporter beim Parabelflug eingeschlafen! Das geht gar nicht. Und wie ich noch so darüber nachdenke, da wird mir schon schlecht. Also bin ich vollkommen ungeeignet – und muss die Parabelflüge absagen.

Absagen? Bist du blöd? Eine solche Gelegenheit kommt auch nicht oft. Außerdem muss man ja auch noch beim Astronauten-Arzt in Köln auf Tauglichkeit für die Schwerelosigkeit untersucht werden. Wenn das alles keine schönen Geschichten sind, dann bin ich kein guter Reporter. Da ist alles drin, die persönliche Geschichte, der Forschungs-Zusammenhang, die Fakten, die Wissenschaft – und ganz viel Reiz, Aufmerksamkeit und Emotion.

Jeder denkt: Was hätte ich getan, wie hätte ich entschieden, würde ich das nicht auch gern machen? Und vor allem: Wie ist es da oben?

Das Beste: Medien-Möglichkeiten ohne Ende. Tagebuch, Fotos, Video, Interviews. Reportage pur. Bloß ich persönlich hatte nur eine Frage: Soll ich mir eine Spritze geben lassen? Denn mittlerweile hatte sich herausgestellt: Nicht nur Reporter haben ein Problem mit Gehörknöchelchen, das wäre für die Wissenschaft ja noch zu verschmerzen. Auch die meisten Forscher selbst. Und das ist schlecht für die Experimente.

Und an Bord des Parabelflugzeugs, das unter dem strengen Regiment der französischen Luftwaffe steht, gibt es ein eisernes Gesetz. Wer kotzt, wird aus dem Verkehr gezogen. Denn das ist besser für die Gesundheit und die Flugsicherheit. Schon stellte ich mir vor meinem inneren Auge vor, wie ich schon nach dem ersten von 30 Parabelflügen zum Problemfall werde.

Das Medikament sei »gegen Reisekrankheit«, heißt es. Ein Militärarzt spritzt es. Und es heißt, dass es »dämpft«. Ich aber nehme normalerweise nur selten Medikamente, nicht mal Kopfschmerztabletten. Weil ich keine Medikamente brauche. Ich werde nicht krank.

Und wenn ich leide, dann muss ich es selbst durchstehen. Ich brauche keinen Arzt. Ich weiß alles selber. Schöner Mist, diese Spritze.

Aber ich kriege sie. So wie die meisten Wissenschaftler, denn die Experimente sind heilig und teuer. Das Zeug wirkt schnell. Erst wird dir ein wenig kribbelig, und dann ist es wie nach den ersten Schlucken eines Bordeaux. Wenn sich die Wirkung nach einer halben Stunde entfaltet, fühlt es sich schon wie eine halbe Flasche an. Jetzt gehst du die Sache ganz entspannt an.

Das Sonnen-Segel befindet sich am Mast aus ausrollbarem Faserverbundwerkstoff. Was mal Segelmast werden soll, liegt aufgerollt wie ein Feuerwehrschlauch im Passagierraum des A 320. Der ist für diese Experimente vollständig leergeräumt, keine Sitze, nichts.

Nur die Gepäckfächer. Da oben fliege ich zunächst ein wenig an der Decke herum, halte mich mit einer Hand an der Stange fest. Und bewege mich schwerelos im Luftraum über dem Ärmelkanal plötzlich immer sicherer.

Das flaue Gefühl ist weg. Ich kann fliegen. Jedenfalls immer circa 25 Sekunden lang. Kurz davor und vor allem am Ende drückt es dir ziemlich auf den Magen. Denn beim Schub nach oben und vor allem beim Abfangen entstehen mehr als 2 G. Und das mir. Ich war noch nie in einer Achterbahn. Da wird mir beim Zusehen schon schlecht.

Haben Sie schon mal gesehen, wie die Feuerwehr einen Schlauch ausrollt? So geht das jetzt an Bord des Airbus auch, aber schwerelos. 31 Mal. Da schießt die Rolle heraus, wickelt den Schlauch ab, ja, und der versteift sich wie geplant zum Mast – und die Spule brettert jedes Mal wie ein Football Richtung Pilotenkabine.

Normalerweise käme da im Weltraum ja nichts. Hier aber muss sich Alain Legrande, Chef-Manager von Novespace an Bord des A300 Zero G, dazwischenwerfen – und fängt das Ding. Das ist das Foto! Ich will es haben. Wie aber fotografierst du schwerelos? Wenn dir der Arzt gesagt hat: Bewege nie den Kopf. Halt ihn grade.

Wegen der Knöchelchen im Ohr.

Jetzt oder nie. Ich nehme meinen ganzen Mut zusammen. Und frage Alain Legrande, den strengen Boss an Bord, wie ich dieses Foto machen kann. Das imponiert ihm. Ein Weg ist schnell gefunden. Kurz vorm Aufschlag-Ort der

Spule gibt es Haken im Boden, an denen bei anderen Flügen Forscher festge-bunden werden. Damit sie beim Beobachten von Zebrafischen im Aquarium in der Schwerelosigkeit nicht wegfliegen. Die gelten als Modellorganismen für Gehörknöchelchen ...

Legrande schnallt mir einen Gurt ums Knie, macht mich am Haken fest. Jetzt gibt es kein Zurück mehr. Um mich herum nur freier Raum, nichts mehr, wo ich mich festhalten kann. Kurz vor Parabelflug Nr. 13 knie ich mit gesenktem Kopf auf dem Kabinenboden und halte die Kamera fest umklammert. Steigflug.Wie ein Brett drück es dich runter. Countdown. Zero G! ... Was glaubst du, was jetzt passiert? (An dieser Stelle könnte man übrigens gut einen Cliffhanger einbauen, siehe Kapitel 5.)

Schön, Sie lesen tatsächlich weiter.

Sonst wäre ich jetzt auch beleidigt. Als die Schwerelosigkeit kommt, steige ich mählich auf wie ein Ballon. Bis der Gurt sich spannt, mit dem ich am Knie festgebunden bin.

Leider gerate ich in eine leichte Dreh- und Pendelbewegung und tanze am Haken wie eine Boje. Hinten schießt schon die Spule raus, doch ich tanze gerade in die andere Richtung. Den Kopf drehen kann ich nicht, sonst bin ich raus. Hinter meinem Rücken spielen sich vermutlich gerade die spannendsten Sachen ab. So ähnlich geht es auch bei Parabelflug Nr. 14, Nr. 15 und Nr. 16.

Ich will mein Bild! Bei Nr. 17 ist es so weit. Nach den unergründlichen Ge-setzen der letzten verbliebenen Schwerkraft schwenke ich genau richtig ein ...

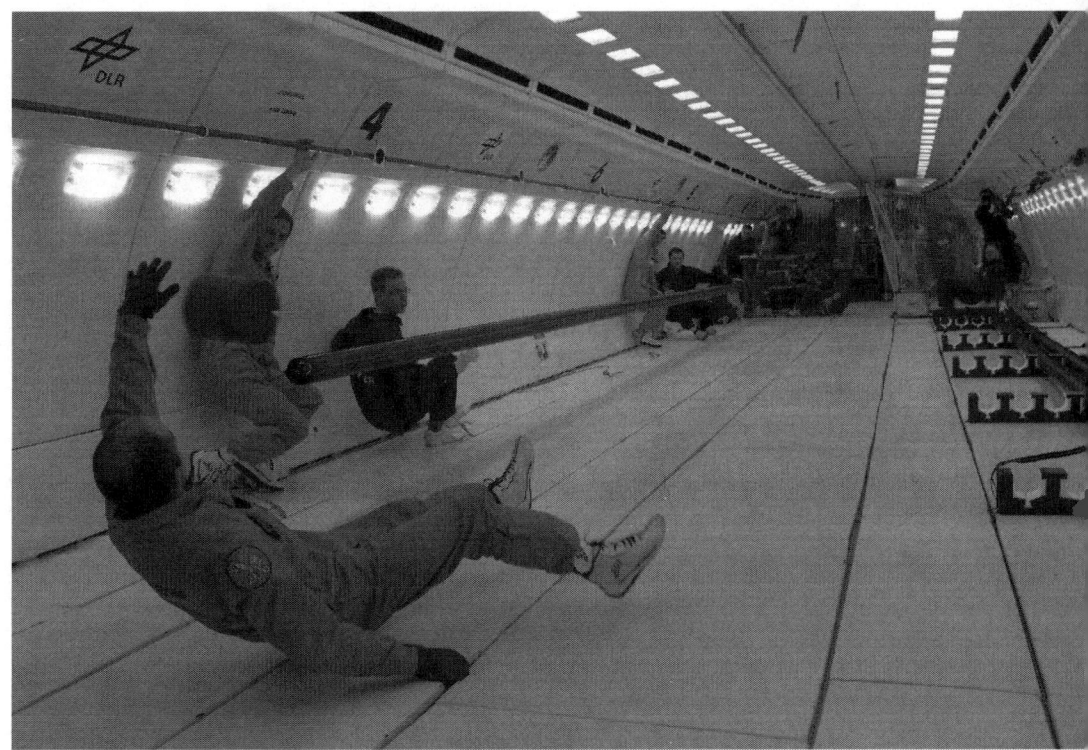

Foto in der Schwerelosigkeit: Beim erfolgreichen Experiment der DLR-
Wissenschaftler hat sich der Mast aus kohlefaserverstärkter Folie, der einmal
ein Sonnensegel werden soll, perfekt entfaltet. Wie ein Torwart fängt Alain
Legrande den überflüssig gewordenen Wickelkern auf.

Sind Sie bis hierhin dabeigeblieben? Schließlich ist es ja nicht nur ein Lernbuch,
sondern auch ein Lesebuch.

Also den Rest in der Zusammenfassung: Nachdem ich mein Bild hatte, konnte mir nichts mehr passieren. Ich war im Flow. Schuss in der Pilotenkanzel,
Blick über die Schulter meiner Wissenschaftlers von der anderen Seite und auch
noch ein Blick auf mich, den ich organisieren konnte. Intuitiv hatte ich manches
erledigt und richtig gemacht, von dem ich jetzt in meinem Buch berichte. Ende
der Experimente, Landen, Abschluss-Briefing, Schreiben, Senden, sogar mit
Foto und Video, eine Geschichte, die ich immer wieder gern erzähle.

Wie hätte ich es heute gemacht, mehr als fünf Jahre später?

Natürlich hätte ich mein iPhone an Bord dabei gehabt. Fotografieren und Filmen hätte ich auch im Flugmodus gekonnt, wenn die Mobilfunkfunktion abgestellt ist. Zudem hätte ich die Möglichkeit gehabt, selbst Kommentare aufzusprechen. Dies wäre ein spannender O-Ton gewesen.

Gleichzeitig hätten alle meine Texte, Memos, Fotos und Videoaufnahmen auf einem einzigen Gerät zur Verfügung gestanden. Damals hatte ich eine Digital-Kamera dabei, musste die Fotos von der Speicherkarte über ein Lesegerät auf meinen Laptop ziehen und von dort per Mail in die Redaktion senden. Gleichzeitig stand mir ein Camcorder für Videoaufnahmen zur Verfügung. Den hatte ich jedoch angebunden mitten im Raum nicht dabei, weil ich mich auf das Foto konzentrieren wollte.

Auch für das Video, besser gesagt für mehrere Videos (Flugzeug vor dem Start, Forscherteam an Bord, Flugversuche unter der Kabinendecke), erfolgte die Speicherung wiederum auf einer Karte. Doch die Datenmenge war so groß, dass an ein Versenden über mein Laptop überhaupt nicht zu denken war. Die Speicherkarte mit den Videos übergab ich erst nach meiner Rückkehr per Hand den Kollegen von der Onlineredaktion, die daraus von einem Dienstleister einen Videoclip fertigen ließen, der ein paar Tage später online ging.

Heute könnte ich mit meinen Mitteln und Möglichkeiten eine Multimedia-Reportage vom Parabelflug produzieren, in die Dropbox oder in mein Blog fallen lassen, als Link an meine Redaktion mailen und noch am gleichen Tag veröffentlichen.

Jeder Leser dieses Buches, der sich darauf einlässt, mit den Anregungen arbeitet und sie weiter entwickelt, kann ähnliche Erfolgserlebnisse erzielen. Und sollte es tun, denn wir sprechen von den technischen Möglichkeiten und Ausdrucksmöglichkeiten des Journalismus der nächsten Jahre. Am Storytelling freilich, am Geschichtenerzählen, ändert sich nichts und wird sich nichts ändern. Es ist der Urgrund des Journalismus.

Es gibt die verschiedensten Zugriffe auf, Beschreibungen für und Herangehensweisen an das Storytelling. Die von mir bislang beschriebene Lagerfeuer-Philosophie, bei der du gewissermaßen den Kopf an die Schulter des Erzählers legst, ist die emotionale Seite der Medaille. Auf der anderen stehen praktisches Handwerk und Ideen. Ihnen wollen wir uns jetzt ausführlich zuwenden.

Storytelling als Reportage

Die besten Reporter waren und sind immer Storyteller. Wenn unser Vorbild Egon Erwin Kisch in seiner »Hetzjagd durch die Zeit« (1926) auf einen Finkenwärder Nordsee-Fischkutter geht und minutiös die Techniken der Fischer beschreibt, wenn er ihren Fang in Augenschein nimmt, der zappelnd auf das Schiffsdeck prasselt, dann erzählt er bei aller vermeintlichen Nebensächlichkeit der Details eine pralle Geschichte. Denn sie strebt pulsierend auf das große Finale, die große Pointe zu.

Allein der Weg dorthin gelingt bei Kischs Reportage »Schollenjagd und Haifischfang« mit einer großartigen Schreibe voller Details, Beispielen, Anspielungen und Geschichten. Dazu immer Informationen: zum Beispiel die Tatsache, dass die Fischer trotz brutaler Arbeitszeiten nur 50 Mark Lohn für zwei Wochen erhalten. Doch die Story strebt einem unerhörten Höhepunkt zu. Man spürt es, man wartet darauf. Es muss noch kommen und es kommt. Eine Wasserleiche fällt aus einem der Fischernetze an Deck, löst gruseligen Schrecken aus – und wird über einen Kran per Seebestattung entsorgt. Die Fischer sind ganz bleich und sprechen nie wieder über dieses Erlebnis.

Die Reportage ist und bleibt die Königsdisziplin des Storytelling, sie sammelt und recherchiert akribisch Fakten und Informationen und breitet sie aus. Sie entwickelt Atmosphäre, sie ist dabei, sie ist lebendig, Sie greift dich direkt an und erfasst alle deine Sinne. Entscheidend aber ist, dass du eine Sprache wählst und sprichst, die einfach ist, eingängig und direkt. Sie arbeitet mit Bildern, die direkt ins Erinnerungs- und Assoziationszentrum unserer Leser gehen. Reportage ist die hohe Erzählkunst mit journalistischen Mitteln.

Storytelling als Montage

Wenn alle Medien und Techniken zur Verfügung stehen und wir uns entschieden haben, sie auch anzuwenden, dann hat dies entscheidende Konsequenzen für das Storytelling der Reportage. Dies ist nicht nur Verlegenheit oder Konsequenz, sondern auch eine große Chance, die der Online-Journalismus konsequent ergreift. Es ist zwar schade und man mag es bedauern, dass ein Sprachakrobat und Virtuose der Empfindungen und Details wie Egon Erwin Kisch jetzt von Mikrofon und Kamera gleichsam abgelöst wird …

Denn die O-Töne des Meeresrauschens, des quirligen Zappelns der Fischlei-
ber auf dem Schiffsdeck, des dumpfen Geräusches, wenn die Leiche aufschlägt,
die Originalbilder vom Kutter, von den Seebären mit ihren gegerbten Gesich-
tern, der Schuss in die Enge ihrer Kajüten, das ist wesentlich direkter, härter und
unmittelbarer als das vermittelte Schreiben.

Das ist konkretes Kino, nicht mehr nur Kino im Kopf.

Man mag das bedauern, und wer will, kann immer noch so schreiben wie
Egon Erwin Kisch. Doch auf dem Smartphone und auf dem Tablet, Geräten,
die bereits jetzt fast jeder mit sich herumträgt, funktioniert der Journalismus
anders.

Das Storytelling wird zu einer interaktiven Multimedia-Komposition, die
ihren eigenen Stil und ihre eigenen Pointen entwickelt. Doch zunächst einmal
bleibt es bei der Montage. Es ist schon ein großer Schritt nach vorn, die verschiedenen Medien zu nutzen und sie auch tatsächlich nebeneinander in einer
Geschichte einzusetzen. Mehr noch: Hypertext verbindet alles zur Story, über
Links erweitern wir die Möglichkeiten stark.

Um im Bild zu bleiben: Der User kann über seinen Kisch jetzt auch zum
Fisch auf der Speisekarte eines Hamburger Restaurants gelangen, selbst eine
Erlebnis-Kutterreise planen oder über einen Link zum See- und Schifffahrt-
samt gelangen. Dort könnte er feststellen, dass zur fraglichen Zeit kein Mensch
vermisst wurde und also auch nicht umgekommen sein kann. Kisch, der zuvor
schon einen Frauenschuh, an dem noch ein Fuß hing, aus dem Netz hatte fallen
sehen, hatte nämlich eine blühende Phantasie, um seine Leser zu fesseln. Das
geht nun auch nicht mehr.

Storytelling in der Konvergenz

Was jetzt nach der Montage noch fehlt, ist die Konvergenz, der Flow, das Neue,
das Zusammenfließen. Denn wir brauchen keinen Besenbinder-Journalismus,
der einzelne Strohhalme oder Reisigzweige mit Bindfäden umwickelt. Auch in
der Wissenschaft ist es so – und zwar bei den berüchtigten Alibi-Vergleichen,
wenn die Studien verschiedener Autoren lediglich nebeneinander abgedruckt
werden. Was hier fehlt, macht indes die eigentliche Arbeit und den eigentli-
chen Reiz aus. Es sind die Wechselwirkungen – und vor allem die Resonanzen,

Verstärkungen, die das Wesen der neuen Erkenntnis ausmachen. Wir brauchen Synthese, Verschmelzung. Und dies muss einhergehen mit neuen Ideen für den Journalismus.

Also wieder zu Kisch: Ich bin dann mal als User selbst an Bord, schwanke über die Planken, bewege mich vom Steuerrad des Kapitäns in die Kombüse, blicke in die Spinde der Kajüten und löse selbst den Haken für das Fischernetz. Einen der Fische, die da herabprasseln, zerlege ich selbst. Und dort, wo eine Leiche herabgefallen sein soll, lerne ich etwas über den Reporter, der mit blühendster Sprache mehr politische Wirkung und Veränderung erreichte als jeder, der sich tapfer und konsequent an die Fakten hält (mehr dazu siehe Pressekodex, Kapitel 9).

So weit sind wir noch nicht. Aber die mittlerweile berühmte Snowfall-Reportage der New York Times weist schon in diese Richtung und öffnet ein Tor. Es ist ein faszinierendes Stück Online-Journalismus, in dem alle Mediengattungen und Impressionen ineinander fließen.

Der User kann dabei vor und zurück wischen. Er kann sich in der Geschichte bewegen, kann Bilder, Zeilen, Texte, Töne und Filme genießen. Ganz entscheidend ist, dass solche Techniken beherrschbar sind. Im Sinne von Konvergenz müssen sie zu handeln sein. Das gilt übrigens nicht nur für den User, für den es in erster Linie ein Format auf dem Tablet ist. Das gilt vor allem für die Journalisten und für die Redaktionen, denn die Fusion der verschiedenen Journalismusrichtungen, auf die es letztlich hinausläuft, bleibt nicht ohne Konsequenzen.

Meine Studie liefert den Selbstversuch, mit nur einem Gerät konsequent »auf Sendung« zu gehen. Ich halte dies unabhängig von den praktischen Möglichkeiten, die es bietet, zum Beispiel für Einsteiger und Lokalreporter, auch für ein akademisches Lehrprojekt. Wer es lernt, beherrscht und verinnerlicht, kann zu Neuem, zu Größerem aufbrechen.

Der Westdeutsche Rundfunk hat sein professionelles Online-Storytelling-Programm Pageflow für Interessierte kostenlos zugänglich gemacht. Auch hier geht es darum, aus Multi- Crossmedia und damit vor allem einen neuen Reportage-Stil mit allen Sinnen zu entwickeln. Da wird eben beispielsweise nicht nur beschrieben, dass sich bei einem lokalen Folk-Festival Gänsehaut-Stimmung einstellte. Zusätzlich kann man jederzeit und so oft man will die entsprechenden Lieder hören, die Bilder mit der einzigartigen Stimmung sehen – und sich im eigenen Tempo und im eigenen Rhythmus durch diese Geschichte bewegen.

Dabei handelt es sich jedoch bereits um eine sehr aufwändige Technik, die auf aufwändige Programme, effiziente Apps und ein idealerweise maßgeschneidertes Content-Management-System angewiesen ist. Auch hier erkennen wir viele Elemente des bisher Gesagten und Gelernten wieder: Als journalistischer Sammler habe ich meine Texte, Töne, Bilder und Filme beisammen. Aber das reicht noch nicht, denn ich muss eine journalistische Idee im Kopf haben und ein Storyboard schreiben können, das alles erst zu einem journalistischen Projekt werden und verschmelzen lässt. Die App ist dann nur noch Mittel zum Zweck, lässt mir die Möglichkeiten, mit möglichst geringem Aufwand mein Material nach der Melodie meiner Ideen und meiner Kreativität hineinfallen, ja fließen zu lassen.

Ich gebe zu, dass ich mich damit zunächst schwergetan habe. Wie sollte es auch anders sein. Es ist etwas diametral anderes als die Technik meines großen Vorbildes Egon Erwin Kisch, der zunächst unendlich gründlich recherchierte und dann linear in einer Art sprachlichem Wasserfall Texte formulierte und damit begeisterte.

Kisch brauchte nicht einmal Fotos, so stark waren seine Bilder.

Doch heute sprechen wir davon, einen neuen Journalismus zu entdecken, zu entwickeln und für ihn zu werben. Derzeit lohnen sich Experimente mit der Storytelling-App Storehouse. Das ist eine mobile Anwendung für Snowfall-Reportagen auf dem iPad und sogar auf dem iPhone.

Die Grundidee ist einfach: Geschoss für Geschoss des Storehouse, des Speicherhauses, Schicht für Schicht, wischt der User auf Tablet oder Smartphone den Bildschirm herunter oder wieder hinauf. Er sieht ein Bild, liest den dazugehörigen Text, kann den Ton hören, kann ihn sich noch einmal anhören, wischt weiter, erreicht ein Video, schaut und hört es sich an, geht weiter vor oder zurück.

Man kann auch ganze Stockwerke überspringen. Schon mit Storehouse, das auf kurze Texte, wenige Bilder und Clips bis zu 30 Sekunden Laufzeit beschränkt ist, können die faszinierenden Elemente von Showfall-Reportagen nachvollzogen, geübt und produziert werden.

Storytelling, das ist die Königsdisziplin für prallen Konvergenz-Journalismus mit allen Sinnen. Es ist die große (Web-)Reportage. Darauf kann man sich freuen.

9 »Don't trust«

Qualitätskriterien für den Online-Journalismus

Eines der entscheidenden Kriterien, Erkennungs- und Unterscheidungsmerkmale für Journalismus ist Qualität. Diese ist an Qualitätskriterien objektiv messbar. Auch der Online-Journalismus muss sich diesen Kriterien unterwerfen. Es handelt sich im Kern um die Rechtfertigung für die Privilegien der Pressefreiheit, die Journalisten weitreichende Rechte einräumt, aber auch ungewöhnliche Pflichten auferlegt. Ausgangspunkt dieser besonderen Stellung ist dabei stets das öffentliche Interesse, dem auch der Online-Journalismus verpflichtet ist.

Gleichzeitig sind Online-Journalisten einem neuartigen Spannungsverhältnis ausgesetzt. Einerseits unterliegen sie – als Angehörige von Medienunternehmen und Zeitungsverlagen – einer gleichsam traditionell gewachsenen Selbstkontrolle und Selbstverpflichtung durch den Deutschen Presserat und seinen Pressekodex. Seit 2008 erstreckt sich die Reichweite des Pressekodex auch auf Telemedien – die Online-Portale jener Unternehmen und Medien, die Teil der freiwilligen Selbstkontrolle sind. Aber auch nur jener.

Mittlerweile sind die Ziffern des Pressekodex in vielen Verlagen Vertragsbestandteil für die Redakteure. Ein Verstoß gegen den Pressekodex und mithin die Berufsethik kann also auch arbeitsrechtliche Konsequenzen haben. Gleichzeitig ist das Bewusstsein groß und akzeptiert, dass die freiwillige Selbstverpflichtung auf journalistische Qualitäts- und Ethik-Standards eine Grundbedingung unabhängiger journalistischer Arbeit ist. Sie ist für die Glaubwürdigkeit und Akzeptanz in einer kritischen und ständig »auf Absprung« bedachten Öffentlichkeit unverzichtbar. Im real existierenden Markt verhält sich also auch unwirtschaftlich, wer unethisch handelt.

Dies bedeutet: Die Qualitäts- und Ethik-Richtlinien gelten auch online – Strafgesetze und Persönlichkeitsrechte ohnehin. Dabei ist es unerheblich, ob beispielsweise in sozialen Netzwerken wie Facebook weniger strenge Regeln herrschen. Informationen oder Bilder, die von dort bezogen werden, müssen vor einer journalistischen Veröffentlichung mit der üblichen Sorgfalt geprüft und ausgewählt werden.

Der Online-Journalismus muss sich jedoch auch mit einer Vielzahl von neuen Herausforderungen und Zumutungen auseinandersetzen. Sein Verhältnis zum Qualitätsjournalismus gilt als prekär. Ursächlich hierfür sind insbesondere Auswüchse in Chat- und Kommentarforen, auch in sozialen Netzwerken. Die »Weisheit der Vielen« ist das eine, ein unkontrolliertes Mobbing, Bashing oder rassistisches Pöbeln das andere.

Jenseits eingeübter redaktioneller Kontrolle und Qualitätsprüfung ist überdies eine gleichsam basisdemokratische journalistische Sphäre entstanden, in der man letztlich auch nicht bereit ist, sich durch im besten Sinne verstandene Qualitätsrichtlinien oder Nettiquetten »zensieren« zu lassen.

Gleichzeitig sind es neue journalistische Formen jenseits der großen, unbeweglichen Verlagshäuser mit selbstgefälligen Haus-Journalisten, neue Formate mithin, die erprobt und durchgedrückt werden. Hier kann vermeintliche journalistische Qualität auch schnell als »Keule« erscheinen, um sich ungeliebte, neue Konkurrenz vom Halse zu halten. Allerdings gilt auch unverändert, dass journalistische Techniken und Tugenden angesichts massenmedialer Wirkungen und der daraus resultierenden hohen Verantwortung auch der qualifizierten Aus- und Weiterbildung bedürfen.

Was ist also zu tun? Tatsächlich haben wir es, wie auch in diesem Buch ausführlich beschrieben, mit neuen Formen und Wechselwirkungen zu tun. Blogs und Blogger zum Beispiel sind einerseits in einer vollständig anderen Sphäre unterwegs, als sie Presserat und Pressekodex erfassen können. Andererseits befindet sich die Blogosphäre als Tummelplatz von Publizierenden im Fokus der Journalisten, die darin recherchieren, daraus schöpfen, Informationen, Trends und Ideen abgreifen, mitdiskutieren, selber bloggen. Und nicht wenige Blogger selbst befinden sich an der Schwelle zum Qualitäts-Journalismus beziehungsweise fühlen sich diesem verpflichtet. Allgemein gilt die Regel: Wer in Blogs Meinungen und Informationen verbreitet, ist journalistisch tätig und kann journalistische Rechte in Anspruch nehmen, muss sich jedoch auch journalistischen Pflichten unterwerfen.

Die Übergänge sind zunehmend fließend und unübersichtlich. So ist beispielsweise aus dem kongenialen Blog-Werkzeug WordPress durch Software-Erweiterungen und sogenannte Plugins ein Basis-Content-Management-System entstanden, das mit einfachsten Mitteln die Metamorphose vom lokalen Blog zum lokalen Medium ermöglichte, den »Karrieresprung« vom Blogger zum

Online-Journalisten. Es ist ein Aufbruch, der voraussichtlich keine kurzfristige Zeiterscheinung bleiben wird. »Lokalredaktionen 2.0« fordern mittlerweile mit sichtbarer Wirkung die konventionellen Zeitungsverlage heraus.

Herzliche Einladung vom Presserat

Folgerichtig erhielten solche Online-Grassroot-Medien, die sich zum Beispiel bei istlokal.de zusammengeschlossen haben, die Einladung, sich dem Deutschen Presserat und der Selbstkontrolle anzuschließen, mithin den Pressekodex anzuerkennen. Geschäftsführer Lutz Tillmanns schrieb: »Sie vertreten hochwertige journalistische Produkte. Sie haben den Anspruch, guten, kritischen Journalismus für ihre Leser zu bieten.«

Lokalblog-Spezialist Hardy Prothmann, Chefredakteur von rheinneckarblog. de und einer der Partner im Netzwerk istlokal.de, empfahl prompt die Mitgliedschaft im Deutschen Presserat. Diese Entwicklung, von einer breiteren Öffentlichkeit weitgehend unbeachtet geblieben, ist eine wichtige Weichenstellung. Neue Medien erhalten die Weihen des Presserates wie eine förmliche Anerkennung, gleichzeitig lassen sich die Qualitäts- und Ethik-Standards auch im Online-Journalismus immer weiter ausdehnen. Das Anmeldeformular für die Selbstverpflichtung kann online beim Deutschen Presserat heruntergeladen werden.

Diese Entwicklung freilich hat nicht unerhebliche Konsequenzen auch für den Pressekodex selbst, der an spezielle Bedürfnisse des Online-Journalismus angepasst werden muss. Die Formel »Keine großen Mängel im Pressekodex« stieß schnell auf Skepsis. Sie besagte im Kern, es reiche, die vorhandenen Ziffern als gültig und ausreichend zu bekräftigen. Dies erwies sich jedoch bereits bei anonymen User-Kommentaren im Netz als schwierig, die man partout nicht mit der strengen Verifizierung von Leserbriefschreibern in der Print-Zeitung in Einklang bringen konnte. Warum mit zweierlei Maß messen?

Die Diskussionsbedürftigkeit dieser Frage wird an einer Praxis des Modus vivendi deutlich. User-Kommentare im Netz, die eine Kontrolle der Redaktion durchlaufen haben (»moderiertes Forum«), sind mit konventionellen Leserbriefen gleichgestellt. Hier greift die Verbreiterhaftung, kann beziehungsweise konnte sich eine Redaktion also eine Rüge des Presserates einhandeln, wenn ihr etwas durchgerutscht war. Redaktionen hingegen, die Online-Kommentare zunächst durchwinken und erst später prüfen (»unmoderiertes Forum«), bleiben beziehungsweise blieben unbehelligt, weil der Pressekodex hier nicht greift. Ein Haftungsprivileg für nutzergenerierte Inhalte stellt sicher, dass unverzüglich gelöschte Inhalte (nach bis zu fünf Tagen) nicht belangt werden.

Im Februar 2014 beschloss der Deutsche Presserat, diese Praxis zu überprüfen, und setzte eine Expertenkommission zur Klärung ein. Im März 2015 kam es daraufhin zu einer Ergänzung des Pressekodex (siehe auch Richtlinien) und insbesondere zu einer Einbindung von Nutzerbeiträgen (User-Generated Content) in die journalistische Sorgfaltspflicht. Es blieb indes beim Modus vivendi: Redaktionen haben die Verantwortung für Nutzer-Kommentare und –Beiträge. Wenn sie sie auswählen und bearbeiten, also moderieren, dann ist diese Verantwortung unmittelbar. Wenn sie Nutzer-Kommentare und –Beiträge nicht moderieren, jedoch Verstöße nach Veröffentlichung selbst erkennen oder darauf hingewiesen werden und in der entsprechenden Frist handeln, gilt weiterhin das Haftungsprivileg für nutzergenerierte Inhalte. Zudem entschied der Presserat nach Empfehlung der Expertenkommission, auch anonyme Leser-Kommentare wie Leserbriefe zu behandeln – und legte zudem das Prozedere bei der Korrektur von Falschmeldungen in Online-Veröffentlichungen fest (siehe Richtlinien).

Bei solchen eher punktuellen Änderungen kann und wird es nicht bleiben. Die Fähigkeit, online permanent zu aktualisieren, also auch zu korrigieren, wirft neue Fragen der Selbstkontrolle auf. Reicht bereits die möglichst umgehende Korrektur eines Fehlers, die ja jederzeit möglich ist? Wie viel Zeit darf verstreichen? Kann man mit schnellen, noch lückenhaften Online-Veröffentlichungen auf neue Rechercheergebnisse spekulieren? Wie weit kann die Pflicht zur Richtigstellung online gehen? Ist es gerechtfertigt, über Vorgänge zu berichten, deren öffentliches Interesse zum Zeitpunkt der Veröffentlichung noch nicht erwiesen ist, sich aber später mutmaßlich herausstellen könnte?

Handelt es sich beim Clickbaiting – dem Locken und Ködern mit haltlosen Cliffhangern – um unangemessene Darstellung? Was ist mit den vielen interaktiven Elementen, Chats und Foren? Was ist mit Redaktionsangehörigen, die selbst in sozialen Netzwerken und Blogs unterwegs sind, wo weniger strenge Maßstäbe gelten? Schließlich wird man auch nicht umhinkommen, die Frage der in unkontrollierbare Bereiche ausufernden Verlinkung im Hypertext auch im Pressekodex aufzugreifen. Dies gilt insbesondere für Werbung, Gewalt- und Opferdarstellungen, Inhalte mit Verstößen gegen die Persönlichkeitsrechte.

Dennoch wird der Pressekodex durch die Entwicklung gestärkt. Ohnehin enthält er die wichtigsten Qualitäts- und Ethik-Richtlinien, wie sie sich über Jahrzehnte ausgebildet haben. Deshalb hier eine Übersicht über die Ziffern und ihre wichtigsten Inhalte, wie sie sowohl für Print- als auch für Online-Journalisten gelten:

Die publizistischen Grundsätze – Der deutsche Pressekodex

Der Pressekodex des Deutschen Presserates begründet bei aller Kritik, die bisweilen geäußert wird, einen verbindenden und akzeptierten journalistischen Qualitätsmaßstab in Deutschland. Im Presserat sind die Verlegerverbände und die Journalistenorganisationen vertreten. Als freiwillige Selbstverpflichtung hat der Pressekodex keinen rechtlich bindenden Charakter wie Grundgesetz, Bürgerliches Gesetzbuch, Strafgesetze, Pressegesetze der Länder, Telemediengesetz und Rundfunkstaatsvertrag.

Als Regel kann man sich jedoch merken: Der Pressekodex ist so umfassend und vollständig formuliert und aufgestellt, dass ethisch und rechtmäßig handelt, wer ihn einhält.

Deshalb muss man »seinen« Pressekodex auch wirklich kennen und anwenden. Und: Journalisten sollten ausgerechnet bei dieser zentralen Quelle das nicht vernachlässigen, was sie ansonsten auch zu ihren obersten Pflichten zählen: Ernstnehmen, sichten, prüfen, hinterfragen.

Indes ist unumstritten, dass es sich beim Pressekodex des Presserates um Mindeststandards handelt, hinter die man nicht zurückfallen kann und darf.

Hier also die Präambel, alle Ziffern und die wesentlichen Richtlinen des Pressekodex. Alles, was man wissen und verinnerlichen muss. Dabei konnte wie erwähnt auch bereits die Erweiterung »im Hinblick auf onlinespezifische Anforderungen an die Presseethik« vom März 2015 mit aufgenommen werden. Ich habe zum Pressekodex (Publizistische Grundsätze) die nun folgenden Kommentare im Lichte des Online-Journalismus verfasst, um die unabhängig von den notwendigen Standards die künftige Diskussion kreisen wird. Zwar ist der Deutsche Presserat der Auffassung, der Pressekodex könne in weitgehend unveränderter Form auch den Herausforderungen des Online-Journalismus Rechnung tragen. Im März 2015 bestätigte er dies durch seinen Sprecher Tilmann Kruse: Einen speziellen Online-Pressekodex werde es nicht geben. Aus der Sicht des Presserats handele es sich bei den Webseiten von Zeitungen ledig-

lich um einen neuen Vertriebskanal mit neuen Möglichkeiten. Hierfür reiche
es, lediglich einzelne Richtlinien zu ändern oder zu schaffen. Ich bin anderer
Meinung. Der Pressekodex wird neu zu erarbeiten und zu durchdenken sein.
Beim Online-Journalismus handelt es sich nicht nur um einen neuen Ausspiel-
kanal, sondern um ein neues und neuartiges Medium mit neuen Anfragen und
Herausforderungen. Mehr noch: Die Dynamik seiner Entwicklung befindet sich
gerade erst in den Anfängen. Dafür spricht auch, dass sich 2014 bereits 60 Prozent der rund 2000 Beschwerden beim Deutschen Presserat auf Online-Beiträge
bezogen. Die gemeinsame Erarbeitung eines neuen Journalismus-Kodex – an der
erstmalig auch nicht verlagsgebundene Akteure beteiligt sind – ist notwendig
und bietet die vielleicht einmalige Chance, ein gemeinsames Journalismus-Bild
und einen Konsens über die Ethik-Standards herzustellen.

Publizistische Grundsätze (Pressekodex)

Richtlinien für die publizistische Arbeit nach den Empfehlungen des Deutschen
Presserats. In der Fassung vom 3. Dezember 2008.

*Kommentar: Richtlinien also ebenfalls für den Online-Journalismus. Dies betrifft
einerseits Publikationen und Medienhäuser mit Portalen und onlinejournalis-
tischen Angeboten. Andererseits betrifft es Akteure mit onlinejournalistischem
Anspruch. Dieser wird daran gemessen werden, ob sie sich dem Pressekodex anschließen. »Presse« sollte im Übrigen im gesamten Kodex durch »Journalismus«
oder »Journalisten« ersetzt werden. Für die Akteure in sozialen Netzwerken und
Blogs gilt der Pressekodex zunächst nicht, allerdings dann, wenn sie sich ihm freiwillig unterwerfen (siehe auch Kommentar zu Ziffer 16, Rügenveröffentlichung).
Für diejenigen hingegen, die solche Beiträge journalistisch aufgreifen, verbreiten
oder kuratieren, gilt der Kodex.*

»Präambel

Die im Grundgesetz der Bundesrepublik verbürgte Pressefreiheit schließt die
Unabhängigkeit und Freiheit der Information, der Meinungsäußerung und der
Kritik ein.

Verleger, Herausgeber und Journalisten müssen sich bei ihrer Arbeit der Verantwortung gegenüber der Öffentlichkeit und ihrer Verpflichtung für das Ansehen der Presse bewusst sein.

Sie nehmen ihre publizistische Aufgabe fair, nach bestem Wissen und Gewissen, unbeeinflusst von persönlichen Interessen und sachfremden Beweggründen wahr.

Die publizistischen Grundsätze konkretisieren die Berufsethik der Presse. Sie umfasst die Pflicht, im Rahmen der Verfassung und der verfassungskonformen Gesetze das Ansehen der Presse zu wahren und für die Freiheit der Presse einzustehen.

Die Regelungen zum Redaktionsdatenschutz gelten für die Presse, soweit sie personenbezogene Daten zu journalistisch-redaktionellen Zwecken erhebt, verarbeitet oder nutzt. Von der Recherche über Redaktion, Veröffentlichung, Dokumentation bis hin zur Archivierung dieser Daten achtet die Presse das Privatleben, die Intimsphäre und das Recht auf informationelle Selbstbestimmung des Menschen.

Die Berufsethik räumt jedem das Recht ein, sich über die Presse zu beschweren. Beschwerden sind begründet, wenn die Berufsethik verletzt wird.

Diese Präambel ist Bestandteil der ethischen Normen.

Kommentar: Der Rückgriff auf die Pressefreiheit und die Verpflichtung für das Ansehen der Presse gelten auch für den Online-Journalismus. Der Begriff von der publizistischen Aufgabe nimmt auch ihn über persönliche und wirtschaftliche Interessen hinaus in die Pflicht und privilegiert ihn gleichermaßen im Sinne des öffentlichen Interesses. Die »Berufsethik der Presse« ist ein antiquierter Begriff, der angesichts der multimedialen Dimension des Online-Journalismus der Erweiterung bedarf. »Presse« sollte im gesamten Kodex durch »Journalismus« oder »Journalisten« ersetzt werden.

Ziffer 1 – Wahrhaftigkeit und Achtung der Menschenwürde

Die Achtung vor der Wahrheit, die Wahrung der Menschenwürde und die wahrhaftige Unterrichtung der Öffentlichkeit sind oberste Gebote der Presse.

Jede in der Presse tätige Person wahrt auf dieser Grundlage das Ansehen und die Glaubwürdigkeit der Medien.

Kommentar: Allgemeingültiges Gebot, das weit über eine »Nettiquette« hinausgeht. Somit würden viele Online-Kommentare bereits gegen Ziffer 1 des Pressekodexes verstoßen. Von zentraler Bedeutung ist auch die aktive Wahrung von Ansehen und Glaubwürdigkeit: Dadurch erarbeitet sich der Online-Journalismus Vertrauen, das Print bereits und noch genießt.

Richtlinie 1.3 – Pressemitteilungen
Pressemitteilungen müssen als solche gekennzeichnet werden, wenn sie ohne Bearbeitung durch die Redaktion veröffentlicht werden.

Kommentar: War es bereits bezeichnend, dass eine solche Richtlinie im »Print-Kodex« stehen musste, so sollte sie sich künftig erübrigen. Sie widerspricht ohnehin bereits der Sorgfaltspflicht. Für den Online-Journalismus haben lineare Pressemitteilungen jegliche Bedeutung verloren.

Ziffer 2 – Sorgfalt
Recherche ist unverzichtbares Instrument journalistischer Sorgfalt.

Zur Veröffentlichung bestimmte Informationen in Wort, Bild und Grafik sind mit der nach den Umständen gebotenen Sorgfalt auf ihren Wahrheitsgehalt zu prüfen und wahrheitsgetreu wiederzugeben.

Ihr Sinn darf durch Bearbeitung, Überschrift oder Bildbeschriftung weder entstellt noch verfälscht werden.

Unbestätigte Meldungen, Gerüchte und Vermutungen sind als solche erkennbar zu machen.

Symbolfotos müssen als solche kenntlich sein oder erkennbar gemacht werden.

Kommentar: Uneingeschränkt gültig für den Online-Journalismus. Hier muss man sich jeden Satz auf der Zunge zergehen lassen. Ziffer 2 hat erhebliche Konsequenzen für journalistische Online-Inhalte. Für viele Blogs, Foren und soziale Netzwerke ist diese Hürde zu hoch. Aber ihre Funktion besteht ja gerade darin, dass sie diese Rücksichten nicht nehmen müssen, wenngleich sie verpflichtet sind, die allgemeinen Gesetze einzuhalten und die Persönlichkeitsrechte zu achten. Die ungeprüfte Übernahme und Veröffentlichung von Informationen »aus dem Netz« durch Journalisten verstößt gegen Ziffer 2.

Richtlinie 2.4 – Interview
Ein Wortlautinterview ist auf jeden Fall journalistisch korrekt, wenn es das
Gesagte richtig wiedergibt. [...]

Kommentar: *Gilt selbstverständlich auch für online.*

Richtlinie 2.6 – Leserbriefe
> (1) Bei der Veröffentlichung von Leserbriefen sind die Publizistischen
> Grundsätze zu beachten. Es dient der wahrhaftigen Unterrichtung
> der Öffentlichkeit, im Leserbriefteil auch Meinungen zu Wort
> kommen zu lassen, die die Redaktion nicht teilt. [...]

> (3) Es entspricht einer allgemeinen Übung, dass der Abdruck mit
> dem Namen des Verfassers erfolgt. Nur in Ausnahmefällen kann
> auf Wunsch des Verfassers eine andere Zeichnung erfolgen. Die
> Presse verzichtet beim Abdruck auf die Veröffentlichung von
> Adressangaben, es sei denn, die Veröffentlichung der Adresse dient
> der Wahrung berechtigter Interessen. Bestehen Zweifel an der
> Identität des Absenders, soll auf den Abdruck verzichtet werden. *Bei*
> *der Übernahme von Nutzerbeiträgen (RL 2.7) als Leserbriefe können*
> *Pseudonyme beibehalten werden. Es muss jedoch auf die Quelle*
> *hingewiesen werden.* Die Veröffentlichung fingierter Leserbriefe ist
> mit der Aufgabe der Presse unvereinbar.

Richtlinie 2.7 – Nutzerbeiträge (User-Generated Content)
Die Presse trägt Verantwortung für ihre Angebote, auch für die von Nutzern bei-
gesteuerten Inhalte (User-Generated Content). Von Nutzern zugelieferte Beiträge
müssen als solche klar erkennbar sein. Die Redaktion stellt die Einhaltung der
publizistischen Grundsätze sicher, wenn sie Verstöße durch Nutzerbeiträge selbst
erkennt oder darauf hingewiesen wird. Sofern die Redaktion einzelne Nutzerbeiträ-
ge auswählt oder sie bearbeitet, ist die Einhaltung der publizistischen Grundsätze
von vornherein sicherzustellen.

Kommentar: *Die Richtlinie musste ohnehin dem Online-Journalismus und der*
Interaktivität Rechnung tragen. Entsprechend die Erweiterung des Pressekodex
im März 2015 (Ergänzungen kursiv). Dies ist einerseits zu begrüßen, erscheint

jedoch nicht konsequent. Was ist mit Beiträgen, die nicht »beigesteuert« werden?
Die neue Richtlinie 2.7 stellt immerhin explizit klar, dass nutzergenerierter Con-
tent Journalismus ist und entsprechend der Sorgfaltspflicht unterliegt. Der Text
sollte lauten: Bei der Veröffentlichung von Beiträgen, Meinungsbeiträgen und
Reaktionen gelten die Meinungsfreiheit und die Achtung der Menschenwürde.
Vollends sichtbar wird die Widersprüchlichkeit in Richtlinie 2.6 (3), wenn es um
den Abdruck von Namen und Pseudonymen in »Leserbriefen« geht. Einerseits sind
nun Pseudonyme (»Nicknames«) statthaft. Andererseits ist die Veröffentlichung
fingierter Leserbriefe mit der Aufgabe der Presse unvereinbar. Das passt nicht
zusammen. Der Text sollte lauten: Es steht dem Autor frei, mit seinem Namen zu
zeichnen. Benutzt er ein Pseudonym, muss es für den Leser klar erkennbar sein.

Ziffer 3 – Richtigstellung
Veröffentlichte Nachrichten oder Behauptungen, insbesondere personenbezo-
gener Art, die sich nachträglich als falsch erweisen, hat das Publikationsorgan,
das sie gebracht hat, unverzüglich von sich aus in angemessener Weise richtig-
zustellen.

Richtlinie 3.1 – Anforderungen
(1) Für den Leser muss erkennbar sein, dass die vorangegangene Meldung
ganz oder zum Teil unrichtig war. Deshalb nimmt eine Richtigstellung bei der
Wiedergabe des korrekten Sachverhalts auf die vorangegangene Falschmeldung
Bezug. Der wahre Sachverhalt wird geschildert, auch dann, wenn der Irrtum
bereits in anderer Weise in der Öffentlichkeit eingestanden worden ist.
(2) *Bei Online-Veröffentlichungen wird eine Richtigstellung mit dem ursprüngli-*
chen Beitrag verbunden. Erfolgt sie in dem Beitrag selbst, so wird dies kenntlich
gemacht.

Kommentar: *Notwendige Ergänzung im März 2015 (kursiv). Im Online-Journa-*
lismus wird im Sinne eines Prozesses auch permanent aktualisiert, verifiziert und
recherchiert, die Grenzen zwischen vermeintlicher Korrektur und Aktualisierung
können fließend sein. Einerseits sinnvolle Ergänzung, denn sie schließt sich mit
einem immanenten Prozess nicht aus, den Leser am Entstehungsprozess der
»Geschichte« teilhaben zu lassen und ihn dabei auch über Rückschläge, Lücken
und Irrtümer transparent ins Bild zu setzen. Andererseits klarer Hinweis, dass
Korrektur bei »Falschmeldung« nicht verhandelbar ist und sichtbar und unmiss-

verständlich in den zu korrigierenen Beitrag eingefügt werden muss. Falls dieser noch nicht gelöscht ist, müsste man hinzufügen ... Darf man übrigens löschen? Ja, immer.

Ziffer 4 – Grenzen der Recherche
Bei der Beschaffung von personenbezogenen Daten, Nachrichten, Informationsmaterial und Bildern dürfen keine unlauteren Methoden angewandt werden.

Kommentar: Neue Fassung: Bei der Beschaffung von personenbezogenen Daten, Nachrichten, Informationsmaterial und Bildern dürfen keine ungesetzlichen Methoden angewandt werden.

Richtlinie 4.1 – Grundsätze der Recherchen
Journalisten geben sich grundsätzlich zu erkennen. Unwahre Angaben des recherchierenden Journalisten über seine Identität und darüber, welches Organ er vertritt, sind grundsätzlich mit dem Ansehen und der Funktion der Presse nicht vereinbar.

Kommentar: Problematisch, auf den Online-Journalismus nicht immer anwendbar. Dort sind Journalisten dienstlich oder auch privat in Blogs und sozialen Netzwerken unterwegs. Erkenntnisse, die sie dort gewinnen, können sie journalistisch verwerten. Gleichzeitig bleiben sie an die Wahrhaftigkeit gebunden.

Verdeckte Recherche ist im Einzelfall gerechtfertigt, wenn damit Informationen von besonderem öffentlichen Interesse beschafft werden, die auf andere Weise nicht zugänglich sind.
   Bei Unglücksfällen und Katastrophen beachtet die Presse, dass Rettungsmaßnahmen für Opfer und Gefährdete Vorrang vor dem Informationsanspruch der Öffentlichkeit haben.

Richtlinie 4.2 – Recherche bei schutzbedürftigen Personen
Bei der Recherche gegenüber schutzbedürftigen Personen ist besondere Zurückhaltung geboten. Dies betrifft vor allem Menschen, die sich nicht im Vollbesitz ihrer geistigen oder körperlichen Kräfte befinden oder einer seeli-

schen Extremsituation ausgesetzt sind, aber auch Kinder und Jugendliche. Die eingeschränkte Willenskraft oder die besondere Lage solcher Personen darf nicht gezielt zur Informationsbeschaffung ausgenutzt werden. [...]

Ziffer 5 – Berufsgeheimnis
Die Presse wahrt das Berufsgeheimnis, macht vom Zeugnisverweigerungsrecht Gebrauch und gibt Informanten ohne deren ausdrückliche Zustimmung nicht preis.
Die vereinbarte Vertraulichkeit ist grundsätzlich zu wahren.

Richtlinie 5.1 – Vertraulichkeit
Hat der Informant die Verwertung seiner Mitteilung davon abhängig gemacht, dass er als Quelle unerkennbar oder ungefährdet bleibt, so ist diese Bedingung zu respektieren.
Vertraulichkeit kann nur dann nicht bindend sein, wenn die Information ein Verbrechen betrifft und die Pflicht zur Anzeige besteht.
Vertraulichkeit muss nicht gewahrt werden, wenn bei sorgfältiger Güter- und Interessenabwägung gewichtige staatspolitische Gründe überwiegen, insbesondere wenn die verfassungsmäßige Ordnung berührt oder gefährdet ist.
Über als geheim bezeichnete Vorgänge und Vorhaben darf berichtet werden, wenn nach sorgfältiger Abwägung festgestellt wird, dass das Informationsbedürfnis der Öffentlichkeit höher rangiert als die für die Geheimhaltung angeführten Gründe.

Richtlinie 5.2 – Nachrichtendienstliche Tätigkeiten
Nachrichtendienstliche Tätigkeiten von Journalisten und Verlegern sind mit den Pflichten aus dem Berufsgeheimnis und dem Ansehen der Presse nicht vereinbar.

Richtlinie 5.3 – Datenübermittlung
Alle von Redaktionen zu journalistisch-redaktionellen Zwecken erhobenen, verarbeiteten oder genutzten personenbezogenen Daten unterliegen dem Redaktionsgeheimnis. Die Übermittlung von Daten zu journalistisch-redaktionellen Zwecken zwischen den Redaktionen ist zulässig. [...]

Kommentar: Ziffer 5 kann weitgehend übernommen werden. Insbesondere Redaktionsgeheimnis und Informantenschutz sind für die Recherche unverzichtbar, unabhängig davon, in welchem Medienkanal ausgespielt wird. Wichtig ist auch die Erwähnung des Primats des öffentlichen Interesses.

Ziffer 6 – Trennung von Tätigkeiten
Journalisten und Verleger üben keine Tätigkeiten aus, die die Glaubwürdigkeit der Presse in Frage stellen könnten.

Kommentar: Überholt, streichen. Einziges Kriterium ist die Qualität der Veröffentlichung, nicht die Funktion oder Reputation dessen, der veröffentlicht.

Richtlinie 6.1 – Doppelfunktionen
Übt ein Journalist oder Verleger neben seiner publizistischen Tätigkeit eine Funktion, beispielsweise in einer Regierung, einer Behörde oder in einem Wirtschaftsunternehmen aus, müssen alle Beteiligten auf strikte Trennung dieser Funktionen achten. Gleiches gilt im umgekehrten Fall.

Kommentar: Neue Fassung: Es entspricht dem Gebot der journalistischen Wahrhaftigkeit, Funktionen und wirtschaftliche Beziehungen offenzulegen.

Ziffer 7 – Trennung von Werbung und Redaktion
Die Verantwortung der Presse gegenüber der Öffentlichkeit gebietet, dass redaktionelle Veröffentlichungen nicht durch private oder geschäftliche Interessen Dritter oder durch persönliche wirtschaftliche Interessen der Journalistinnen und Journalisten beeinflusst werden.

Verleger und Redakteure wehren derartige Versuche ab und achten auf eine klare Trennung zwischen redaktionellem Text und Veröffentlichungen zu werblichen Zwecken.

Bei Veröffentlichungen, die ein Eigeninteresse des Verlages betreffen, muss dieses erkennbar sein.

Kommentar: Neue Fassung: Journalismus und Werbung sind voneinander getrennt. Werbung muss eindeutig als solche erkennbar sein.

Richtlinie 7.1 – Trennung von redaktionellem Text und Anzeigen
Bezahlte Veröffentlichungen müssen so gestaltet sein, dass sie als Werbung
für den Leser erkennbar sind. Die Abgrenzung vom redaktionellen Teil kann
durch Kennzeichnung und/oder Gestaltung erfolgen. Im Übrigen gelten die
werberechtlichen Regelungen.

Richtlinie 7.2 – Schleichwerbung
Redaktionelle Veröffentlichungen, die auf Unternehmen, ihre Erzeugnisse,
Leistungen oder Veranstaltungen hinweisen, dürfen nicht die Grenze zur
Schleichwerbung überschreiten.

Eine Überschreitung liegt insbesondere nahe, wenn die Veröffentlichung
über ein begründetes öffentliches Interesse oder das Informationsinteresse der
Leser hinausgeht oder von dritter Seite bezahlt bzw. durch geldwerte Vorteile
belohnt wird.

Die Glaubwürdigkeit der Presse als Informationsquelle gebietet besondere
Sorgfalt beim Umgang mit PR-Material.

Richtlinie 7.3 – Sonderveröffentlichungen
Redaktionelle Sonderveröffentlichungen unterliegen der gleichen redaktionellen Verantwortung wie alle redaktionellen Veröffentlichungen. Werbliche Sonderveröffentlichungen müssen die Anforderungen der Richtlinie 7.1 beachten.

Richtlinie 7.4 – Wirtschafts- und Finanzmarktberichterstattung
Journalisten und Verleger, die Informationen im Rahmen ihrer Berufsausübung
recherchieren oder erhalten, nutzen diese Informationen vor ihrer Veröffentlichung ausschließlich für publizistische Zwecke und nicht zum eigenen persönlichen Vorteil oder zum persönlichen Vorteil anderer.

Journalisten und Verleger dürfen keine Berichte über Wertpapiere und/oder
deren Emittenten in der Absicht veröffentlichen, durch die Kursentwicklung
des entsprechenden Wertpapieres sich, ihre Familienmitglieder oder andere
nahestehende Personen zu bereichern.

Sie sollen weder direkt noch durch Bevollmächtigte Wertpapiere kaufen bzw.
verkaufen, über die sie zumindest in den vorigen zwei Wochen etwas veröffentlicht haben oder in den nächsten zwei Wochen eine Veröffentlichung planen.

Um die Einhaltung dieser Regelungen sicherzustellen, treffen Journalisten und Verleger die erforderlichen Maßnahmen. Interessenkonflikte bei der Erstellung oder Weitergabe von Finanzanalysen sind in geeigneter Weise offenzulegen.

Kommentar: *Neuer Text: Kursmanipulationen und persönliche Bereicherung verstoßen gegen den Journalismus-Kodex.*

Ziffer 8 – Persönlichkeitsrechte
Die Presse achtet das Privatleben und die Intimsphäre des Menschen.

Berührt jedoch das private Verhalten öffentliche Interessen, so kann es im Einzelfall in der Presse erörtert werden. Dabei ist zu prüfen, ob durch eine Veröffentlichung Persönlichkeitsrechte Unbeteiligter verletzt werden.

Die Presse achtet das Recht auf informationelle Selbstbestimmung und gewährleistet den redaktionellen Datenschutz.

Richtlinie 8.1 – Nennung von Namen/Abbildungen
(1) Bei der Berichterstattung über Unglücksfälle, Straftaten, Ermittlungs- und Gerichtsverfahren (s. auch Ziffer 13 des Pressekodex) veröffentlicht die Presse in der Regel keine Informationen in Wort und Bild, die eine Identifizierung von Opfern und Tätern ermöglichen würden.
Mit Rücksicht auf ihre Zukunft genießen Kinder und Jugendliche einen besonderen Schutz.
Immer ist zwischen dem Informationsinteresse der Öffentlichkeit und dem Persönlichkeitsrecht des Betroffenen abzuwägen.
Sensationsbedürfnisse allein können ein Informationsinteresse der Öffentlichkeit nicht begründen.

(2) Opfer von Unglücksfällen oder von Straftaten haben Anspruch auf besonderen Schutz ihres Namens. Für das Verständnis des Unfallgeschehens bzw. des Tathergangs ist das Wissen um die Identität des Opfers in der Regel unerheblich.
Ausnahmen können bei Personen der Zeitgeschichte oder bei besonderen Begleitumständen gerechtfertigt sein.

(3) Bei Familienangehörigen und sonstigen durch die Veröffentlichung mittelbar Betroffenen, die mit dem Unglücksfall oder der Straftat nichts zu tun haben, sind Namensnennung und Abbildung grundsätzlich unzulässig.

(4) Die Nennung des vollständigen Namens und/oder die Abbildung von Tatverdächtigen, die eines Kapitalverbrechens beschuldigt werden, ist ausnahmsweise dann gerechtfertigt, wenn dies im Interesse der Verbrechensaufklärung liegt und Haftbefehl beantragt ist oder wenn das Verbrechen unter den Augen der Öffentlichkeit begangen wird.
Liegen Anhaltspunkte für eine mögliche Schuldunfähigkeit eines Täters oder Tatverdächtigen vor, sollen Namensnennung und Abbildung unterbleiben.

(5) Bei Amts- und Mandatsträgern können Namensnennung und Abbildung zulässig sein, wenn ein Zusammenhang zwischen Amt und Mandat und einer Straftat gegeben ist.
Gleiches trifft auf Personen der Zeitgeschichte zu, wenn die ihnen zur Last gelegte Tat im Widerspruch steht zu dem Bild, das die Öffentlichkeit von ihnen hat.

(6) Namen und Fotos Vermisster dürfen veröffentlicht werden, jedoch nur in Absprache mit den zuständigen Behörden.

Richtlinie 8.2 – Schutz des Aufenthaltsortes
Der private Wohnsitz sowie andere Orte der privaten Niederlassung, wie z. B. Krankenhaus-, Pflege-, Kur-, Haft- oder Rehabilitationsorte, genießen besonderen Schutz.

Richtlinie 8.3 – Resozialisierung
Im Interesse der Resozialisierung müssen bei der Berichterstattung im Anschluss an ein Strafverfahren in der Regel Namensnennung und Abbildung unterbleiben, es sei denn, ein neues Ereignis schafft einen direkten Bezug zu dem früheren Vorgang.

Richtlinie 8.4 – Erkrankungen
Körperliche und psychische Erkrankungen oder Schäden fallen grundsätzlich in die Geheimsphäre des Betroffenen. Mit Rücksicht auf ihn und seine Angehörigen soll die Presse in solchen Fällen auf Namensnennung und Bild verzichten und abwertende Bezeichnungen der Krankheit oder der Krankenanstalt, auch wenn sie im Volksmund anzutreffen sind, vermeiden.

Auch Personen der Zeitgeschichte genießen über den Tod hinaus den Schutz vor diskriminierenden Enthüllungen.

Richtlinie 8.5 – Selbsttötung
Die Berichterstattung über Selbsttötung gebietet Zurückhaltung. Dies gilt insbesondere für die Nennung von Namen und die Schilderung näherer Begleitumstände.

Eine Ausnahme ist beispielsweise dann zu rechtfertigen, wenn es sich um einen Vorfall der Zeitgeschichte von öffentlichem Interesse handelt. [...]

Kommentar: Ziffer 8 ist grundsätzlich auch für den Online-Journalismus gültig und angemessen.

Ziffer 9 – Schutz der Ehre
Es widerspricht journalistischer Ethik, mit unangemessenen Darstellungen in Wort und Bild Menschen in ihrer Ehre zu verletzen.

Kommentar: Die Ächtung »unangemessener Darstellung« scheint zwar antiquiert. Es hat sich jedoch im redaktionellen Alltag erwiesen, dass gerade Ziffer 9 (und 11) in sinnvoller Weise zur Zurückhaltung mahnen. Damit ist allerdings nicht gemeint, Meinungsfreiheit einzuschränken oder Satire zu reglementieren.

Ziffer 10 – Religion, Weltanschauung, Sitte
Die Presse verzichtet darauf, religiöse, weltanschauliche oder sittliche Überzeugungen zu schmähen.

Kommentar: Gilt uneingeschränkt.

Ziffer 11 – Sensationsberichterstattung, Jugendschutz
Die Presse verzichtet auf eine unangemessen sensationelle Darstellung von Gewalt, Brutalität und Leid.
  Die Presse beachtet den Jugendschutz.

Richtlinie 11.1 – Unangemessene Darstellung
Unangemessen sensationell ist eine Darstellung, wenn in der Berichterstattung der Mensch zum Objekt, zu einem bloßen Mittel, herabgewürdigt wird.
  Dies ist insbesondere dann der Fall, wenn über einen sterbenden oder körperlich oder seelisch leidenden Menschen in einer über das öffentliche Interesse und das Informationsinteresse der Leser hinausgehenden Art und Weise berichtet wird.
  Bei der Platzierung bildlicher Darstellungen von Gewalttaten und Unglücksfällen auf Titelseiten beachtet die Presse die möglichen Wirkungen auf Kinder und Jugendliche.

Richtlinie 11.2 – Berichterstattung über Gewalttaten
Bei der Berichterstattung über Gewalttaten, auch angedrohte, wägt die Presse das Informationsinteresse der Öffentlichkeit gegen die Interessen der Opfer und Betroffenen sorgsam ab.
  Sie berichtet über diese Vorgänge unabhängig und authentisch, lässt sich aber dabei nicht zum Werkzeug von Verbrechern machen.
  Sie unternimmt keine eigenmächtigen Vermittlungsversuche zwischen Verbrechern und Polizei.
  Interviews mit Tätern während des Tatgeschehens darf es nicht geben.

Richtlinie 11.3 – Unglücksfälle und Katastrophen
Die Berichterstattung über Unglücksfälle und Katastrophen findet ihre Grenze im Respekt vor dem Leid von Opfern und den Gefühlen von Angehörigen.
  Die vom Unglück Betroffenen dürfen grundsätzlich durch die Darstellung nicht ein zweites Mal zu Opfern werden.

Richtlinie 11.4 – Abgestimmtes Verhalten mit Behörden/Nachrichtensperre
Nachrichtensperren akzeptiert die Presse grundsätzlich nicht.

Ein abgestimmtes Verhalten zwischen Medien und Polizei gibt es nur dann, wenn Leben und Gesundheit von Opfern und anderen Beteiligten durch das Handeln von Journalisten geschützt oder gerettet werden können. [...]

Kommentar: Ziffer 11 gilt uneingeschränkt. Gerade hier ist die Überprüfung der »unangemessenen Darstellung« akribisch und in jedem Einzelfall unabdingbar und ein entscheidendes Kriterium für journalistische Qualität.

Ziffer 12 – Diskriminierungen

Niemand darf wegen seines Geschlechts, einer Behinderung oder seiner Zugehörigkeit zu einer ethnischen, religiösen, sozialen oder nationalen Gruppe diskriminiert werden.

Richtlinie 12.1 – Berichterstattung über Straftaten

In der Berichterstattung über Straftaten wird die Zugehörigkeit der Verdächtigen oder Täter zu religiösen, ethnischen oder anderen Minderheiten nur dann erwähnt, wenn für das Verständnis des berichteten Vorgangs ein begründbarer Sachbezug besteht. Besonders ist zu beachten, dass die Erwähnung Vorurteile gegenüber Minderheiten schüren könnte.

Kommentar: gilt uneingeschränkt.

Ziffer 13 – Unschuldsvermutung

Die Berichterstattung über Ermittlungsverfahren, Strafverfahren und sonstige förmliche Verfahren muss frei von Vorurteilen erfolgen.

Der Grundsatz der Unschuldsvermutung gilt auch für die Presse.

Richtlinie 13.1 – Vorverurteilung

Die Berichterstattung über Ermittlungs- und Gerichtsverfahren dient der sorgfältigen Unterrichtung der Öffentlichkeit über Straftaten und andere Rechtsverletzungen, deren Verfolgung und richterliche Bewertung.

Sie darf dabei nicht vorverurteilen.

Die Presse darf eine Person als Täter bezeichnen, wenn sie ein Geständnis abgelegt hat und zudem Beweise gegen sie vorliegen oder wenn sie die Tat unter den Augen der Öffentlichkeit begangen hat.

In der Sprache der Berichterstattung ist die Presse nicht an juristische Begrifflichkeiten gebunden, die für den Leser unerheblich sind.

Ziel der Berichterstattung darf in einem Rechtsstaat nicht eine soziale Zusatzbestrafung Verurteilter mit Hilfe eines »Medien-Prangers« sein.

Zwischen Verdacht und erwiesener Schuld ist in der Sprache der Berichterstattung deutlich zu unterscheiden.

Richtlinie 13.2 – Folgeberichterstattung

Hat die Presse über eine noch nicht rechtskräftige Verurteilung eines Betroffenen berichtet, soll sie auch über einen rechtskräftig abschließenden Freispruch bzw. über eine deutliche Minderung des Strafvorwurfs berichten, sofern berechtigte Interessen des Betroffenen dem nicht entgegenstehen. Diese Empfehlung gilt sinngemäß auch für die Einstellung eines Ermittlungsverfahrens.

Richtlinie 13.3 – Straftaten Jugendlicher

Bei der Berichterstattung über Ermittlungs- und Strafverfahren gegen Jugendliche sowie über ihr Auftreten vor Gericht soll die Presse mit Rücksicht auf die Zukunft der Betroffenen besondere Zurückhaltung üben.

Kommentar: *uneingeschränkt gültig.*

Ziffer 14 – Medizin-Berichterstattung

Bei Berichten über medizinische Themen ist eine unangemessen sensationelle Darstellung zu vermeiden, die unbegründete Befürchtungen oder Hoffnungen beim Leser erwecken könnte.

Forschungsergebnisse, die sich in einem frühen Stadium befinden, sollten nicht als abgeschlossen oder nahezu abgeschlossen dargestellt werden.

Kommentar: *antiquiert, streichen. Hier geht der Kodex zu weit. Journalisten entscheiden im Sinne der Qualitätsrichtlinien selbst über ihre Themen und die angemessene Darstellung. Dabei informieren und unterhalten sie, geben jedoch keine medizinischen Fachexpertisen ab. Die Richtlinien dürfen nicht zu eng greifen, sonst werden sie insgesamt stumpf.*

Ziffer 15 – Vergünstigungen
Die Annahme von Vorteilen jeder Art, die geeignet sein könnten, die Entscheidungsfreiheit von Verlag und Redaktion zu beeinträchtigen, ist mit dem Ansehen, der Unabhängigkeit und der Aufgabe der Presse unvereinbar.

Wer sich für die Verbreitung oder Unterdrückung von Nachrichten bestechen lässt, handelt unehrenhaft und berufswidrig.

Richtlinie 15.1 – Einladungen und Geschenke
Schon der Anschein, die Entscheidungsfreiheit von Verlag und Redaktion könne beeinträchtigt werden, ist zu vermeiden. Journalisten nehmen daher keine Einladungen oder Geschenke an, deren Wert das im gesellschaftlichen Verkehr übliche und im Rahmen der beruflichen Tätigkeit notwendige Maß übersteigt.

Die Annahme von Werbeartikeln oder sonstiger geringwertiger Gegenstände ist unbedenklich.

Recherche und Berichterstattung dürfen durch die Annahme von Geschenken, Einladungen oder Rabatten nicht beeinflusst, behindert oder gar verhindert werden.

Verlage und Journalisten bestehen darauf, dass Informationen unabhängig von der Annahme eines Geschenks oder einer Einladung gegeben werden.

Wenn Journalisten über Pressereisen berichten, zu denen sie eingeladen wurden, machen sie diese Finanzierung kenntlich.

Kommentar: viel zu ausführlich mit überflüssigen Beispielen, straffen. Wenn der Kodex zu eng eingreift, wird er stumpf. Zudem sind wesentliche Elemente von Ziffer 15 bereits mit dem Trennungsgebot und der Offenlegung von Beziehungen erfüllt. Problematisch ist die Tatsache, dass man unbezahlten Journalismus nicht fordern kann und Grenzlinien hier schwer zu ziehen sind. Es geht also darum, unabhängigen Journalismus nicht gegen Bezahlung vorzutäuschen und mithin die Leser/User zu manipulieren. Neue Fassung: Journalisten legen wirtschaftliche Beziehungen offen. Wer sich bestechen lässt, ist kein Journalist.

Ziffer 16 – Rügenveröffentlichung
Es entspricht fairer Berichterstattung, vom Deutschen Presserat öffentlich ausgesprochene Rügen zu veröffentlichen, insbesondere in den betroffenen Publikationsorganen bzw. Telemedien. [...]«

Kommentar: *Die Rügen haben sich als stumpfes Schwert erwiesen. Einerseits ist klar, dass Verstöße gegen den Journalismus-Kodex auch Sanktionen nach sich ziehen müssen. Es darf jedoch nicht vergessen werden, dass es sich um eine freiwillige Selbstverpflichtung handelt. Sie zu ignorieren bleibt in der Regel folgenlos. Allerdings berichten andere Medien darüber, »die Sache« spricht sich herum und belastet die Glaubwürdigkeit. Dennoch kann über wirkungsvollere Sanktionen nachgedacht werden.*

Vorgeschlagen wird vom Autor einerseits, eine Good-List derjenigen Medien zu veröffentlichen, die sich freiwillig dem Journalismus-Kodex angeschlossen haben. Sie wird wie der Kodex selbst offensiv publiziert – und die Leser und User vergewissern sich regelmäßig, ob ihr Journalismus, ihr Journalist oder ihr Portal dort vertreten ist. Dies kann durchaus als qualitatives Marketing-Instrument benutzt werden.

Im Umkehrschluss sind die beteiligten Medien und Online-Medien vital daran interessiert, dass Verstöße in ihren Reihen – und im Übrigen auch darüber hinaus – beraten und öffentlich gemacht werden. Zu diesem Zweck sollte der bereits heute von Überlastung bedrohte Presserat ein Sachverständigengremium aus Journalisten einberufen, dessen Beratungen öffentlich sind, dem jeweils aktuellen Zustand des Journalismus gelten und selbst Gegenstand der umfänglichen Berichterstattung sind.

Verstöße gegen den Journalismus-Kodex werden vom Sachverständigengremium öffentlich gemacht und müssen auch vom betroffenen Medium offensiv kommuniziert werden. Bei regelmäßigen Verstößen erfolgt die Streichung von der Good-List. Qualitätsjournalismus kann dann nicht mehr als Marketing-Kriterium benutzt werden.

Soweit also der Pressekodex, den man kennen muss, mit Kommentaren, die einen Anstoß geben und eine Diskussion auslösen sollen. Für das Selbstverständnis des Online-Journalismus ist es unabdingbar, eine intensive Pressekodex-Diskussion zu führen, sich mit Ethik-Standards und Qualitäts-Richtlinien auseinanderzusetzen. Wie wichtig diese Diskussion ist, zeigen im Frühjahr 2015 die Diskussionen um das Youtube-Video mit dem griechischen Finanzminister Vanoufakis (»Stinkefinger« ja oder nein, echt oder gefälscht?) oder um die Namensnennung, Persönlichkeitsrechte und den Opferschutz im Zusammenhang mit dem Absturz der Germanwings-Maschine in den französischen Alpen. Beide

Ereignisse machen indes deutlich, dass es sich beim Ringen um journalistische Ethik um einen permanenten Prozess handelt, der an solchen Ereignissen und Streitfragen immer wieder geschärft wird.

Bevor wir die auch für den Online-Journalismus geltenden wesentlichen Grundzüge des Presserechts aufzeigen, zunächst noch die Dokumentation des für den Online-Journalismus entscheidenden Abschnittes »Telemedien« im Rundfunkstaatsvertrag in den wichtigsten Auszügen:

Auszüge aus dem Staatsvertrag für Rundfunk und Telemedien (Rundfunkstaatsvertrag, RStV)
VI. Abschnitt: Telemedien

§ 54 Allgemeine Bestimmungen

(7) Telemedien sind im Rahmen der Gesetze zulassungs- und anmeldefrei. Für die Angebote gilt die verfassungsmäßige Ordnung. Die Vorschriften der allgemeinen Gesetze und die gesetzlichen Bestimmungen zum Schutz der persönlichen Ehre sind einzuhalten.

(8) Telemedien mit journalistisch-redaktionell gestalteten Angeboten, in denen insbesondere vollständig oder teilweise Inhalte periodischer Druckerzeugnisse in Text oder Bild wiedergegeben werden, haben den anerkannten journalistischen Grundsätzen zu entsprechen. Nachrichten sind vom Anbieter vor ihrer Verbreitung mit der nach den Umständen gebotenen Sorgfalt auf Inhalt, Herkunft und Wahrheit zu prüfen.

(9) Bei der Wiedergabe von Meinungsumfragen, die von Anbietern von Telemedien durchgeführt werden, ist ausdrücklich anzugeben, ob sie repräsentativ sind.

§ 55 Informationspflichten und Informationsrechte

(1) Anbieter von Telemedien, die nicht ausschließlich persönlichen oder familiären Zwecken dienen, haben folgende Informationen leicht erkennbar, unmittelbar erreichbar und ständig verfügbar zu halten:

1. Namen und Anschrift sowie

2. bei juristischen Personen auch Namen und Anschrift des Vertre-
tungsberechtigten.

(2) Anbieter von Telemedien mit journalistisch-redaktionell gestalteten
Angeboten, in denen insbesondere vollständig oder teilweise Inhalte
periodischer Druckerzeugnisse in Text oder Bild wiedergegeben
werden, haben zusätzlich zu den Angaben nach den §§ 5 und 6
des Telemediengesetzes einen Verantwortlichen mit Angabe des
Namens und der Anschrift zu benennen.

§ 56 Gegendarstellung

(1) Anbieter von Telemedien mit journalistisch-redaktionell gestalteten
Angeboten, in denen insbesondere vollständig oder teilweise Inhalte
periodischer Druckerzeugnisse in Text oder Bild wiedergegeben
werden, sind verpflichtet, unverzüglich eine Gegendarstellung der
Person oder Stelle, die durch eine in ihrem Angebot aufgestellte
Tatsachenbehauptung betroffen ist, ohne Kosten für den Betroffenen
in ihr Angebot ohne zusätzliches Abrufentgelt aufzunehmen. Die
Gegendarstellung ist ohne Einschaltungen und Weglassungen in
gleicher Aufmachung wie die Tatsachenbehauptung anzubieten. [...]

(2) Eine Verpflichtung zur Aufnahme der Gegendarstellung gemäß
Absatz 1 besteht nicht, wenn

1. der Betroffene kein berechtigtes Interesse an der Gegendarstellung hat,

2. der Umfang der Gegendarstellung unangemessen über den der
beanstandeten Tatsachenbehauptung hinausgeht,

3. die Gegendarstellung sich nicht auf tatsächliche Angaben
beschränkt oder einen strafbaren Inhalt hat oder

4. die Gegendarstellung nicht unverzüglich, spätestens sechs
Wochen nach dem letzten Tage des Angebots des beanstandeten
Textes, jedenfalls jedoch drei Monate nach der erstmaligen Ein-
stellung des Angebots, dem in Anspruch genommenen Anbieter
schriftlich und von dem Betroffenen oder seinem gesetzlichen
Vertreter unterzeichnet, zugeht.

[...]

(4) Eine Verpflichtung zur Gegendarstellung besteht nicht für wahr-
heitsgetreue Berichte über öffentliche Sitzungen der übernationalen
parlamentarischen Organe, der gesetzgebenden Organe des Bundes
und der Länder sowie derjenigen Organe und Stellen, bei denen das
jeweilige Landespressegesetz eine presserechtliche Gegendarstellung
ausschließt.

§ 58 Werbung, Sponsoring, fernsehähnliche Telemedien, Gewinnspiele
(1) Werbung muss als solche klar erkennbar und vom übrigen Inhalt
der Angebote eindeutig getrennt sein. In der Werbung dürfen keine
unterschwelligen Techniken eingesetzt werden.
[...]

Der Rundfunkstaatsvertrag spricht also in erster Linie »Telemedien mit
journalistisch-redaktionell gestalteten Angeboten« an, in zweiter Linie »Anbieter von Telemedien, die nicht ausschließlich persönlichen oder familiären
Zwecken dienen«. Auch für Letztere gilt die Impressumspflicht, wenn auch in
eingeschränkter Weise. Rechtsquelle für die Impressumspflicht ist das Telemediengesetz, dazu kommen die jeweiligen Landespressegesetze. Sie schreiben
eine Rubrik vor, in der die Verantwortlichen des Verlages, der Redaktion und
des Anzeigenteils mit Namen aufgeführt werden. Ein fehlendes Impressum oder
falsche Angaben sind mit Bußgld belegt.

Die Pressefreiheit
Über allem schwebt die Pressefreiheit. Sie begründet mit Verfassungsrang
das Privileg der freien Presse. Auch hier wird wieder sichtbar, wie stark die
normative Kraft von Print bis in den juristischen Sprachgebrauch immer noch
ist. Doch Artikel 5, Absatz 1, des Grundgesetzes, 1948/49 formuliert, ist zeitlos
und über jeden Zweifel und Technologiesprung erhaben: »Jeder hat das Recht,
seine Meinung in Wort, Schrift und Bild frei zu äußern und zu verbreiten und
sich aus allgemein zugänglichen Quellen ungehindert zu unterrichten. Die
Pressefreiheit und die Freiheit der Berichterstattung durch Rundfunk und Film
werden gewährleistet. Eine Zensur findet nicht statt.«

Artikel 5 konstituiert als nicht mehr veränderbarer Kernbestand der Demokratie die journalistische Freiheit. Er privilegiert Journalisten, sichert ihre ungehinderte Arbeit und begründet gleichzeitig ihre Verpflichtung, dem öffentlichen Informationsinteresse zu dienen und nichts zu verschweigen. Grenzen findet dies in Absatz 2 des Artikels 5: »Diese Rechte finden ihre Schranken in den Vorschriften der allgemeinen Gesetze, den gesetzlichen Bestimmungen zum Schutz der Jugend und in dem Recht der persönlichen Ehre.«

Das öffentliche Informationsinteresse

Klar ist also, dass auch privilegierte journalistische Tätigkeit nicht gegen Gesetze verstoßen darf, dass Journalisten sich also verantworten müssen, wenn sie beleidigen, gegen Eigentums- oder Persönlichkeitsrechte verstoßen. Dabei ist das öffentliche Informationsinteresse der entscheidende Maßstab einer permanenten Abwägung. Liegt es vor, dann gibt es keinen Ermessensspielraum, ob berichtet wird. Dann muss berichtet werden.

Das öffentliche Informationsinteresse steht tatsächlich in einem permanenten Spannungsfeld mit den Persönlichkeits- und Schutzrechten gerade derjenigen, über die berichtet werden soll. Einerseits haben sie oft selbst kein Interesse an einer Berichterstattung, insbesondere, wenn es sich um aufklärende oder aufdeckende Inhalte handelt. Andererseits können ihre Schutzinteressen überwiegen, zum Beispiel die von Kindern, Unfall- oder Verbrechensopfern. Entscheidend ist also die Sorgfalt, mit der Journalisten das öffentliche Interesse prüfen und dokumentieren.

Das Presserecht

Zum Presserecht gehören neben Artikel 5 Grundgesetz die weitgehend identischen Pressegesetze der Länder. Zentrale Punkte:

Sorgfaltspflicht. Dabei handelt es sich um die Pflicht zur Recherche und zur Prüfung von Quellen. Sie müssen grundsätzlich auf Inhalt, Herkunft und Wahrheit überprüft werden. Ausnahme sind privilegierte Quellen (Behörden, Polizei, Gericht), die freilich nicht von Recherche entbinden. Die Betroffenen müssen zu Wort kommen. Auch die jeweils andere Seite ist zu hören. Die Sorgfaltspflicht ist die zentrale Verhaltensvorschrift für Journalisten und begründet ihr

Selbstverständnis. Sie schützt auch die Journalisten selbst. Denn im Nachweis der gebotenen Sorgfalt im Zusammenspiel mit dem öffentlichen Informationsinteresse liegt eine praktisch unschlagbare Rechtfertigung.

Trennungsgebot. Werbung und bezahlte Inhalte müssen eindeutig. als solche erkennbar und vom journalistischen Inhalt getrennt sein.

Auskunftspflicht. Öffentliche Behörden und Verwaltungen müssen Redaktionen und ihren Mitarbeitern Auskunft über Angelegenheiten geben, für die sie zuständig sind. Dies gilt auch für Körperschaften, Anstalten oder Stiftungen des öffentlichen Rechts. Wird dagegen verstoßen, können Journalisten Dienstaufsichtsbeschwerde einlegen oder vor dem Verwaltungsgericht klagen. Privatpersonen, Verbände, Vereine und Unternehmen sind nicht zur Auskunft verpflichtet.

Gegendarstellung. Gegendarstellungen können sich nur gegen strittige Tatsachen richten, nicht gegen Meinungen. Für das Recht auf Gegendarstellung ist es unerheblich, ob die Tatsachen stimmen oder nicht. Es reicht, wenn der Einreicher unmittelbar betroffen ist und die Gegendarstellung rein formale Voraussetzungen erfüllt.

Verbreiterhaftung. Aus den Bestimmungen der Pressegesetze und der Rechtsprechung (z. B. Landgericht Hamburg) ergibt sich, dass Journalisten oder Redaktionen auch für Tatsachenbehauptungen fremder Autoren oder in Interviews verantwortlich sind, die sie veröffentlichen. Die Veröffentlichung solcher Inhalte befreit also nicht von der journalistischen Sorgfaltspflicht als Verbreiter.

Die Persönlichkeitsrechte

Recht am eigenen Bild und Wort. Das Allgemeine Persönlichkeitsrecht ergibt sich aus Artikel 2 des Grundgesetzes und der Rechtsprechung des Bundesverfassungsgerichtes und des Bundesgerichtshofes: Danach ist die Privatsphäre geschützt, die Intimsphäre, die privaten Beziehungen, die Wohnung.

Privatpersonen haben insbesondere das Recht am eigenen Bild und das Recht am eigenen Wort. Dies muss in der Berichterstattung respektiert werden.

Personen der Zeitgeschichte. Absolute und relative Personen der Zeitgeschichte können das Recht am eigenen Bild und am eigenen Wort hingegen dann nicht geltend machen, wenn ein öffentliches Interesse an der Berichterstattung vorliegt. Die Inhaber hoher Ämter und ständig überragend in der Öffentlichkeit stehende Prominente sind absolute Personen der Zeitgeschichte.

Wer im Sachzusammenhang einer Berichterstattung in öffentlichem Interesse Amtsinhaber, Funktionsträger oder Handelnder ist, gilt als relative Person der Zeitgeschichte. Dies gilt auch für Teilnehmer an öffentlichen Kundgebungen, wenn sie Transparente tragen oder als Teil einer Menge auftreten.

Strafgesetzbuch

Straftaten. Hinzu kommen die einschlägigen Paragraphen des Strafgesetzbuches wie Aufforderung und Anleitung zu Straftaten oder üble Nachrede und Beleidigung. Das Strafgesetzbuch schützt jedoch auch die journalistische Tätigkeit als berechtigtes Interesse, wenn sie der notwendigen Information der Öffentlichkeit dient.

Informantenschutz. Die Strafprozessordnung gewährleistet: Wer sich Journalisten gegenüber offenbart und ihnen vertraulich Infomationen gibt, kann sicher sein, dass sein Name nicht preisgegeben wird. Journalisten, die dagegen verstoßen, handeln nicht nur gegen die Berufsehre, sondern zerstören für die Recherche notwendiges Vertrauen.

Zeugnisverweigerungsrecht. Die Strafprozessordnung gewährleistet: Journalisten schweigen über ihre Quellen. Dies gilt gegenüber Polizei, Gericht, Behörden, aber auch gegenüber Beteiligten der Berichterstattung. Entsprechende Unterlagen dürfen nicht beschlagnahmt werden.

Geschützter Raum. Aus Zeugnisverweigerungsrecht und Informantenschutz ergibt sich laut Rechtsprechung des Bundesverfassungsgerichts zwangsläufig auch der Schutz der Sphäre der Redaktion und ihrer Räume.

Urheberrecht

Grundsätzlich sind bei Veröffentlichungen die Rechte des Urhebers von Werken zu achten. Werke sind Texte, Briefe, Fotos, Ton- und Bildaufnahmen sowie journalistische Produkte, die als schöpferische Leistung des Urhebers entstanden sind. Über dieses geistige Eigentum verfügt der Urheber. Wer es nutzt, braucht seine Genehmigung – oder es handelt sich um geistigen Diebstahl.
Werke im beschriebenen Sinne können mit Quellenangabe zitiert werden. Dies ist allerdings nur dann zulässig, wenn das Zitat angemessen in eine schöpferische Leistung des Zitierenden eingebettet ist. Auch beim Kuratieren, das heißt Präsentieren fremder Werke als eigene schöpferische Leistung wie in einer Ausstellung, sind die Urheberrechte und die Verbreiterhaftung zu beachten.

Leistungsschutzrecht

Das viel diskutierte Leistungsschutzrecht ist eine Spezialität für Verlage und lässt das Urheberrecht unberührt. Es weitet dieses jedoch auf Kurz-Auszüge (sogenannte Snippets) aus Inhalten von Medien-Verlagen aus. Diese wollen damit verhindern, dass vor allem Anbieter von Suchmaschinen als Aggregatoren mit solchen Inhalten Geld verdienen – und die Verlage Werbeeinbußen erleiden.

10 »One brand all media«

Erzählung (3):
Schreibmaschine und Dunkelkammer – Meine erste Redaktion

Beginnen wir wieder mit einer Lagerfeuer-Erzählung. Meine erste Redaktion war eine umgebaute Wohnung im ersten Stock eines Mehrfamilienhauses. Die Wände waren ziemlich dünn, so dass das Schreibmaschinengeklapper – tagein, tagaus – Frau Schneehausen, die Nachbarin, wohl sehr gestört haben muss. Aber sie hatte sich dran gewöhnt. Sehr viel mehr störte es sie, wenn ich mit meinen klappernden Holzpantinen, die ich damals gern trug, auch noch spät in der Nacht – zum Beispiel nach einem Eishockeyspiel – über das hallende Treppenhaus klackernd hinauf in die Redaktion stürmte. Ich arbeitete schließlich in der Sportredaktion, einem umgebauten Wohnzimmer.

Als Frau Schneehausens Mann nebenan im Sterben lag, bekam ich zwischen Handball-Oberligatabellen und VfL-Wolfsburg-Aufstellungssorgen das ganze Drama mit. Die letzten Gespräche. Zur Ablenkung wechselte ich über den Flur in die Nasszelle, wo das Fotolabor untergebracht war. Dort spulte ich bei abgeschlossener Tür in vollkommener Dunkelheit einen Filmstreifen in eine kleine Plastiktrommel ein, während tickend eine Zeitschaltuhr lief. Den entwickelten Filmstreifen trocknete ich mit einer Wäscheklammer auf einer Wäscheleine und spannte ihn anschließend in ein klobiges Vergrößerungsgerät, das einem Röntgenapparat glich und auch ähnlich funktionierte.

Bei gelblichem Dunkelkammerlicht bugsierte und fokussierte ich einen Lichtstrahl auf ein eigens zwei- oder dreispaltig, hoch oder quer zugeschnittenes Fotopapier, das ich zuvor aus einem sorgsam lichtdicht verschlossenen Pappkarton entnommen hatte – und wartete einige Sekunden. Jetzt ging alles nach Gefühl. Anschließend schaltete ich den Lichtstrahl noch einmal klackend ein, vielleicht auch ein zweites oder drittes Mal, fuchtelte und fummelte mit meinen Fingern gekonnt in dem Lichtstrahl herum, wobei ich auch mit einer zuvor eigens zurechtgeschnittenen Schablone an einer gebogenen Heftklammer einige Korrekturen in der Belichtung vornahm. Bei Gegenlichtaufnahmen meistens im Gesicht. Abwedeln nannte man das.

Schließlich tunkte ich das derart belichtete Fotopapier in eine scharf riechende Chemikalienschale hinein, worin ich es mit einer kleinen Flachzange hin und her wedelte. Die gleiche Prozedur wollte noch in zwei weiteren scharf riechenden – nur anders scharf riechenden – Chemikalienschalen wiederholt werden. Nach dem Stoppen und dem Fixieren war das Foto fast fertig, musste jetzt allerdings noch getoastet werden. Dies geschah in einem bräunlich angelaufenen Trockner auf einer heißen Metallplatte, über die sich eine Leinwand spannte.

Hier kam, wenn er nicht verbrannt war, der frische Foto-Abzug nach einer guten Dreiviertelstunde Arbeitszeit endlich heraus – und wenn man dieses Labor endlich verließ, dann schlug einem eine herrlich frische Luft in seinem Wohnzimmer, der Sportredaktion, entgegen, worauf man sich unweigerlich eine Marlboro anzündete und ein Bier aufmachte. Denn damals durfte im Wohnzimmer noch geraucht und getrunken werden. Das Foto zeigte übrigens einen Handballer beim Seitfallwurf. Der Ball hatte ein bisschen zu viel Licht abgekommen, Aber immerhin war er drauf. Aus dem Wohnzimmer der Schneehausens drang kein Laut mehr herüber.

Druckerei, Verlag und Redaktion mitten in der Stadt – Fleet Street als Erinnerungs-Ort der Presse

Die Fleet Street in der Londoner City steht seit dem 18. Jahrhundert als Synonym für die britische Presse und die wichtigsten Zeitungen. Die meisten englischen Zeitungen und fast alle Journalisten waren gerade dort bis zum Ende des 20. Jahrhunderts beheimatet. Redaktion an Redaktion der großen Zeitungen, aber vor allem auch die Verlagshäuser, Papierlager und Druckereien. Alles in einem Bezirk, in einer Straße mitten in der Stadt.

Der Niedergang von Fleet Street als zentrales Quartier der Presse – heute befinden sich in den einstigen Zeitungshäusern Rechtsanwalts- und Architektenbüros – ist auch ein treffendes Bild für die Entwicklung der Print-Branche und spielte sich ähnlich an vielen Standorten in Europa ab.

Pressehäuser, die sich noch in engen Innenstädten befinden oder dorthin zurück finden, sind eine große Ausnahme. Auch die räumliche Bindung an die Druckereien ist in den Zeiten der Datenleitungen aufgehoben. Hinzu kommt, dass aus den einstigen Zeitungshäusern Multimedia-Unternehmen geworden sind. Als Marke fungiert noch der große Name des Zeitungstitels. Doch produziert werden unter dem gleiche Label längst auch Multimedia- und Crossmedia-Angebote.

Der neue Verlag 2.0 als Multimediahaus, in dem die gedruckte Zeitung nicht mehr im Zentrum steht

So steht auf vielen Pressehäusern, Medienhäusern und Verlagshäusern zwar noch in großen Lettern der Name der Zeitung, doch drin ist bereits viel mehr. Drin ist online, drin sind weitere Medien wie Magazine, Radio, Fernsehen. Die Medien-Unternehmen der Zukunft sind und bleiben die privaten Verlagshäuser, denn sie organisieren das Selbstgespräch der Gesellschaft und versammeln und binden den Journalismus und die Medien unter einem Dach.

Gleichzeitig sind sie privat finanziert, arbeiten gewinnorientiert und ersparen der Öffentlichkeit die Zumutung von Zwangsgebühren.

Die Medienunternehmen selbst wiederum müssen journalistische Produkte anbieten, die so erfolgreich sind und so großen Mehrwert bieten, dass sie vom Publikum angenommen und bezahlt werden. Parallel dazu entwickelt sich ein Journalismus, gewissermaßen von unten aus den Produktions- und Produktivitäts-Quellen der Vielen, die aus unzähligen Informations-Quellen und mit preiswerten Mitteln und Möglichkeiten massenhaft produzieren und in ihrer Summe zu echten Konkurrenten für die Verlagshäuser werden.

Diese wiederum müssen mit attraktiven Arbeitsbedingungen und bester technischer Ausstattung wie den effektivsten Content-Management-Systemen in der Lage sein, die besten Köpfe an sich zu binden. Wenn sie diese Magnetwirkung nicht mehr entfalten können, werden die Besten eigene Marken gründen und sich zu eigenen Gründer-Medien zusammenschließen – und zu einer wirtschaftlichen Konkurrenz werden, die den Verlagen gefährlich wird.

Gleichzeitig werden milliardenschwere Technologie-Konzerne genau in dieser Zielgruppe aktiv und setzen mit hohen Investitionen auf neue Geschäftsfelder. Sie treffen in dieser Situation konventionelle Verlagshäuser an, die durch Auflagen-Rückgänge, Anzeigen-Einbrüche und strukturelle Probleme in der Mobilität und Motivation bereits geschwächt in diesen Wettbewerb gehen.

Dieser Dualismus wird die nähere Zukunft bestimmen.

Auf beiden hier beschriebenen Ebenen werden sich die neuen Ideen entwickeln und sowohl miteinander als auch gegeneinander durchsetzen müssen. Aus der brodelnden schöpferischen Kraft des neu von der Basis her Entstehenden und der immer noch enormen wirtschaftlichen Kraft der Verlagshäuser ergibt sich eine Konvergenz, die den neutralen Beobachter um den Journalismus überhaupt nicht fürchten lassen muss.

Nach wie vor gilt: Journalismus ist eine öffentliche Aufgabe und erfüllt eine zentrale Funktion für die Demokratie. Ohne ihn und starke, unabhängige, auch wirtschaftlich unabhängige Journalisten ist die Demokratie gefährdet.

Gleichzeitig werden neue Technologieschübe für vollkommen neue Produkte und journalistische Angebote sorgen. Dabei wird die neue Technik, wie bereits jetzt sichtbar, auch den Journalismus weiter demokratisieren und popularisieren. Mit einfachen Geräten wie dem Smartphone wird der Journalismus für jedermann möglich.

Deshalb werden auch neue Ausbildungswege entstehen, die für den Bürger-Journalismus qualifizieren. Er wird einen Schub auch dadurch erhalten, dass extrem einfach zu handhabende Content-Management-Systeme das Einspeisen von Inhalten direkt ins Netz des Verlagshauses ermöglichen. Dies wird ein ganz neues Feld für die Journalistenausbilder sein. Sie werden dabei ihrerseits noch einmal schärfen und klar definieren müssen, was die Qualitätskriterien im Journalismus sind. Doch immer wird es darauf ankommen, dass es Journalisten gibt, die einerseits die neuen Wege mitgehen, andererseits die Tugenden des Qualitäts-Journalismus aufrechterhalten.

Bezahl-Modellen wird dabei besondere Bedeutung zukommen. Einerseits ist es nicht hinnehmbar, dass journalistische Qualitäts-Inhalte kostenlos verschleudert werden. Guter Journalismus hat seinen Preis und wird immer seinen Preis haben.

Ohne diese Voraussetzung wird es zudem schwerlich möglich sein, dass Verlage auf Dauer wirtschaftlich arbeiten können. Insofern werden die Teilnehmer am Wettbewerbsgeschehen zunehmen und schließlich in der Mehrzahl sein, die sich für Paid-Content-Modelle und strikte Bezahlschranken aussprechen. Doch so sinnvoll dies ist, weil Qualität und Leistung zweifellos ihren angemessenen Preis haben müssen, so unwahrscheinlich ist es auch, dass sich in der Zukunft Bezahlmodelle flächendeckend durchsetzen lassen werden.

Auch hier wird es also zu einem Dualismus kommen. Denn die normative Kraft des Faktischen des Internets hat seit nunmehr zwei Jahrzehnten dazu geführt, dass sich die User online an »Null Gebühren« gewöhnt haben. Dabei ist auch dieses Modell zunächst einmal gar nicht ungewöhnlich, denn auch gedruckte Zeitungen können kostenlos verteilt werden und sich durch Werbung finanzieren. Doch hier schließt sich der Teufelskreis: Verlagsunternehmen, bislang an hohe Erlöse und Renditen im Printbereich gewöhnt, können sich durch Werbung im Internet nur noch zu Bruchteilen refinanzieren.

Umgekehrt lassen sich leistungsgerechte Gehälter und Erlöse im Web 2.0 nur schwer erzielen. Die Akteure des neuen Online-Journalismus neigen also zur Selbstausbeutung. Dies ist einerseits psychologisch erklärlich, denn sie betrachten sich als Pioniere eines neuen Journalismus, den sie erobern wollen. Diese Mentalität muss unbedingt durch Ideen und Unterstützung und auch durch finanzielle Mittel gefördert werden, denn sonst kann das Neue nicht entstehen. Doch auf Dauer wird auch dies keine Lösung sein. Es wird darauf ankommen, ob journalistische Crowdfunding-Modelle größeren Erfolg haben, als er im Jahr 2014 den »Krautreportern« beschieden war.

Dennoch erscheint die Crowdfunding-Strategie insgesamt vielversprechend: Menschen, die ein Interesse an einem bestimmten Online-Journalismus haben, schließen sich zusammen und finanzieren ein neues Portal gemeinsam. Damit geben sie Journalisten ihres Vertrauens, ihrer »Farbe«, Sympathie und ihres Interessengebiets die Möglichkeit zu publizieren. Falls die Verlagshäuser die Herausforderungen der Zukunft nicht bestehen sollten, werden solche Modelle stärkere Zunahme als bislang finden. Doch es wird absehbar sein, dass die stärksten von ihnen, von denen massenhafter Publikums-Zuspruch und mithin Profite zu erwarten sind, von den Technologiekonzernen übernommen werden.

Im Resultat sind die klassischen Hierarchien, Aufgabenverteilungen und Rollenbilder in vielen Verlagshäusern von Verlagsmanagern, die sich mittlerweile ebenfalls als Pioniere sehen, bereits gebrochen worden. An die Stelle von Ausgleichs- und Konsensmodellen, die in Zeiten hoher Profitraten darstellbar waren und selten hinterfragt wurden, ist jetzt auch verlagsintern Konkurrenz und Auseinandersetzung um die besten Konzepte für Zukunftsmodelle getreten. Umgesetzt und gesteuert wird dies in vielen Fällen über die Etatplanungen.

Die neue Redaktion 2.0 als Multimediaredaktion, in der der Print-Journalismus nicht mehr den Takt vorgibt

Und dadurch geraten auch Redaktionen, die davon bislang weniger betroffen waren, in Rechtfertigungs- und Veränderungsdruck.

Vor diesem Hintergrund kommt redaktionellen Managementmethoden immer stärkere Bedeutung zu.

Stichworte sind dabei Online-to-print, User-generated Content und die verschiedenen redaktionsinternen Desk-Modelle.

Desks, Nachrichtentische, sind die Schaltzentralen, in denen Redakteure im Team und mit verteilten Rollen journalistische Inhalte verwalten, verteilen und produzieren. Die wichtigsten Desks sind:

News-Desk

Der News-Desk wird auch Nachrichtentisch oder nur Desk genannt, manchmal je nach Form auch Balken oder Kanzel. Am Desk sind die Blattmacher vereinigt, meistens sind es leitende Redateure. Sie unterscheiden sich von den Reportern, die für Meldungen, Berichte und Reportagen verantwortlich sind. Am Desk laufen alle Informationen ein, werden die wichtigsten Entscheidungen getroffen, vor allem über Themen, Layout, Medien, Überschriften. Die wichtigsten Ressorts sind vertreten, dazu die Chefredaktion. Nachrichtenführer sichten und verteilen die »News«. Im konventionellen News-Desk ist die Online-Redaktion quasi wie ein Ressort integriert, bezieht hier alle wichtigen Informationen, liefert selbst auch zu. Unter der Maxime Online first rückt die Online-Redaktion einerseits in eine Schlüsselposition, andererseits arbeiten auch die Blattmacher, Nachrichteführer, Ressorts und Chefredakteure bei ähnlicher Desk-Organisation nach dem Prinzip Online first, also letztlich wie Online-Redakteure. In diesem Falle rückt konsequenterweise eine Print-Redaktion wie ein Ressort an den Desk – und schmiedet aus dem Content eine Print-Ausgabe.

Online-Desk

Ein eigener Desk für die Online-Redaktion, in der sie Reportertexte, Agenturen, soziale Netzwerke und Blogs auf den Schirm nimmt, Teaser formuliert, Multimedia einsetzt, Crossmedia produziert oder beauftragt – und auf die Beachtung der Regel Online first achtet. Vorteil: Konsequente Umsetzung des Online-Journalismus ohne Kompromisse und Rücksicht auf Beschränkungen und Befindlichkeiten der Print-Kollegen, rasche Reaktionsmöglichkeiten auch gegenüber der Online-Konkurrenz, dazu Motor- und Antriebsfunktion für die Print-Redaktion. Nachteil: Isoliert, keine Integration im Sinne von Konvergenz. Bei konsequenter Umsetzung von Online first wird der Online-Desk ohnehin zum News-Desk.

Regio-Desk

Die Blattmacher der verschiedenen Lokalredaktionen bei Regionalzeitungen sind an einem Desk versammelt. Sie sind verantwortlich für die Gestaltung und stabile Produktion der Lokalteile, sichten und bearbeiten zudem lokalen Content für Ressorts und Regionalseiten. Mithin ist ein Regio-Desk zunächst eine Print-Spezialität. Im Idealfall sind es die lokalen Reporter, die Online first denken, lokal bloggen und Nachrichten produzieren, auch multimedial. Aber das ist im Frühjahr 2015 noch Zukunftsmusik. In der Praxis sind es häufig Regio-Desks, die zusätzlich zum Blattmachen eine Überwachungsfunktion für Print-to-online übernommen haben. Online first indes im Sinne eines neuen, eigenständigen Mediums würde eine vollkommen neue Regio-Desk-Struktur erfordern. Sie würde eine Klammerfunktion für lokale Journalisten- und Leserblogs bilden.

Content-Desk

Desk, an dem an einem zentralen Standort Inhalte und Seiten für verschiedene und räumlich verteilte Redaktionen produziert und aufbereitet werden. So kann der Content-Desk in einem Verlag, einem Konzern oder einer Gruppe Redaktionen überflüssig machen, die sonst Gleiches oder Ähnliches produzieren würden. Insofern sind Content-Desks einerseits ein Zeichen aktueller Konzentrationsprozesse, andereseits eine wirkungsvolle Antwort auf die Probleme der Print-Branche. Für den Online-Journalismus sind Content-Desks auf längere Sicht eher nicht die Lösung, denn online gilt: Je näher, je direkter, je aktueller, je persönlicher und identifizierbarer, je dialogorientierter, desto wirkungsvoller und besser. Andererseits lassen sich aufwändige Multimedia- und Crossmedia-Produktionen vermutlich zentral ökonomischer herstellen.

Social-Media-Desk

Die Inhalte von sozialen Netzwerken und Blogs werden immer vielfältiger, aber auch unübersichtlicher. Viele Akteure, auch im gesellschaftlichen und politischen Raum setzen zum Beispiel Posts bei Facebook oder Kurznachrichten bei Twitter für erste Einschätzungen, Orientierungen oder Statements ein. Häufig ist dies früher als bei konventionellen Nachrichtenquellen der Fall. Zudem kommt es zu journalistischen Stichflammen, wenn sich Nachrichten und Meinungsbeiträge innerhalb von wenigen Minuten oder Stunden nahezu explosionsartig verbreiten können. Hier tut Einordnung und Orientierung not. Andererseits können Scouts aus dem Strom der sozialen Netzwerke und Blogs auch früher als andere Geschichten, Trends und virale News herausfiltern, die sich zunächst nicht aufzudrängen scheinen, aber »Karriere« machen können. Insofern ist ein eigener Social-Media-Desk für eine Übergangzeit das Mittel der Wahl, für Desks nach dem Prinzip Online first ist das Social-Media-Scouting ohnehin obligatorisch.

Allen Desk-Modellen ist immanent: Der bislang in der Hierarchie dominierende Print-Journalismus wird immer stärker in den Hintergrund gedrängt.

Doch es wird künftig immer weniger bedeutsam sein, ob journalistische Qualitäts-Inhalte auf Papier gedruckt oder in neuen hochwertigen Smartphone- und Tabletprodukten online produziert werden. Entscheidend werden die Erlösmodelle sein, die auch präjudizierende Wirkung für die Desk- und Content-Management-Organisation haben. Dabei ist es unerheblich, ob es sich bei dem erfolgreichen journalistischen Produkt um eine Tageszeitung, eine Wochenzeitung, ein Online-Magazin oder ein Storytelling-Format auf dem Tablet handelt.

Insofern kommt Best-Practice-Modellen immer stärkere Bedeutung zu. Dies bedeutet, dass auch Verlagsmanager immer stärker Lösungen im eigenen Hause in Frage stellen und auf Kooperationen, Synergien und mithin auch die Zusammenlegung von redaktionellen Einheiten setzen werden.

Dies bedeutet einerseits das Ende von alteingesessenen Zeitungs-Titeln und das Dahinschmelzen von Etats und Redaktionsposten. Andererseits werden so Synergien erschlossen, die neues Potenzial und neue Kräfte für neue Lösungen im Online-Journalismus eröffnen. Davon werden insbesondere die Digital-Natives und Crossmedia-Natives profitieren, die längst nicht mehr ausschließlich die konventionellen Ausbildungs- und Erwerbswege der klassischen Verlagshäuser einschlagen werden.

Für journalistische Anfänger oder Kandidaten bieten sich also trotz gegenteiliger Panik-Meldungen ausgezeichnete Möglichkeiten.

Dies gilt indes nicht für Menschen, die meinen, dass man auf sie gerade gewartet hat. Und dass sie nicht an sich selbst hart arbeiten müssen. Die journalistische Karriere, die sich einmal als erfolgreiche Eigenmarke oder in der Redaktion eines Verlagshauses vollenden soll, beginnt indes bereits früh mit dem regelmäßigen und intrinsisch motivierten Schreiben. Wer dieses Gefühl und diesen Drang nicht kennt, sich schreibend auszudrücken, Tagebuch zu schreiben, zu bloggen und ständig zu publizieren, dem fehlen wohl entscheidende Tugenden und Voraussetzungen.

Doch wenn dies bislang nur fürs Schreiben galt und eingefordert wird, so müssen jetzt Technik-Affinität und Bewusstsein für Kameras und Aufnahmegeräte hinzukommen. Der journalistische Kandidat muss also visuelle und audiovisuelle Fähigkeiten entwickeln und vermittelt bekommen. Streifzüge durch die nähere und weitere Umgebung müssen ihn mit Kamera und Mikrofon ausgestattet sehen, ständig auf der Suche und in der Beschäftigung mit der journalistischen Idee im Kopf: Was ist meine Geschichte? Wie setze ich sie um? Wie kann ich sie in einem oder wenigen Sätzen zusammenfassen? Und welche Technik und welche Medien brauche ich dafür?

Dabei ist es unerheblich, ob es um das Aufdecken von Missständen geht, einer der stärksten Triebkräfte für das journalistische Tun. Ebenso legitim ist es, die Welt zu erklären, Wissenschaft verständlich zu machen, Komplexität zu vereinfachen oder schlicht und ergreifend zu unterhalten und den Alltag durch Qualitäts-Inhalte zu bereichern. Wer diese Gedanken verinnerlicht hat, braucht sich um die Zukunft in einer Redaktion nicht zu sorgen. Denn Fakt ist auch: Menschen mit solchen Qualifikationen, auch technischen Voraussetzungen und Social Skills sind rar gesät und werden mittlerweile von den Redaktionen in den Verlagshäusern händeringend gesucht. Also auch hier finden wir wieder einen Dualismus vor, der sehr attraktiv für Newcomer ist. Sie sind künftig nicht mehr auf das feste Engagement in Redaktionen angewiesen, und gleichzeitig sind sie dort gefragter denn je.

Notwendig sind deshalb Selbst- und Eigen-Organisation einerseits und die Kenntnis von Redaktionsstrukturen andererseits.

Zur Selbstorganisation sei auf das Kapitel »Broadcast yourself« weiter unten verwiesen (Kapitel 12).

»Content is king«: Aus Print-to-online wird Online-to print

Zur redaktionellen Organisation hier einige wichtige Hinweise:

Nach wie vor ist die Redaktion in Fachressorts unterteilt, doch diese schwinden zunehmend in ihrer Bedeutung. Zwar gibt es immer noch Sport -, Kultur-, Politik- und Wirtschafts-Redaktionen, doch fällt ihre Bedeutung zunehmend zurück, je konsequenter sie sich in das Desk-Prinzip eingefügt sehen.

Fachressorts werden in die Rolle von Zulieferern für die Desks gedrängt, wo sie früher größere Eigenständigkeit besaßen. Einzig die Lokalredaktionen als Agenturen für lokale und regionale Reportagen und für die Bürger-Zeitung auf Augenhöhe halten vergleichsweise unabhängig die Stellung. Doch auch hier bilden Regio-Desks integrierende Faktoren, wenn die Blattmacher verschiedener Lokalredaktionen zusammengefasst sind.

Beim Desk, der nach angelsächsischem Vorbild immer auf der Trennung zwischen Blattmachern und Reportern beruht, werden konsequent Teamstrukturen im Content-Management durchgesetzt. »Content is King«, lautet mittlerweile das Motto, angelehnt an das Content-Marketing der Werbeindustrie. Ursprünglich wurde dieses Motto von Microsoft-Gründer Bill Gates geprägt, der damit bereits 1996 das World Wide Web als künftig entscheidenden »Marktplatz für Inhalte« beschrieb.

Als Content bezeichnet man in der Redaktionsorganisation journalistische Inhalte, die je nach Leistungskraft der jeweiligen Desks in die verschiedenen Kanäle Online, Print, Audio, Video, Multimedia, aber auch in verschiedene Redaktionen und Standorte eingespielt und eingespeist werden können.

So haben sich zunächst an der Seite von Print-Desks die Online-Desks etabliert. An ihnen sind Journalisten im Team tätig, die sich rund um die Uhr um Online-Inhalte kümmern. Der Nachteil dieses Parallel-Systems besteht darin, dass Inhalte kaum integriert, Synergien und Wechselwirkungen oft noch nicht genutzt werden. Print ist also Print und bleibt es – und Online ist irgend etwas daneben.

Integrierte News-Desks machen diese Unterscheidung nicht mehr. Dort sind Online- und Print-Journalisten gleichberechtigt in der Kommunikation mit den Reportern und im Zugriff auf das Nachrichtenmaterial tätig. Eine wie auch immer geartete Reihenfolge zwischen Online und Print ist aufgehoben.

Zusätzlich gilt: Print-Inhalte können zwar noch online gestellt werden (Print-to-online), aber diese Richtung und diese Reihenfolge haben nicht mehr Priorität. Stattdessen werden die Online-Inhalte nach dem Motto Online-first produziert, im Prozess analysiert und eingespeist. Es sind Inhalte, die am Ende des Prozesses auch als Print-Content in der gedruckten Zeitung bestens taugen können.

Mehr noch: In neueren Organisationsmodellen ist der Online-Journalismus wegen der grundsätzlich aktuelleren Produktionsstruktur auch grundsätzlich vorgeschaltet und mithin privilegiert. Denn es ist klar: Wenn stündlich aktualisiert und produziert werden muss, dann hat dies Vorrang vor einer Produktion, die zwangsläufig nur einmal am Tag abends angedruckt und am nächsten Morgen von Austrägern verteilt wird. Und die strukturell also mindestens immer einen halben Tag und bis zu 24 Stunden alt ist.

»Conversation is the kingdom«: Der Siegeszug des User-generated Content

Aus »Content is king«, dem Marktplatz der Inhalte von Bill Gates, ist längst »Conversation is the kingdom« geworden, wie es US-Pionier Professor Jeff Jarvis 2005 in seinem Blog buzzmachine.com beschrieb. Entscheidend sei, das Gespräch zu organisieren und zu kommunizieren – bekannt als Marke, mit Vertrauen und Glaubwürdigkeit ausgestattet. Dies ist indes nichts anderes als die Fähigkeit von Journalisten, in das Selbstgespräch der Gesellschaft einzutauchen, es zu hören, zu moderieren, zu beeinflussen – und davon zu profitieren.

Wie lief das vor dem User-generated Content ab, der neuen großen Onlinejournalismus-Quelle der durch Nutzer generierten Inhalte?

Es gab und gibt die Leserbriefe gleichsam als Klassiker der Leserbeteiligung im Print. Print-Leser konnten und können auch zum Telefon greifen – oder in Leserforen und Diskussionsveranstaltungen der Redaktion und der Öffentlichkeit Auge in Auge die Meinung sagen. Im Web 2.0 avancieren die Nutzer hingegen zum Partner auf Augenhöhe. In Chats und Kommentarforen können sie in Echtzeit mitdiskutieren und steuern ein viel breiteres Spektrum an Meinungen bei, als dies eine Redaktion darzustellen imstande ist. Mehr noch: Bei gezielten Fragestellungen lassen sich über das Wissen der Vielen beim Crowdsourcing Recherchelösungen erzielen, die eine Redaktion isoliert ebenfalls nicht leisten könnte.

Durch die konsequente Interaktivität des Online-Journalismus haben die Nutzer die Gelegenheit, jederzeit mit Themenideen, Hinweisen und Rechercheansätzen an die Journalisten heranzutreten und damit selbst journalistisch tätig zu sein. Sie verfassen eigene Beiträge und sind damit ebenfalls journalistisch tätig. In ihren Blogs können User dies systematisch tun – und bieten durch Suchmaschinenoptimierung und Tagging Ansatzpunkte für Sichtbarkeit und »Themenwolken«, die zu eigenen Medien des User-generatetd Content werden. Gleiches gilt im Audio-Bereich für Podcasts und und bei Videos für die YouTube-Szene. Ergänzt um die sozialen Netzwerke schwillt die Quelle User-generated Content zum breiten Strom an.

Das Prinzip »Conversation is the kingdom« wird so nicht nur zum großen Trigger und Treiber des Online-Journalismus und beschert diesem Alleinstellung. Indem Journalisten durch konsequente Nutzung des Web 2.0 ihrer Leserschaft nun tatsächlich den Puls fühlen können, setzen sie zudem durch technische Möglichkeiten und journalistische Weiterentwicklung konsequent etwas um, was vormals oft nur als leere Behauptung existierte. Die Herausforderung indes, den Erdrutsch an User-generated Content tatsächlich zu bändigen, zu kanalisieren und als Schatz zu heben, ist eine der entscheidenden Anforderungen für Online-Journalisten und für das redaktionelle Management.

Sind die User selbst Journalisten? Nein, sind sind es zunächst nicht – und müssen es auch nicht sein. Aber ihre Entäußerungen, ihre Themen, Ideen und Probleme, ihre Bereitschaft, sich einzubringen, Hinweise, Kommentare und Beiträge zu liefern – das macht User zu Produzenten von Inhalten, die Journalismus sein können und aus denen Journalismus gewonnen werden kann. Das ist das Neue: Der vormalige oder vermeintliche Kunde wird zum Co-Produzenten. Ob er dereinst eine Rechnung stellen wird oder seine Ansprüche durch die Aufnahme seiner Themen bereits beglichen ist, das wird die Zukunft zeigen. Merke: Der Siegeszug des User-generated Content hat eben erst begonnen.

Das Idealbild vom 360-Grad-Leser ist nicht zu halten

In einem Idealbild richtete sich die Desk-Struktur nach dem so genannten« 360-Grad-Leser. In dieser theoretischen Konstruktion gehen Verlags- und Redaktions-Manager davon aus, dass ein typischer Leser und Kunde in Zeiten von Computer, Tablet und Smartphone die Inhalte seiner Redaktion den gesamten Tag über auf den verschiedenen Kanälen verfolgt. So sieht die Konstruktion aus:

Morgens beim Frühstück liest unser Leser Mustermann noch die Printausgabe beziehungsweise das Wichtigste darin, eben das, was er schafft.

Im Bus oder in der Bahn verfolgt er die Nachrichten und Berichte seines heimatlichen regionalen Medienhauses auf seinem Smartphone.

Im Büro und am Arbeitsplatz schließlich kann er im Laufe des Tages den Aufmacher, den Bericht oder die Reportage vom selben Autor, im selben Lokal- oder Politik-Teil im Online-Angebot auf dem Computer oder Tablet weiterlesen.

Auf dem Nachhauseweg bildet dann wieder das Smartphone die Brücke.

Und zum Feierabend schließlich wird die Printausgabe derselben Zeitung zu Ende gelesen.

So schön das auch ist oder wäre, aber der 360-Grad-Leser ist eine Fiktion. Einerseits wird nach wie vor kräftig, doch in schwindendem Maße die Print-Ausgabe allein gelesen. Andere Nutzer wiederum verfolgen die wichtigsten Informationen ausschließlich auf ihrem Tablet. Und wünschen sich dort allerdings auch adäquate Angebote.

Das Smartphone schließlich hat aufgrund seines handlichen Formats und seiner besonderen Funktionen eigene Ansprüche an journalistische und redaktionelle Inhalte. Auf den neuen digitalen Endgeräten liest ein Kunde, der längst nicht mehr auf die gedruckte Zeitung allein angewiesen sein will, nicht nur die Nachrichten und die wichtigsten Geschichten. Er ist damit auch in seinen sozialen Netzwerken unterwegs. Und konsumiert also nicht nur, sondern produziert auch selbst.

Es stellt sich heraus, dass besonders in der jungen Zielgruppe mehr als die Hälfte der User mittlerweile ihren Nachrichtenkonsum des Tages über soziale Netzwerke wie Facebook bezieht. Und dabei sind es nicht nur harte Nachrichten, sondern auch »weicher Content«, wie ihn beispielsweise Aggregatoren wie buzzfeed und heftig.co liefern. Das Bild vom 360-Grad-Leser, so schön es auch war, muss verworfen werden.

Und das hat Konsequenzen: Die Redaktion muss für jeden Ausgabekanal ein adäquates Angebot schneidern. Das bedeutet: Am integrierten Desk muss aus den Content-Modulen und Mosaiksteinchen der Reporter der angeschlossenen Ressorts und Redaktionen ausgewählt werden. Da werden also die Goldkörnchen gleichermaßen herausgesiebt und permanent auf die verschiedenen Förderbänder verteilt.

Und doch sind die Tanker der großen Verlagshäuser unbeweglicher als die Konkurrenz der kleinen, schlagkräftigen Einheiten neuer, aufstrebender Online-Medien. Wie nach der Geschichte vom Hasen und von Igel könnte es also passieren, dass diese immer schon früher da sind.

Zusammenfassend kann man also sagen, dass in der Journalisten-Ausbildung sehr viel für das Motto der Deutschen Journalistenschule in München spricht: »Online is always«.

Wichtigste Merkregel: Bei jeder journalistischen Produktion müssen Online-Techniken stets mitgedacht werden, falls sie nicht bereits ohnehin dominieren.

Es reicht nicht mehr, allein mit Kugelschreiber und Notizblock unterwegs zu sein. Warum es dennoch stets heißt: Online-first – das hat vor allem einen Grund. Es geht darum, die Verschiebung der Gewichte auch in den Redaktionen durchzusetzen und in die Köpfe der Journalisten zu pflanzen.

Wer sich freilich die Techniken dieses Buches aneignet und weiterentwickelt, ist bereits auf dem richtigen Weg. Aus der Fusion des Journalismus der täglichen Praxis entsteht eine Mentalität, die am Ende zwischen Online und Print nicht mehr unterscheiden wird und nicht mehr unterscheiden muss.

Cover what you do best, link the rest – Huffington Post, buzzfeed und Co.

Die neuen Flaggschiffe des Online-Journalismus heißen indes nicht mehr wie bekannte Zeitungen oder Magazine, sondern Huffington Post, buzzfeed und Co. Ihnen schlagen einerseits nicht selten Hohn und Verachtung der Anhänger des klassischen konventionellen Journalismus entgegen, andererseits Neid und Bewunderung angesichts explodierender Reichweiten und real existierender Renditen.

Hier hat man in den Newsrooms nicht das Problem mit widerstrebenden Printredakteuren und renitenten Strukturen. Konsequent sichten Redakteure und Mitarbeiter als Kuratoren social News, geeignete Inhalte in den sozialen Netzwerken, die sie auswählen, mit Quellenangabe verbreiten und auf die eigene Marke zugeschnitten präsentieren. Hier ruht die Hoffnung darauf, viralen Content zu gewinnen – Inhalte, die sich explosionsartig verbreiten. Gleichzeitig lockt, wirbt und gewinnt man journalistische Köpfe, um auch mit qualitätsjournalistischen Angeboten zu punkten. Motto: Leg Ehre ein mit guten Geschichten – und greif ab, was abzugreifen ist.

Dieses Modell nimmt keine Rücksichten mehr, Rücksichten, die konventionelle Medien- und Verlagshäuser noch nehmen und nehmen müssen. Um Reichweite und Erlöse zu erzielen, setzt man auf:

- Buzz – Geschwirr, Gerüchte, Emotionen.
- Listen und Ranglisten.
- Videos mit spektakulären, überraschenden, meist aber nachrichtlich bedeutungslosen Inhalten.
- Oft überzogene, emotionale, sensationsheischende täuschende Darstellungsformen.
- Starke Themen, auch Nachrichten-Themen, die konsequent »gefahren« werden, viel konsequenter als in konventionellen Medien.
- Bewusste Abkehr von Qualitätskriterien wie Sorgfalt und angemessene Darstellung, um auch daraus Alleinstellung zu erzielen (kalkulierte Zuspitzung).
- Werbung, mit der Storytelling verknüpft wird (native advertising) und die Hoffnung auf virale Verbreitung.

Der Vertriebsweg ist unmittelbar verknüpft mit der Verbreitung der eigenen Inhalte in den sozialen Netzwerken. Durch Empfehlungen und Teilen ergibt sich eine Symbiose. Diese kann sogar das Geschäftsmodell bedrohen oder ruinieren, wenn beispielsweise Facebook die Richtlinien oder den Algorithmus ändert. Dies wurde beispielsweise deutlich, als der Widerstand gegen das Clickbaiting der Buzz-Medien zunahm. Sie versprechen dabei im Cliffhanger sensationelle Inhalte, um die User auf ihre Seiten zu locken. Dort jedoch muss der Inhalt enttäuschen, hält oft nicht, was er verspricht. Ist das Betrug? Paradoxerweise mussten sich sogar Qualitätsmedien mit diesem Vorwurf auseinandersetzen, die für Bezahl-Inhalte hinter einer Paywall mit clickbait-verdächtigen Teasern und Cliffhangern geworben hatten. Ein Fall für den Verbraucherschutz und den Presserat ...

Im Kern geht es um die Glaubwürdigkeit, und das gilt auch für Huffington Post, Buzzfeed und Co.

Wenn sie »überziehen«, werden sie als seriöse Journalismus-Akteure ausscheiden. Gleichzeitig sind sie es, die auf dem Weg der schöpferischen Zerstörung den Online-Journalismus interpretieren und weiterentwickeln. Diese Dynamik und die daraus resultierenden Zumutungen und Herausforderungen werden zunehmen, dies gilt allein schon für den Angriff auf das Trennungsgebot zwischen Redaktion und Werbung. Nirgendwo ist das Spannungsfeld zwischen Online-Journalismus und Pressekodex größer als gerade in diesem Bereich.

Dennoch gehören Huffington Post, buzzfeed und Co. zu den spannendsten Veränderungen und Experimenten im Journalismus und müssen in jedem Fall ernstgenommen, analysiert und im Besten, was sie demonstrieren und generieren, auch kopiert werden können.

Mein eigener Favorit ist jedoch ein anderer. Ein ausgezeichnetes Beispiel für Online-Qualitätsjournalismus ist vox.com. Das Portal lockt mit seinem kongenialen Content-Management-System Chorus die besten Köpfe an, zum Beispiel US-Star-Blogger Ezra Klein von der Washington Post. vox.com erklärt in faszinierender Weise die US-Innenpolitik, ist konsequent crossmedial unterwegs und setzt Maßstäbe im Datenjournalismus. So geht Online-Journalismus.

11 »Shitstorm happens«

Trolle oder: Das Raunen der anonymen Menge

Irgendwann hatte die Journalistin Christiane Florin von der ZEIT-Beilage Christ und Welt genug. Die Pöbeleien wollte sie nicht mehr tatenlos hinnehmen – und gleichzeitig ein Zeichen setzen. Da war sie in Mails, die über die Leserbrief-Redaktion eingegangen waren, übel beschimpft worden – als »pseudochristlicher Dreck«, als »Meinungs-Diktatorin« und sogar als »dreckige Himmler-Schlampe«. »Sie kotzen mich an«, hieß es da. Und weitere Verbalinjurien, so hässlich, dass wir sie hier gar nicht wiedergeben können und wollen.

Ein »Shitstorm«, massenhafte Verunglimpfungen und Schmähungen in kurzer Zeit, ist also zunächst einmal kein »Privileg« für Online-Medien. Aber dort tritt das Phänomen vermehrt und bisweilen spektakulär und ärgerlich auf, sorgt für Verdruss und Ärger, weil ein »Shitstorm« solcher Art gegen alles verstößt, was Journalisten heilig ist. Grund war in diesem Falle einzig und allein, dass die Redaktionsleiterin den Abdruck einer Anzeige abgelehnt hatte. Christiane Florin handelte. Sie veröffentlichte die schlimmsten Kommentare gemeinsam mit den Klarnamen der Verfasser. Ihre Botschaft: Wer so austeilt, der muss auch selbst einstecken können. Das ist nicht ganz unumstritten, denn derlei journalistische Selbstjustiz kann auch kritisch hinterfragt werden. Konnten die Kommentatoren davon ausgehen, dass ihre Anonymität gewahrt werden würde?

Keine Frage ist dies bei den Online-Kommentaren der Online-Portale, wo es ebenfalls häufig zum »Shitstorm« kommt. Hier legen sich die Kommentatoren sogenannte Nicknames zu und schlagen wüst drauflos. Die Schlimmsten sind mittlerweile als Trolle berüchtigt. Alles und jeder muss sich beschimpfen lassen. Die düstersten »Shitstorms« entstehen immer dann, wenn eine bestimmte Glaubensrichtung sich in ihren Ansichten und Meinungen gestört fühlt.

So auch bei unserem Beispiel, der verweigerten Anzeige in Christ und Welt. In den meisten Fällen jedoch wird es nicht derart spektakulär sichtbar, dass die Meinungsfreiheit Grenzen hat. Vor allem online werden sie leider oft überschritten. Viele Portale wappnen sich dagegen, indem sie die Kommentarfunktionen

schließen. Dies kann jedoch nicht im Sinne eines Mediums sein, dessen Allein-
stellungsmerkmal auch die Interaktivität ist. Das ist ungefähr so, als entledigte
sich eine Mannschaft ihres stärksten Akteurs, nur weil er manchmal flucht.

Zivilisierte Umgangsformen – die Netiquette

Viel besser ist es doch, die Akteure zu zivilisieren – und sie darauf hinzuweisen,
dass sie selbst schließlich auch nicht durchbeleidigt werden möchten. Dies
geschieht mit der so genannten Nettiquette und der Moderation von Kommentarforen. Ganz einfach: Wenn ein Kommentar gegen die Spielregeln, die
Nettiquette, verstößt, muss er gelöscht werden. Indes löst dies postwendend den
Vorwurf der Zensur aus. Und so befinden sich Online-Redakteure und Trolle
in einem ständigen Zweikampf. Und mancher in der Onlineredaktion hat das
Gefühl, dass es so ist wie bei der Geschichte vom Hasen und vom Igel: Der Troll
ist immer schon da.

Ja, was denn nun? Wie heilig ist uns die Meinungsfreiheit, wo ist ihre
Grenze? Sie ist eindeutig dort definiert, wo Menschen persönlich angegriffen,
beschimpft, beleidigt und erniedrigt werden. Gleichzeitig kann und darf man es
nicht zulassen, dass Menschenverachtung, Rassismus und Volksverhetzung auf
dem Weg über die Online-Kommentare in seriöse Medien vordringen können.

Einerseits gibt es ein starkes Argument für unmoderierte und gleichsam
vollkommen authentische Kommentarforen. Es ist der wahre, tatsächliche
Eindruck von Volkes Stimme, der ja tatsächlich etwas Erhellendes hat. Dies
ist gewissermaßen das Raunen der Menge, die einen Gegenstand oder eine
Sache umsteht und Zurufe startet. Oder eben auch pöbelt. Wir müssen nur
aufpassen, dass die Menge nicht damit beginnt, Steine zu werfen. Wenn wir sie
nicht hindern, besteht die Gefahr, dass sie es tut. Deshalb gibt es für Viele keine
Alternative zum moderierten Forum, in dem akribisch auf die Einhaltung der
Nettiquette geachtet wird.

Zu dieser gehören übrigens auch noch simplere Dinge als das Gebot, die Mitmenschen nicht zu beschimpfen und durchzubeleidigen. Dazu gehört es auch,
keine Fragen zu stellen, die bereits beantwortet wurden. Dazu gehören korrekte
Rechtschreibung und oft der Verzicht auf Fettdruck oder Versalien. Und dazu
gehören schlicht und ergreifend Respekt und Achtung vor den Mitgeschöpfen.
Wenn das klar ist, dann gibt es im Detail immer noch zum Teil sehr heftige
Diskussionen um Inhalte, aber das müssen alle Teilnehmer aushalten.

Was aber ist, wenn radikale, menschenverachtende Ansichten vermeintlich zivilisiert und unterschwellig formuliert werden? Dann wird es wohl immer Diskussionen um Zensur geben, aber auch das muss man aushalten.

Entscheidend ist, dass die Leser jederzeit die Möglichkeit haben, sich mit Meinungsbeiträgen, Zusatzinformationen und Ergänzungen in den Journalismus-Prozess einzuschalten. Sie werden also Teil des Mediums, was es bislang lediglich in den Leserbriefspalten, bei Hörer-Diskussionen und Telefon-Aktionen gab. Dort war es jedoch stets üblich und kannte keinen Zweifel, dass Namen genannt und Gesichter gezeigt werden.

Dies hat einen großen Vorteil: Wer sich persönlich vorstellt, weiß genau, wie er von seinem Gegenüber behandelt werden möchte. Kants kategorischer Imperativ ist nicht der schlechteste. Einfach ausgedrückt: Was ich nicht will, das man mir tu, füg ich auch keinem andern zu.

Warum ist es dann so kompliziert? Warum muss man beim Online-Kommentieren also nicht grundsätzlich seinen Namen und seine Anschrift nennen? Die Antwort: Es muss auch ein gewisser Schutz für Menschen möglich sein, die mit ihrer Meinung ins Netz gehen und somit auch ein Risiko eingehen, wenn sie sich damit weltweit sichtbar machen. Und es gibt selbstverständlich auch Meinungen und Ansichten, die auch unter dem Siegel der Vertraulichkeit und Anonymität interessant und veröffentlichungswürdig sind. Viele interessante Meinungen würden wir nicht erhalten, wenn wir Kommentare im Internet nur mit der Namensnennung zulassen würden.

So lebt die Mitmach-Demokratie davon, dass Menschen sich ganz persönlich einbringen und natürlich Gesicht zeigen. Doch es gehört auch zur Demokratie, dass Menschen für ihre Meinung nicht Nachteile hinnehmen müssen.

Mit diesem Prinzip des Primats der Information, Partizipation und Meinungsäußerung ist indes kein Freifahrtschein verbunden, seinen Mitmenschen durch Bashing, Pöbeln und menschenverachtende Ansichten den Nerv zu rauben – und sie damit mitunter sogar krank zu machen und zu verletzen. Hier haben Journalisten eine hohe Verantwortung, nicht ein Tor zu öffnen, das wir nicht meinen und nicht wollen. Wir wollen Offenheit, Meinungsfreiheit und Interaktion, aber nicht die Lyrik der Latrine. Wer das nicht verhindern kann, erweist dem Online-Journalismus einen schlechten Dienst.

Mein Ethik-Code für Online-Kommentare

Zusammenfassend geht es darum, die bislang noch beliebigen und verschiedenartigen Nettiquetten zu einem Ethik-Code für Online-Kommentare und Nutzer-Beiträge auszubauen und dem Pressekodex für Journalisten an die Seite zu stellen. Die wichtigsten Punkte:

- **Identifizierbarkeit** (wenn auch in der Veröffentlichung anonym)
- Keinerlei Beschränkung der **Meinungsfreiheit**
- Gebot des **Respektes** und der Toleranz
- Einhaltung der **Gesetze**
- **Null Toleranz** bei Beleidigungen und persönlichen Herabsetzungen
- **Null Toleranz** bei Hass und Hetze
- **Konkreter Bezug** auf ein Thema oder einen Kommentar
- **Verpflichtende Regel**: kurz, konstruktiv, keine Werbung

Leser, die sich dem Ethik-Code unterwerfen, müssen sich registrieren – und genießen dabei gleichzeitig die Anonymität und den Schutz, den man als Informant einer Redaktion immer genießt. Dann kann man sich munter mit den verschiedenen Nicknames eindecken und kräftig drauflos kommentieren. Doch die Redaktion sieht, um wen es sich handelt, und kann gegebenenfalls eingreifen, wenn sich doch einmal ein Troll unter die Leser gemischt hat.

Diese Methode hat auch den Vorteil, dass sie sich nicht allzu weit von der Leserbrief-Methode entfernt. Es gibt im Journalismus nur einen geraden Weg: sauber bleiben, verifizieren, Gesicht zeigen, Ross und Reiter nennen. Dieses Prinzip soll man nicht aufweichen.

Was Blogs und soziale Netzwerke betrifft, so geht es hier lockerer, unkontrollierter zu. Und das ist auch gut so. Wer sich hier öffentlich bewegt, muss einerseits hinnehmen, dass er Gegenstand der kritischen Betrachtung oder gar des Anrempelns wird. Doch auch hier gibt es die verschiedenen Formen der Nettiquette und des Meldens von Kommentaren, die anstößig oder übers Ziel hinausgeschossen sind.

Im WordPress-Blog ist dies beispielsweise sinnvoll geregelt. Dort winke ich nach vorheriger Prüfung jeden Kommentar selbst durch, der mir zunächst per Mail zur Verfügung gestellt wird. So ist wenigstens nicht Heckenschützen, die nur zerstören wollen, Tür und Tor geöffnet. Andererseits setze ich mich dem Vorwurf der Zensur aus. Deshalb ist es natürlich selbstverständlich, dass man nicht nur »positive« Stimmen zulässt.

Letztlich gilt auch hier der alte Spruch: Viel Feind, viel Ehr. Das schlimmste Schicksal wollen wir uns nämlich tapfer ersparen: gar keine Kommentare.

12 »Broadcast yourself«

Was muss ein Journalist können? – Die Poynter-Pyramide. Meine Poynter-Pyramide

Im renommierten US-amerikanischen Poynter-Institut ist alles schon so, wie es sein soll. Es ist eine der angesehensten Stätten der Journalisten-Ausbildung in den USA, gleichzeitig werden dort die Medien der Zukunft erforscht. Und nicht zuletzt ist die Tampa Bay Times dort beheimatet, Floridas große Tageszeitung. Hier trifft sich also alles, was an Journalismus-Konzepten und -Inhalten arbeitet, Journalismus erforscht und Journalismus lehrt. Es war mit Nelson Poynter eine starke Verleger-Persönlichkeit, die die Schule 1975 gründete und einen Journalismus-Cluster etablierte, wie er auch den Medienwissenschaften in Deutschland gut zu Gesicht stünde.

Das deutsche Fachmagazin »Journalist« veröffentlicht regelmäßig Beiträge aus der Online-Schule des Instituts. Die oft zitierte Poynter-Pyramide ist besonders geeignet, zu zeigen, was ein Journalist kennen und wissen muss – und zwar als besonders tragfähige Basis für den neuen crossmedialen Journalismus.

Ich bin die Poynter-Pyramide einmal gründlich durchgegangen und stelle sie hier überarbeitet und mit einer modifizierten Übersetzung vor.

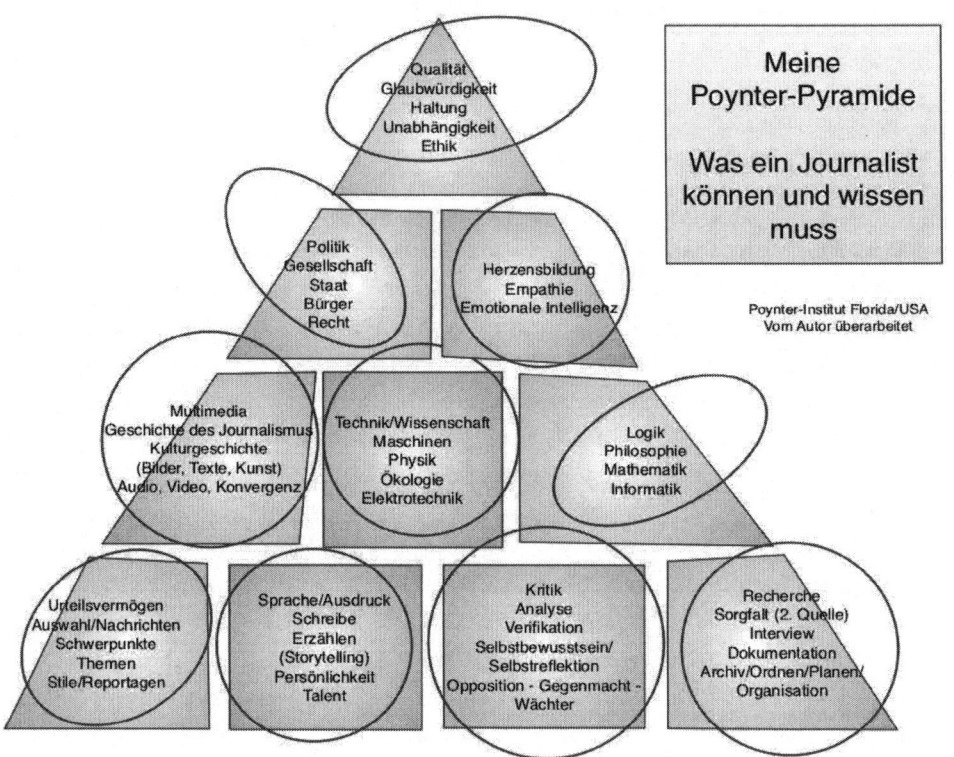

Die einzelnen Bausteine

Urteilsvermögen: Permanent, rund um die Uhr, müssen Journalisten Entscheidungen treffen, die neben Wissen und Können auch ein klares Bewertungs- und Koordinatensystem erfordern. Dies beginnt bei der Nachrichten- und Themen-Auswahl, setzt sich fort beim Setzen von Schwerpunkten und beim Erkennen von Entwicklungen. Das Urteilsvermögen ist auch gefragt, wenn es um den Einsatz der journalistischen Stilformen geht: berichtend oder kommentierend, Interview oder Reportage? Schließlich der permanente Entscheidungsfluss, welche mediale Darstellungsform die passende ist.

Ausdruck/Sprache: Ausgehend von der Persönlichkeit und dem individuellen Talent geht es um die Fähigkeit, Weltwissen erzählend und berichtend zu vermitteln. Dies knüpft an Ur-Erfahrungen erzählender Traditionen an, die in modernes journalistisches, crossmediales Storytelling münden. »Schreibe« ist dabei Grundvoraussetzung als Fähigkeit, komplexe Zusammenhänge zu ordnen und zu erklären.

Kritischer Rationalismus: Mit diesem Begriff aus der Philosophie wird die Fähigkeit zur Selbstreflexion beschrieben. Dabei geht es um die selbstbewusste Erkenntnis, dass wir zwar tendenziell irren, aber ebenso von Irrtum zu Irrtum zu Erkenntnis fortschreiten. Analyse- und Synthese-Fähigkeiten sind gefragt. Kritikfähigkeit ist nicht nur in Bezug auf die eigene Person erforderlich, sondern wird auch als kritisches Bewusstsein im Sinne einer Wächter-Funktion benötigt.

Handwerk und Handwerkszeug: Journalisten beherrschen Grundsätze und Werkzeuge der Recherche, um Quellen aufzuspüren, Belege und Beweise zu finden und sie auszuwerten. Sie wissen, wie man Fakten checkt, dokumentiert und präsentiert. Sie arbeiten mit mehr als einer Quelle. Sie sind mit dem Umgang mit Smartphone, iPad, Aufnahmegeräten, Kameras und Schnitttechniken vertraut.

Multimedia: Es geht darum, die Geschichte des Journalismus und der Pioniere des Journalismus im ständigen Veränderungsprozess von Gesellschaften zu kennen. Gleiches gilt für die wesentlichen Züge der Kulturgeschichte als Abfolge der Epochen von Kunst, Theater, Literatur und Musik. Ausgeprägtes audiovisuelles Bewusstsein ist eine entscheidende Grundlage.

Wissenschaft und Technik: Die Kenntnis der Geschichte der Medientechnik ist unverzichtbar. Druck, Fotografie, Ton, Film, Funk, Computer – in den Technik-Metamorphosen liegt der entscheidende Zugang zu einem Verständnis. Grundkenntnisse und Weiterbildung in Physik (Kräfte, Strömungen, Wechselwirkungen), Elektrotechnik (Signale, Frequenzen, Resonanzen) und Ökologie (Energie, Flora, Fauna) sind notwendig.

Logik: Über Grundkenntnisse im Rechnen (Dreisatz) hinaus müssen Journalisten ein Grundverständnis für die Mathematik mit Statistik, Wahrscheinlichkeitsrechnung, Funktionen und Algorithmen entwickeln. Bei Grundkenntnissen in der Informatik geht es um ein Grundverständnis für Datenverarbeitung, Programmierung und Web-Entwicklung.

Politik: Sicheres Wissen über Gesellschaft, Staat, Rechtsordnung und Bürgergesellschaft. Dieses befähigt Journalisten, zu verantwortungsbewussten Moderatoren des Selbstgespräches der Gesellschaft zu werden und für die Weiterentwicklung eigene Impulse beizusteuern.

Herzensbildung: Für den von mir gewählten Begriff stehen in der deutschen Tradition die Weimarer Klassik und Kants kategorischer Imperativ. Gemeint sind Empathiefähigkeit, Gerechtigkeitsempfinden, Respekt vor Andersdenkenden und emotionale Intelligenz. Es geht um Hineinfühlen und Mitleid(en), dies sind übrigens auch starke Elemente der Reportage.

Qualität: Die Spitze der Pyramide wird vom notwendigen Ethik-Bewusstsein bestimmt. Dabei sind Glaubwürdigkeit (im Sinne von Qualitäts-Standards und -kodices), Offenheit und Transparenz (im Sinne von Zielen und Verflechtungen) und Unabhängigkeit (im Sinne von Nicht-Manipulierbarkeit) zentrale Begriffe der Haltung des Journalisten.

Keiner dieser Ecksteine und keines dieser Basis-, Mittel- und Spitzenmodule kommt ohne die anderen aus. Was solche Pyramidenmodelle indes nicht abzubilden vermögen, ist das Zusammenbinden, die Fusion von Bildung und Motivation. Aber wir denken es im Sinne von Kraftfeldern zwischen den einzelnen Feldern immer mit.

Keiner der Pyramidenbausteine kann für sich allein stehen, die Macht dieses Modells ist aber im Wissen um Resonanzen und Rückkopplungen im Gehirn begründet. Dieses wird durch soziale Prozesse wie die Anleitung durch charismatische Vorbilder, durch Anerkennung, Aufstieg und durch Rückkopplungen in kreativen Teams noch vervielfältigt.

Wird in der Pyramide jedoch nicht zu viel verlangt?

Diese Frage muss man immer bei Anforderungen stellen. Und sie hat sich zu allen Zeiten gestellt. Und vor allem gibt es stets auch die Gegenfrage: Was, das soll schon alles sein? Denn klar ist auch, dass an notwendigem Wissen und Fähigkeiten auch noch viel mehr aufgezählt werden könnte. Hierbei handelt es sich also auch um einen Kompromiss, eine komprimierte Fassung, um das Wichtigste mithin, das auf keinen Fall zur Disposition stehen kann und darf.

Das Braunschweiger Modell der Medienwissenschaften

Dennoch darf der Sinn keinesfalls darin liegen, Kandidaten und Talente abzuschrecken. Es zeigt sich nämlich, dass mit allzu hohen Hürden auch das Selbstbewusstsein von Einsteigern schwindet. Das notwendige Selbstbewusstsein muss man sich auch erst einmal antrainieren und braucht auch dabei Unterstützung. Diese Beobachtung habe ich als Lehrender im Projekt Print-Journalismus in den Medienwissenschaften der Technischen Universität Braunschweig und der Hochschule für Bildende Künste Braunschweig mehr als einmal gemacht.

Das Braunschweiger Modell ist dabei besonders hervorzuheben: Denn dort liegt ein Schwerpunkt auf der Technik der Medien. Dies führt regelmäßig dazu, dass Abiturienten, die »irgend etwas mit Medien« studieren wollten, plötzlich realisieren, dass sie es auch mit Technik, Mathematik und Informatik zu tun haben, Fächern mithin, die sie in der Oberstufe tunlichst abgewählt haben. Das führt nicht selten zum naheliegenden Resultat, dass viele von ihnen spätestens am Modul Algorithmen und Programmieren scheitern und das Studium abbrechen müssen.

Herausragende Kommilitonen und Vorbilder wie Stefan Gehlhorn indes, Träger des Engagementpreises der TU Braunschweig, machen viele Studierende der Medienwissenschaften in ihrer Freizeit in glänzenden Tutorien fit in Mathe. Besser als Schullehrer können sie sich in die Mitstudenten hineinversetzen. Es versteht sich fast von selbst, dass es Stefan Gehlhorn, der über Mathe und Informatik bloggt, selbst mittlerweile über das Campus-Projekt der Braunschweiger Zeitung und weitere starke Eigeninitiative bis zum professionellen Moderator beim Niedersachsen-Radio ffn gebracht hat.

Und dort, was soll man sagen, bringt er im Spaß-Radio im besten Mix für Niedersachsen natürlich auch noch seine Radio-Kolumne über Mathematik unter. Besser geht es nicht. So muss man es am Ende zu schätzen wissen, mit den wesentlichen Techniken und Grundlagen ausgestattet worden zu sein. Denn ohne die Zugänge und das breite Verständnis, das die Poynter-Pyramide ausdrückt und fordert, lassen sich der gesellschaftliche und technologische Wandel nicht mehr durchschauen. Journalisten aber müssen Pfadfinder ihrer jeweiligen Gesellschaften sein, sie in all ihren Fasern und Entwicklungslinien durchdringen, Sie müssen sie zunächst verstehen, damit sie sie erklären, ihre Inhalte vermitteln und damit letztlich auch Unterhaltung und wirtschaftlichen Gewinn produzieren können.

Wie geht das bloß alles in einer einzelnen Persönlichkeit zusammen? Funktioniert das überhaupt? Und muss ein solcher Kandidat nicht ausbrennen?

Zunächst muss man sagen, dass Burnout oft eine Folge falscher Eigenwahrnehmung und mangelhafter Selbstorganisation ist. Wenn dann noch ausbleibender Erfolg, Pannen, Krisen oder Katastrophen hinzukommen... Dann wird es brenzlig.

Die Gefahr des Ausbrennens besteht, doch es gibt Techniken, wie man es verhindern kann. Das Wichtigste: Selbstreflexion und gründliche Kenntnis der eigenen Mittel und Möglichkeiten. Dies ist notwendig, um konsequent einen täglichen Plan und Rhythmus zu erstellen – und aufrechtzuerhalten.

Eigenmarke versus Privatleben. Selbstausbeutung?

Die Notwendigkeit eines Plans gilt insbesondere für die Situation der freiberuflichen Tätigkeit, also der Vermarktung der eigenen Person als journalistische Marke. Über die tarifgebundene Erwerbsarbeit kann man sagen, was man will. Man mag beklagen, dass das Normalarbeitsverhältnis mit geregelter tariflicher Arbeitszeit das bürokratische Denken fördert und der Mobilität im Sinne eines notwendigen Aufbruchs- und Pioniergeistes nicht eben förderlich ist. Dennoch bietet es die sichere, verlässliche, Halt gebende Struktur der festen Arbeitszeit.

Aber: Es wird nicht selten eine Hypothek daraus, denn die festen Zeiten hindern in der Psychologie verkrusteter Routinen den Reporter nicht selten daran, zu ungewöhnlichen Zeiten noch einmal hinauszugehen. Zumal immer eins zum anderen kommt ...

Im Umkehrschluss ist der freie Reporter, der Mobile Journalist, der Freelancer, der Promoter der eigenen Marke gleichsam ständig im Dienst, unterwegs, erreichbar, ständig auf Sendung, hellwach und auf Empfang. Für ihn stellt sich das Problem, notwendigerweise auch einmal abzuschalten und tatsächlich in einen Freizeitmodus wechseln zu können. Sind die Antennen nämlich erst einmal auf höchste Empfindlichkeit gestellt, dann findet sich immer etwas, das man reporten, posten und öffentlich mitteilen kann.

Wie in der Karikatur: Treffen wir uns auf ein Bier? – Geht nicht, ich muss erst noch ins soziale Netz. Post statt Prost.

Ob unter solchen Umständen noch Privatleben möglich ist, das ist die Frage. Fest steht indes auch, dass intakte private Beziehungen, die nicht unbedingt etwas mit der journalistischen Aufgabe zu tun haben, ebenfalls ein Rezept gegen das Ausbrennen sind.

Zu berücksichtigen ist überdies die extrem unterschiedliche individuelle Disposition für psychische Probleme dieser Art. Was den einen fordert und herausfordert und ihm nur dann Probleme bereitet, wenn der Druck zu gering ausfällt, kann sich bei dem anderen bereits in der Erwartung bleischwer aufs Gemüt legen. In diesem Spannungsfeld ist die Balance die zentrale Herausforderung. Den einen droht angesichts verfestigter Rituale das Boreout, den anderen angesichts permanenter Mobilität und latenter Überforderung das Burnout.

Journalismus als Sucht?

So kann Arbeit auch zur Sucht werden. Dieses Problem stellt sich einerseits, wenn in der Redaktion die Abläufe nicht durchgeplant sind, gleichzeitig Barrieren und Kontrollmechanismen fehlen. So ist es einerseits durchaus ein Privileg und bedeutet einen Vertrauensvorschuss, wenn Journalisten in der Redaktion die so genannte Vertrauensarbeitszeit genießen. Hierbei liegt die große Gefahr jedoch in der Selbstausbeutung. Wenn man den Weg nicht mehr aus der Redaktion heraus findet, droht Suchtgefahr.

Umso mehr gilt diese Bedrohung für freie Journalisten und journalistische Aspiranten, die keinen festen Arbeitsplatz und keine festen Arbeitszeiten kennen – und gleichzeitig auch auf den wirtschaftlichen Erfolg durch die journalistische Tätigkeit angewiesen sind. Einerseits sind sie ständig unterwegs bei der Akquise von Aufträgen, andererseits nötigt sie der beste journalistische Anspruch, ständig die Antennen aufgestellt zu haben. Mehr noch: Durch die Rund-um-die-Uhr-Aktualität des Online-Journalismus sehen sie sich gezwungen (und sind es), ständig zu funken, zu posten und zu senden.

Hinzu kommt die mobile Situation, die durchaus auch selbstgestellte Herausforderung, an den Brennpunkten des Geschehens vor Ort tätig zu sein. Hier meint man notorisch, es sich nicht leisten zu können, auch einmal ins Bett zu gehen und den Tag mit dem Feierabend abzuschließen. Wenn dann noch Alkohol oder Medikamente hinzukommen, um das latente Schlafproblem abzumildern, droht das Versinken in einer Suchtspirale.

Besonders fatal wirkt sich in diesem Zusammenhang das Schlafproblem aus. Wenn Menschen nicht mehr in der Lage sind, einzuschlafen und durchzuschlafen, werden sie besonders anfällig für psychische Probleme. Auch hier ist wieder die Verlockung groß, mit Medikamenten und Sucht-Drogen Abhilfe zu schaffen. Und es besteht die Gefahr, dass der Teufelskreis sich immer weiter fortsetzt. Permanent bleibt schließlich die Herausforderung vorhanden, aktuell zu sein, ständig zu aktualisieren, immer zu checken, ob die Nutzerzahlen steigen – und sich die eigenen Beiträge weiter verbreiten, weil sie wegen ihrer Attraktivität von Usern geteilt werden. Einen Tag ohne Nachrichten aber gibt es nicht.

Hinzu kommen Probleme mit dem Netz, mit der Stromversorgung und weitere praktische Probleme, Ärger mit Lesern, Chefs oder Informanten, alles in hoher Intensität, zunehmend miteinander verwoben und irgendwann zu einem unauflöslichen Bündel von Problemen verwickelt. Hierfür gibt es nur eine einzige Lösung: Realize, Minimize, Simplify

- **Realize:** Schreib auf, was dich bedrückt, was du gut machst und was dir schwer fällt (allerdings nicht im Sinne einer neuen Aufgabe, die dir noch mehr die Luft abschnürt). Motto: Fehlerquellen identifizieren. Zeitkiller berechnen.
- **Minimize:** Die Hälfte streichen. Konsequent.
- **Simplify**: Prozeduren vereinfachen, Hilfe suchen. Technische Ausstattung verbessern. Das verbliebene Pensum mit einem Hilfs-Tool wie Wunderlist oder Evernote konsequent berechnen, durchplanen und mit Struktur abarbeiten. Disziplin beim Einhalten der »Freizeit« – gehört das Surfen im Netz dazu? Wenn nicht, private »Nettiquette« einhalten: keine Geräte bei Tisch und im Bett. Log out!

Der Flow. Komm in den Flow

Minimize und Simplify schließen tatsächlich das Verzichtenkönnen und Abwarten mit ein. Dafür gibt es ein interessantes Experiment: Man kann doch einmal versuchen, trotz des Drucks, ständig aktuell sein zu müssen und zu wollen, einmal zwölf Stunden lang schlicht zu warten, was passiert. Dies ist natürlich keine Empfehlung, die journalistische Aktualität und Aufmerksamkeit fahren zu lassen. Doch es wäre auch nicht realistisch, zu glauben, dass es nicht einmal einen halben Tag ohne dich geht. Mehr noch: Diese Kultur des Respekts, die auch du dir selbst gegenüber schuldest, rettet Gesundheit und verlängert Leben.

Wenn man es gewohnt ist, mit solchen Techniken umzugehen und zu experimentieren, dann kann man einen Zustand erreichen, der von allen Fachleuten, psychologisch Geschulten und sogar Ärzten empfohlen wird. Es ist der Zustand des Flow, bei dem die eigenen Erwartungen mit den Fremderwartungen und der Dosis der zufriedenen Gefühle in Einklang gebracht sind.

Jeder kennt die schönsten Flow-Erlebnisse: In ihnen lernt es sich am besten, in ihnen sind wir am kreativsten und produktivsten, und die Zeit vergeht wie im Flug.

In den Phasen der Flow-Erlebnisse bringen wir unsere besten Leistungen und laufen zu Hochform auf. Jeder muss für sich persönlich identifizieren, wie er in den Flow kommt. Er ist weder mit Überforderung noch mit Unterforderung vereinbar. Flow kennt keine Langeweile, entzieht sich aber auch krankmachendem Druck. Der schönste Flow ist letztlich der Schmierstoff und die psychische Befindlichkeit für die schönsten Geschichten des Storytelling in der multimedialen Welt des Online-Journalismus. Aber er ist ein scheuer Freund, den man schätzen, pflegen und sich warmhalten muss.

Für Flow gibt es keine Garantie.

Neue Rollenbilder für Journalisten

Zum Reizen, Informieren, Unterhalten kommt das Präsentieren hinzu.

In meinem ersten Buch »Journalismus – Was man können und wissen muss« habe ich meine Drei-Finger-Regel präsentiert: R-I-U – Reizen, Informieren, Unterhalten.

Reizen bedeutet, mit dem Zeigefinger auf etwas zu zeigen. Es geht um Neues, es geht um Bemerkenswertes, es geht um Aktualität. Es geht um Abweichungen vom Normalen, vom Banalen, Uninteressanten. Es geht um den berühmten Küchen-Zuruf, von dem die Lehrer in der Henri-Nannen-Schule sprechen: Hast du gehört … ? Nur wenn dieser Zuruf funktioniert, ist die Reizschwelle überschritten.

Reizen ist Gelegenheit, Instinkt und Passion.

Informieren bedeutet Recherche, Mitteilung, Nachrichten. Der Ringfinger zeigt auf mich zurück. Ich stehe im Blick- und Mittelpunkt, sammle die Informationen und bereite sie auf. Information schafft Aufklärung und Transparenz. Das Wichtige wird so transportiert, dass es haften bleibt, dass es Verhalten ändert, dass es Menschen ermutigt und ertüchtigt, sich an der Demokratie zu beteiligen – mit eigenen Meinungs-Beiträgen, mit aktiver Diskussion, mit der Abgabe der Stimme bei den Wahlen und mit dem Lesen und Konsumieren von Qualitätsmedien.
Information ist Brot und Butter.

Unterhalten bedeutet Daumen hoch. Das ist Entertainment, aber auch Infotainment. Es ist heute nicht mehr möglich, am Publikumsgeschmack und den Interessen der Leser vorbei zu arbeiten. Sie wollen unterhalten werden, sie wollen Spaß haben, alles seriös, mit Anspruch und Tiefgang.
Unterhaltung ist Talent und Leidenschaft.

Wir hatten dann noch – gewissermaßen außer Konkurrenz – den Stinkefinger für den Leser definiert: Langeweile, Acht- und Lustlosigkeit.
Langeweile geht gar nicht.

Neu für den Online-Jounalismus: Präsentieren. Aber nun muss unsere Drei-Finger-Regel für den Online-Journalismus ergänzt werden. Jetzt geht es ums Präsentieren der eigenen Persönlichkeit, der eigenen Marke. Zeig dich! Das bin ich! Und das geht nur, um im Bild zu bleiben, mit allen fünf Fingern der erhobenen Hand.
Präsentieren bedeutet Selbstbewusstsein, Persönlichkeit und Entrepreneurship.

Ich bin meine Marke

Es ist vielleicht der größte Bruch im Rollenbild von Journalisten, den es je gab. Sie waren stets Angehörige eines Berufes, der sich über Medienhäuser, Pressehäuser, Funkhäuser und Sendeanstalten definierte. Diese waren gleichsam Horte der fürs gemeine Volk unerschwinglichen Produktionsmittel, Bastionen der Medienproduktion, der öffentlichen und veröffentlichten Meinung. In all diesen Mega-Druckereien, Hightech-Studios und Verlagshochhäusern wurde offenbar der heilige Gral des Journalismus aufbewahrt. Wer bis dorthin vorgedrungen war und die Weihen der Festanstellung erhielt, der hatte es geschafft. Er war drin in seinem Traumberuf. Ein Austausch hat dann auch später nur noch selten stattgefunden. Zwar ist vieles an diesem Befund auch heute noch anzutreffen, doch das fest gefügte Bild befindet sich in Auflösung.

Durch den Niedergang von Auflagenzahlen, Anzeigenerlösen und Einschaltquoten und durch ein strukturelles Absinken von Profitraten ist das traditionelle Bild gleich an mehreren Fronten unscharf geworden. Hinzu kommt die Medien-Revolution, die wir auch hier nur als Zeitenwende mit Gutenberg-Dimensionen beschreiben können. Wir stecken mittendrin. Die Technologie-Entwicklung ist rasant. Alles, was wir im Moment glauben, könnte sich bereits in den nächsten Monaten und Jahren als obsolet erweisen.

Insbesondere viele Verlage setzen statt der Festanstellung auf Zeitverträge. Tendenziell werden Belegschaften abgebaut und Etats eingefroren, wenn nicht zusammengestrichen. Redaktionen werden zusammengelegt, Content-Desks zentral errichtet. So wird verhindert, dass unterschiedliche Redaktionen gleiche Aufgaben erledigen. Im Endeffekt haben viele Verlage so sehr mit sich selbst zu tun, sind zudem an so vielen Fronten unterwegs, dass ihnen Pionier-Geist und Risiko-Freude mitunter abhanden gekommen zu sein scheinen.

Doch das täuscht, muss täuschen.

Der wahre Grund für die Schwierigkeiten, die Beklemmung und die Ratlosigkeit ist die schlichte Tatsache, dass mit dem Online-Medium ausgerechnet beim Journalismus der Zukunft die alten Erlösmodelle nicht mehr funktionieren. Das Internet ist weltumspannend, es ist offen, billig, braucht nicht tonnenweise Papier, sündhaft teure Technik, keine Maschinen, Liegenschaften, Grundstücke. Dort ist jedermann zu Hause und wird zur eigenen Marke. Dort kann man tatsächlich ein Buch darüber schreiben, wie man mit einem zigarettenschachtelgroßen Mobiltelefon die größte Zeitung am Ort das Fürchten lehren kann.

Und das ist eine Chance – auch für diejenigen, die dieses Buch lesen. Sollen sie Journalisten werden? Ja! Doch sie werden es unter veränderten Vorzeichen. Sie müssen journalistische Entrepreneure sein, Gründer in eigener Sache.

Sie brauchen ein Profil, sie brauchen journalistische Alleinstellung. Sie brauchen Ideen, Selbstbewusstsein und Angriffslust. Und sie brauchen vor allem Ermutigung. Denn wenn ihr Gründer-Geist jetzt nicht zündet und funktioniert, dann müssen wir uns Sorgen machen um einen Journalismus, den wir dringend benötigen. Zwar ist er durch Artikel 5 des Grundgesetzes in Deutschland oder den Ersten Zusatzartikel zur Verfassung der USA privilegiert, doch wir hatten und haben es immer mit einer komplizierten janusköpfigen Spezialkonstruktion zu tun.

Denn im Privatunternehmen, dem Verlags- und Medienhaus, waren und sind mit den Redakteuren abhängig Beschäftigte unterwegs, die gleichzeitig quasi-öffentliche Funktionen ausüben. Der Tendenzschutz, den sie genießen, ist eine einmalige Sache. Denn er bedeutet, dass nicht einmal der Geschäftsführer eines Verlagsunternehmens seinen Redakteuren inhaltliche Anweisungen geben kann. Verlags-Geschäftsführer erkennen jedoch, dass es sich bei einer kritischen und unabhängigen Redaktion eben gerade um den Markenkern eines Qualitätsmediums handelt.

Was aber wird daraus in Zukunft, wenn es keine Verleger oder Verlage mehr geben sollte, die solche Freiheiten noch zu gewähren bereit sind – oder die dafür notwendigen wirtschaftlichen Freiheiten verloren haben? Darüber muss sich nur Sorgen machen, wer eine Chef-Position, geregelte Arbeitszeiten und ein Tarifgehalt zu verlieren hat. Das ist nicht wenig, schon gar nicht unbedeutend – und kann einem auch ganz schön zusetzen. Doch wenn du ehrlich bist: Für die Zukunft des Journalismus ist es unbedeutend.

Denn es gibt eine wirklich gute Nachricht: Macht euch um den unabhängigen Journalismus keine Sorgen! Denn gerade durch die ungemein flachen und preiswerten Zugänge ist gleichsam ein Monopol gebrochen. Und die Kraft der Vielen, das aufmüpfige Potenzial der kritischen Bürgergesellschaft sorgt dafür, dass immer wieder Journalisten da sind, die den Finger in die schmutzigsten Wunden legen. Denn noch nie war es einfacher als heute, ein Massenpublikum zu erreichen.

Gleichzeitig ist nichts dagegen einzuwenden, dass die Newcomer auch versuchen, mit Journalismus Geld zu verdienen. Sie werden es tun. Und mit guten Ideen, die sie haben, wird es viel Geld sein. Es wird zu neuen Konzentrationsprozessen kommen, auch beeinflusst durch ständig neue Technologien, Programme – und das Einkaufen der besten Journalismus-Entrepeneure durch Technologiekonzerne. Sie werden die traditionell gewachsenen Medienhäuser in der Führung ablösen.

Und nicht einmal Sorgen um die Ausbildung dieser Pioniere muss man sich machen. Es ist beruhigend, das Brodeln und die Aufbruchstimmung für den neuen Journalismus, den »digital journalism«, vor allem in den USA und in Großbritannien zu beobachten. Dort sind mobile Journalismus-Strategien längst Mainstream, quält man sich nicht mehr mit Grundsatz-Diskussionen herum. Viele Neuentwicklungen und Pionieransätze kommen von dort. Aber auch in Deutschland ist Aufbruchstimmung spürbar. Längst wird sichtbar, dass es nicht um einen Zweikampf »Alter versus Neuer Journalismus« geht, sondern um die Neuerfindung und Rückbesinnung des Journalismus auf vollständig gewandelter Grundlage.

Wer dafür fit sein will, darf nicht warten, bis eine konventionelle Anstellung lockt. Oder eben nicht. Er oder sie muss, du musst sofort beginnen, journalistisch zu produzieren und öffentlich sichtbar zu werden. Warum? Weil du etwas zu sagen hast, schreiben, fotografieren, filmen und senden willst, um dich mitzuteilen. Am besten mit einem eigenen Blog, das heute wie ein vollständiges eigenes selbsterklärendes Content-Management-System funktioniert. Allein für ein solches System hätte man, um es zugespitzt zu sagen, vor nicht allzu langer Zeit Lehr- und Studiengänge gebraucht – und sehr viel Geld investieren müssen. Das gibt es heute kostenlos, wenn man will.

Aber das reicht nicht: Du musst auch bereit und in der Lage sein, für deine Leserschaft selbst zu sorgen. Ständig bist du damit beschäftigt, Leser zu gewinnen. Du entwickelst Strategien hierfür und verfolgst, wie man sie optimieren kann. Es geht darum, die eigene Marke buchstäblich interessant zu machen und zu verkaufen.

Nie war es einfacher. Außerdem macht es Spaß. Es funktioniert mit möglichst vielen Freunden bei Facebook, wenn es auch dort selbstverständlich nicht nur um private Dinge, Postkarten oder das unvermeidliche Foto vom letzten Mittagessen geht. Facebook ist eine gigantische Verteilmaschine für journalistische Ideen und Geschichten. Was als eher privates soziales Netzwerk begann, ist ein mächtiges eigenständiges Medium geworden.

Hinzu kommt Twitter: Auch hier ist man regelmäßig aktiv mit Kurzmitteilungen, kann Links verteilen, sich finden lassen – und anderen folgen. Weiteres Beispiel: Bilder-Maschinen wie Instagram, die ebenfalls als soziale Netzwerke funktionieren. Allein die drei genannten Instrumente sind darauf optimiert, möglichst große Gemeinschaften zu schmieden. Und in diesen wird ständig weiter verteilt und vernetzt. Wer sich dort tummelt, kann hunderte, vielleicht sogar mehr als tausend Follower zählen. Menschen, die sich für deine Beiträge

und deinen Journalismus interessieren. Ein Schatz! Hinzu kommt die Blogosphäre, die Summe aller Blogs, in der du mit deinen Beiträgen durch konsequente
Suchmaschinenoptierung die richtigen Schlag(wort)-Lichter setzt.

Auf diese möglichst eindrucksvolle Quote, den Kloutscore, kommt es an. Wie
hoch ist deiner?

13 Online-Journalismus – ein Werkstattgespräch mit Tessa Tanzau (Braunschweiger Zeitung)

Tessa Ranzau (31) ist Online-Redakteurin bei der Braunschweiger Zeitung. Sie hat Medienwissenschaften im Kooperationsstudiengang an der Technischen Universität und der Hochschule für Bildende Künste in Braunschweig studiert. Ihre Nebenfächer waren Technik der Medien und Soziologie. Nach dem Studium absolvierte sie ein Crossmedia-Volontariat bei Hubert Burda Media in München.

Tessa, im Studienfach Technik der Medien hast du dich auch mit Algorithmen und Programmieren beschäftigt. Wie ist es dir damit gegangen?

Das war das Fach, das ich während des Studiums zum Teil verflucht habe, weil es zum Teil verflucht schwer war – und wir Medienwissenschaftler da mit E-Technik- und Maschinenbaustudenten zusammensaßen. Ich dachte oft: O Gott, wie soll ich das alles schaffen und verstehen? Im Nachhinein hat es jedoch wirklich viel gebracht, weil es ein Grundverständnis für Programme und Programmiersprachen wie Java ermöglicht. Natürlich bleibt da nach dem Studium nicht immer alles hängen. Natürlich können wir auch nicht das, was ein echter Programmierer kann. Doch es hat Grundlagen geschaffen. Und die sind für mich im Nachhinein total wertvoll!

Warum muss ein Journalist sich damit auskennen?

Vielleicht nicht jeder. Gewiss kann man sich auch manches über »Learning by doing« aneignen. Aber für mich persönlich ist das im Studium Gelernte wichtig – weil es mir beispielsweise im Dialog mit der IT, die ein wichtiger Partner ist, das Verständnis erleichtert. Und weil es im Umgang mit verschiedenen Content-Management-Systemen (CMS) und Programmen, um die man im Online-Journalismus nicht herumkommt, hilft. Das fängt bei einfachen HTML-Codes an und geht bis hin zum Pagebuilding, also dem Aufbau ganzer Seiten.

Es handelt sich also um Werkzeuge ...

... mit denen man Dinge verändern und anpassen kann. Natürlich ist bei so einem CMS bereits viel festgelegt, zum Beispiel die Grundstruktur und das Seitenlayout. Das muss auch so sein. Details kann man aber verändern – auch als Redakteur.

Früher schrieb man einen Text. Und dann kam noch der Fotograf und lieferte ein Foto dazu. Das hat sich ja gründlich geändert.

Ja, das hat es. Heute kommen viele Dinge hinzu. Das fängt damit an, ein schnelles Foto zu machen und es zum Beispiel direkt von unterwegs an die Online-Redaktion zu schicken. Im Idealfall kann das ein Reporter selbst – entweder mit der Kamera oder dem Smartphone. Wir bearbeiten Fotos auch – in Photoshop oder ähnlichen Programmen. Grundkenntnisse in Bildbearbeitung gehören einfach dazu. Dazu kommen Grundlagen im Audio- oder Videoschnitt.

Ich bin weit davon entfernt, ein professioneller Cutter zu sein, aber ich kann Szenen herausschneiden, Blenden, einen Vorspann oder eine Bauchbinde setzen, so dass ein einfaches Video entsteht. Auch an Suchmaschinen-Optimierung, Keywords und solche Dinge müssen wir denken. Teile von alldem wurden im Studium als Grundlage gelegt, manches habe ich im Volontariat gelernt, anderes habe ich mir selbst beigebracht.

Das heißt, dass du ständig weiterlernst.
Natürlich, immer, und das ist auch das Spannende an dem Job. Es kommen immer neue Tools, neue Programme, neue Möglichkeiten hinzu. Zum Beispiel im Zusammenspiel mit Social Media. Das können aber auch neue Analysemethoden sein, oder Tools, mit denen wir Live-Ticker oder Multimedia-Reportagen produzieren. Alles verändert sich ständig! Deshalb ist eine der wichtigsten Eigenschaften, die jemand mitbringen muss, der im Online-Journalismus unterwegs sein will, Neugierde und Lust am Entdecken und Experimentieren.

Gibt es für dich einen Leitfaden? Gibt es etwas, wo du täglich nachschauen kannst, wie es geht?
Nein, das gibt es nicht. Wenn ich mich informiere, dann zum Beispiel in Blogs, da gibt es wirklich sehr gute. Man muss stöbern. Je nachdem, worauf ich gerade Lust habe und was ich suche, dann googele ich weiter und finde mehr. Manchmal sind es Blogs von anderen Journalisten, die etwas empfehlen, von anderen Medien, da gibt es ganz viele Quellen. Das können auch Gruppen bei Facebook oder Google+ sein. Oder ganz simpel der persönliche Austausch mit den direkten Kollegen, der neue Ideen und Ansätze bringt.

Es nimmt dich also niemand bei der Hand. Wenn du aber darauf angewiesen wärst und dich nicht deine Neugier vorwärts triebe, was würde dann passieren?
Das würde Stillstand bedeuten. Wissensdurst ist wichtig, um voranzukommen. Wie funktioniert das, wie kann ich es mir selbst beibringen? Dass einen jemand bei der Hand nimmt, das findet einfach nicht statt.

Was ist dein persönlicher Antrieb?
Ich würde sagen, das ist der ständige Drang, mich selbst und das Produkt, an dem ich arbeite, zu verbessern. Und damit immer besser für den Leser zu machen.

Du sprichst von den Internetseiten der Braunschweiger Zeitung. Du bist dort Online-Redakteurin. Was verstehst du überhaupt unter Online-Journalismus? Was ist das?
Das ist keine ganz leichte Frage. Natürlich ist ein großer Teil erstmal Journalismus. Das ist der Journalismus, den man auch macht, wenn man für eine gedruckte Zeitung schreibt. Heißt: Die journalistischen Grundlagen gelten überall. Schreiben muss jeder Journalist können, egal, für welches Medium er arbeitet oder ob er Online oder Print unterwegs ist. Da gibt es Handwerkszeug und Leitsätze, die gelten online genauso wie in anderen Medien.

Aber: Das Internet als Verbreitungskanal bringt auch spezielle Anforderungen mit sich. Texten fürs Web unterscheidet sich eben auch ein Stück weit vom Texten für Print.

Und: Online-Journalismus ist mehr als das Recherchieren und Schreiben für eine Internetseite. Dazu gehört auch, zu entscheiden, wie groß man ein Thema fährt, wie prominent man es auf der Seite platziert und wie lange man es zum Beispiel auf der Startseite stehen lässt. Auch die Frage, auf welchen Kanälen man ein Thema spielt, gehört dazu: Eignet sich die Story zum Beispiel für die sozialen Netzwerke? Wie präsentiert man sie dort am besten, so dass die Leser auch diskutieren?

Damit sind wir auch schon beim nächsten Punkt: Community-Management – das gehört ebenfalls untrennbar zum Online-Journalismus dazu. Leserkommentare sichten, moderieren. Auch ein Thema wie Suchmaschinen-Optimierung müssen Online-Redakteure auf dem Schirm haben. Und natürlich Darstellungsformen, die in Print nicht möglich sind: Videos, Audiodateien oder Multimedia-Reportagen. Du siehst, die Liste ist lang.

Ist Social Media denn Journalismus?
Ja, absolut. Es gehört zum Online-Journalismus dazu. Ich vergleiche das gerne so: Die gedruckte Zeitung liefern wir in den Briefkasten des Abonnenten – und mit Social Media machen wir eigentlich Ähnliches beim Internetnutzer: Wir holen ihn in seinem virtuellen Zuhause ab. Wenn man sich anschaut, wie Leute

das Internet nutzen, stellt man fest, dass sie wahnsinnig viel Zeit auf Facebook verbringen, es ist oft eine der ersten Seiten, die sie aufrufen. Die Leute nutzen den Neuigkeitenstrom als eine Art Briefkasten. Ich mache das auch so, folge da ganz vielen Medien. Deshalb ist es auch für uns als Redaktion so wichtig, die Leser dort abzuholen. Und mehr noch: Das Schöne an sozialen Netzwerken ist ja, dass es keine einseitige Kommunikation ist, es also einen Rückkanal gibt. Wir kommen über Facebook und Co. auch in einen Dialog mit dem Leser, bekommen Input. Für uns als Bürgerzeitung ist das enorm wichtig.

Als du den Entschluss gefasst hast, Journalistin zu werden, wolltest du da gleich Online-Journalistin werden?
Nein, aber vielleicht liegt das ja auch schon zu lange zurück. Als ich angefangen habe, hatte ich einfach den Wunsch: Ich möchte schreiben. In der Schule haben mir immer die Deutsch-Klausuren Spaß gemacht, ich habe gerne Aufsätze geschrieben. So kam es zu der Idee. Als ich dann meine ersten Gehversuche bei der Zeitung gemacht habe – da muss ich so etwa 18 gewesen sein –, war Online-Journalismus für mich noch weit weg. Außerdem fand ich das gedruckte Produkt natürlich super. Da konnte man sich die ersten eigenen Texte ausschneiden und einheften – da ist man anfangs ja total stolz, klar. So fing ich an.

Zum Online-Journalismus bin ich erst deutlich später gekommen. Ich habe bei Hubert Burda Media in München volontiert, das war ein sogenanntes Crossmedia-Volontariat. Meine Stammredaktion war Focus Money, Printmagazin. Eine meiner weiteren Stationen war Focus Online. Und dort habe ich gemerkt, dass mir Online-Journalismus Riesenspaß macht. Meine erste Stelle als Online-Redakteurin hatte ich dann wieder in meiner Heimat, das war mein Wunsch – bei der Braunschweiger Zeitung, wo ich immer noch arbeite.

Was ist es genau, was dir Riesenspaß macht, und warum wolltest du zurück zur Braunschweiger Zeitung?
Das Schnelle macht wahnsinnig Spaß, es muss alles unwahrscheinlich schnell gehen. Außerdem der unmittelbare Kontakt zum Leser und das direkte Feedback: Welcher Text wird gut gelesen, welcher läuft gar nicht? Außerdem liebe ich die Vielfalt und Abwechslung, die der Job mitbringt.

Zur Braunschweiger Zeitung wollte ich zum einen zurück, weil es meine Heimatzeitung ist und ich natürlich eine ganz besondere Verbindung zu ihr habe. Zum anderen stand hier damals der große Relaunch an. Sieben neue

Nachrichtenportale wurden damals geschaffen. Das hat mich wahnsinnig gereizt. Mitzuerleben und mitzugestalten, wie solch ein großer Umbruch stattfindet – diese Gelegenheit hat man sehr selten. Ich hatte das Gefühl, dass ich mit dieser Stelle alles verbinden kann, was ich im Studium, diversen Praktika und im Volontariat gelernt hatte.

Die Braunschweiger Zeitung hat vor kurzem ein Multimedia-Stück produziert über die erste Landung der Raumsonde Rosetta auf einem Kometen – mit starker Beteiligung Braunschweiger Wissenschaftler. Ist das die Zukunft?
Ich glaube schon. Das ist neben dem Pflichtprogramm die große Kür. Der Teil des Online-Journalismus, bei dem es um die schnelle Nachricht und um Aktualität geht, der wird nie sterben. Das gehört einfach zum Medium, weil das Medium schnell ist. Das ist auch wichtig. Aber aufwändig geplante Multimedia-Reportagen sind das Sahnehäubchen. Das ist das, was die Leser auch langfristig bindet, was Spaß macht und alle Vorzüge, die das Internet mit sich bringt, vereint. Dadurch wird Online-Journalismus zu einem echten Erlebnis.

Werden die Kunden denn auch bereit sein, dafür Geld zu bezahlen?
Ich denke schon. Das sind doch Geschichten, die einen echten Mehrwert bieten. Und damit auch ein Argument sein können, um eine Paywall – so wie sie die Braunschweiger Zeitung bereits hat – noch besser zu rechtfertigen. Auf unsere Kometen-Reportage hatten wir tolle Reaktionen. Ein Vater schrieb uns: »Ich habe die Geschichte gemeinsam mit meinen Kindern angeschaut und mit ihnen mehrfach durchgespielt, vielen Dank, ein Super-Erlebnis.« Das ist riesig, so etwas vom Leser zu hören. Wir haben auch schon andere Multimedia-Reportagen realisiert – eine zum Ersten Weltkrieg zum Beispiel. Da waren die Reaktionen ähnlich. Wir wollen das künftig deshalb noch öfter machen.

Wie habt ihr das gemacht, mit Pageflow?
Damit wollen wir demnächst arbeiten. In diesen Fällen war es ganz klassisch WordPress mit einem speziellen Theme.

Warum diese Lösung?

Als wir zum ersten Mal eine Multimedia-Reportage produziert haben, hatten wir ungefähre Vorstellungen, wie das Ganze aussehen soll. Aber wir wollten nicht alles selbst programmieren. Und da haben wir nach einer einfachen und kostengünstigen Lösung gesucht. Für solche Fälle ist es wichtig, einen guten Draht zur IT im eigenen Haus zu haben. Da haben wir hier tolle Leute, die uns geholfen haben, das richtige Werkzeug für unsere Zwecke zu finden. Auch während der Produktion fand ein regelmäßiger Austausch statt.

Fühlst du dich auf einem Nebengleis des Journalismus oder auf einem Hauptstrang?

Na, also absolut gehören wir mit aufs Hauptgleis! Der Online-Journalismus wird doch immer wichtiger. Auch wenn ich nicht glaube, dass gedruckte Zeitungen und Zeitschriften übermorgen aussterben. Man muss sich doch nur mal die Zeiten anschauen, die die Deutschen am Tag online verbringen. Durchs Smartphone wird's immer mehr. Es beginnt morgens gleich nach dem Aufstehen. Wir sehen das auch an den Nutzungszeiten. Früher hatten wir noch deutlich ausgeprägtere Peaks am Tag, ein klares Muster – morgens gegen 8 oder 9 Uhr nach Ankunft im Büro, dann mittags in der Pause und nochmal kurz vor Feierabend.

Durch die Smartphone-Nutzung verteilt sich das jetzt viel gleichmäßiger über den ganzen Tag, auch abends – und das auf einem immer höheren Niveau. Die Leute sind praktisch immer online, man kann sich das ja gar nicht mehr anders vorstellen. Wenn Online-Journalismus also nicht aufs Hauptgleis gehört, dann weiß ich auch nicht …

Es ist nicht nur eine Frage der Technik, sondern auch der Alters- und Zielgruppe. Die jüngere Gruppe bezieht bereits jetzt überwiegend ihre Nachrichten des Tages komplett aus den sozialen Netzwerken.

Ja, stimmt, und natürlich will man auch die jüngeren Leute ansprechen. Die erreicht man auf diesem Wege ganz klar schneller. Aber der Wandel ist viel umfassender. Denn man darf die älteren Semester, so nenne ich sie einmal, nicht ausschließen. Bei Facebook ist gerade die Generation 50 plus die am schnellsten wachsende Nutzergruppe. Liegt natürlich auch daran, dass die Jüngeren schon alle angemeldet sind. Aber entscheidend ist doch, dass das eine allgemeine Entwicklung für alle Altersgruppen ist.

Wie wäre das: Wir geben den Lesern eine App und lassen sie – auch hyper-local – aus ihren Quartieren und Hausecken berichten?

Ja, das ist absolut denkbar. Oft wissen die Leser ja noch viel besser als wir, was vor ihrer Haustür passiert. Wir als Redaktion könnten solche Themen dann aufgreifen.

Wie läuft Echtzeit-Berichterstattung momentan bei euch ab? Können Redakteure, die draußen unterwegs sind, Informationen direkt ins System spielen und damit für den Leser sofort sichtbar machen?

Klar, zum Beispiel wenn wir mit einem Live-Ticker von einer Veranstaltung berichten. Derzeit arbeiten wir mit ScribbleLive. Das Schöne daran ist: Wir können es in unser Content-Management-System einbinden, es ist browserbasiert und insofern von überall, wo man Internet hat, bespielbar. Zudem gibt es eine App, mit der man Live-Ticker vom Smartphone aus bestücken kann.

Die ersten Pegida-Demos hier in Braunschweig beispielsweise haben wir so begleitet. Kollegen, die draußen waren, haben live aus verschiedenen Perspektiven berichtet – Demo, Gegen-Demo, Polizei etc., mit Texten, Fotos und Videos. Auch Tweets und Facebook-Postings binden wir darüber ein. Das Tool ist so leicht zu handeln, dass es nahezu jeder bedienen kann.

Wenn du die Demos ansprichst, wer berichtet da: die Online- oder die Print-Redaktion?

Das geht Hand in Hand. Da gibt es keine Trennung. Man sitzt vorher zusammen und überlegt sich: Wie sieht am nächsten Tag die gedruckte Zeitung aus – und wie am Nachmittag, am Abend und in der Nacht der Online-Auftritt? Da müssen alle zusammenarbeiten, damit das funktioniert.

Funktioniert es? Und was wäre aus deiner Sicht die Idealkonstruktion?

Es funktioniert, vielleicht nicht immer ideal. Das muss man ehrlicherweise sagen. Natürlich gibt es auch Reibungspunkte. Da ist der Andrucktermin für Print ein Fels, an dem man nur ganz schwer vorbeikommt, den man nicht ignorieren kann. Aber wenn man sich zusammenrauft, gibt es Überraschungen – und man kann tolle Produkte hinkriegen, und dazu gehört eben Online. Darum müssen wir Onlineredakteure jedoch auch kämpfen, mit Leidenschaft, auch um Akzeptanz für den Online-Journalismus. Und wir tun es.

Was sind die Hauptprobleme, die Print-Journalisten in der Akzeptanz mit Online haben?

Zum einen muss man sagen: Bei uns ist ja eigentlich niemand mehr nur Print-Redakteur. Alle, die schreiben, müssen das auch fürs Netz tun. Aber natürlich müssen wir Onliner dennoch weiterhin um die Akzeptanz kämpfen.Vorbehalte gibt es bei den Kollegen der »alten Schule« aus verschiedenen Gründen. Ganz am Anfang, als wir mit den neuen Webseiten gestartet sind und uns selbst auferlegt haben, alle Inhalte auch ins Netz zu stellen, war es wohl die Angst, dass man sich als Zeitung selbst kannibalisiert. Nach dem Motto: Da nehmen wir uns ja selbst Leser weg, wenn sie aus der gedruckten Zeitung zu Online abwandern und uns dort umsonst lesen können.

Bis Mitte 2014 haben ja auch wir unsere Inhalte teilweise verschenkt – und viele Zeitungen tun das immer noch. Da haben wir intern einen großen Akzeptanzgewinn durch die Einführung der harten Paywall erzielt. Jetzt werden die aufwändig recherchierten Geschichten nämlich online nicht mehr verschenkt.

Manche Kollegen haben sich mit Online auch sicher deshalb anfangs schwergetan, weil es sich um eine Zusatzaufgabe handelte. Das Prinzip »Online first«, das bei uns gilt, heißt eben, dass als erstes die schnelle Online-Meldung erwartet wird. Das war eine Umstellung, und daran arbeiten wir auch heute noch. Wenn man von jahrelangen, manchmal sogar jahrzehntelangen Routinen herkommt, dann ist das auch nicht so einfach. Wir versuchen deshalb, die Kollegen immer wieder mitzunehmen und an Bord zu holen.

Und klar, nicht alle Menschen sind gleich online-affin. Das versuchen wir auch zu berücksichtigen. Wofür meine Kollegen und ich aus der Online-Redaktion allerdings wenig Verständnis haben, ist, wenn sich jemand aus Prinzip gegen alles Neue verschließt, Facebook, Twitter und Smartphones kategorisch ablehnt.

Redakteure kommen mit ihrer Arbeitszeit schnell an eine Grenze, wenn es darum geht, rund um die Uhr zu »funken«. Sind freie Mitarbeiter und Bürger mit dem Smartphone ein Ersatz? Welche Potenziale kann man für den Online-Journalismus erschließen?

Ersatz vielleicht nicht, aber eine wichtige Ergänzung. Von unseren Lesern bekommen wir oft entscheidende Hinweise und Themen. Fotos von einem Brand, von Unfällen. Freie Mitarbeiter sind genauso unverzichtbar, ob als Fotografen oder als Schreiber. Freie Video-Teams, die einen guten Draht zu Polizei und

Feuerwehr haben, sind auch wichtig. Schon nachts brauchen wir die Bilder, wenn es auf der Autobahn wieder gekracht hat. Das alles kann eine Redaktion gar nicht allein leisten.

Hinzu kommt der Stoff, die Posts, die Geschichten und Videos aus den sozialen Netzwerken. Redaktionen binden zunehmend Content zusammen, präsentieren ihn wie Kuratoren. Wie schafft man es, dass die Marke der Zeitung sichtbar bleibt und vor allem die Qualität, die sie verspricht?
Ich denke, dass dies tatsächlich das Entscheidende ist. Die Redaktion muss selbst Themen setzen, Themen planen, Geschichten produzieren – und nicht nur das nehmen, was gerade hereingetrudelt kommt. Nur so kann man Marke sein und Image pflegen. Das ist das Bild unserer Zeitung. Wo ihr Name drauf- steht, da muss sie auch wirklich drin sein. Und deshalb können wir auch nicht alles mitnehmen, was von draußen kommt.

Für viele Kollegen ist eine Hypothek des Online-Journalismus seine Nähe zu den Mechanismen des Boulevard. Er muss wie dieser unmittelbar und eingängig zeigen, wo er stark ist. Führt das zu einer Verflachung – und wo liegen die Chancen?
Das kommt eben drauf an. Wenn man in einer Überschrift, die sehr auf Krawall gebürstet und boulevardesk angehaucht ist, zu viel verspricht und der Text kann das nicht halten – dann habe ich zwar zunächst die Klick-Effekte, enttäusche jedoch die Leser. Und das kann natürlich nie das Ziel sein.

Allerdings finde ich schon, dass sich mancher Print-Kollege durchaus etwas von Online-Überschriften abschauen kann. Unser Ziel ist es, die wichtigsten Schlagworte in die Überschrift zu bringen, damit wir gefunden, geklickt und weiterverbreitet werden. Das ist manchmal gruselig: Schwerer Unfall auf A 2 bei Braunschweig – Opfer verbrannt. Es bringt aber die Leute dazu, den Text zu lesen, weil das Wichtigste enthalten ist.

Kryptische Überschriften oder Feuilleton-Zeilen funktionieren online eher schlecht. Ich behaupte, dass sie auch für Print nicht immer die beste Wahl sind. Denn gewinnen müssen wir den Leser auch dort. Und die Idee, eine Überschrift und einen Teaser so spannend wie möglich zu machen, damit der Leser Lust auf das Weiterlesen bekommt, die ist grundsätzlich auch für Print geeignet und bedeutet nicht automatisch Verflachung.

Du musst im Schichtdienst zu allen Tages- und Nachtzeiten arbeiten. Gibt es für Online-Journalisten überhaupt eine Trennung zwischen Dienst und Privatsphäre?

Das fällt natürlich wirklich schwer, vor allem am Anfang. Man muss sich das tatsächlich ein Stück weit beibringen, wirklich auch einmal abschalten zu können. Es ist doch so: Egal welchen Dienst ich habe, schaue ich natürlich noch einmal auf unsere Internet-Seiten, bevor ich ins Bett gehe. Und, offen gesprochen, auch morgens ist es der erste Blick. Natürlich schaue ich, was die Kollegen gemacht haben. Was läuft gerade bei Facebook? Wenn's um die Ecke brennt, würde ich sofort ein Foto machen und es den Kollegen mailen. Auch, wenn man einen Fehler auf den Webseiten entdeckt, dann schaltet man sich natürlich kurz von zu Hause ins System und korrigiert ihn. Aber klar, man muss irgendwann auch mal schlafen.

Ich frage wie in der Karikatur: Kommst du mit, ein Bier trinken? Und du sagst: Nein, muss noch in die sozialen Netzwerke. Wirklich?

Na ja ... ganz so schlimm ist es nicht. Außerdem geht ja auch beides, in die Kneipe gehen und zwischendurch mal bei Facebook reinschauen. Will sagen: Ich habe schon auch ein Leben in der realen Welt und sitze nicht nur vorm Bildschirm. Aber ich bin eben schon auch viel in sozialen Netzwerken unterwegs. Vor allem bei Facebook und bei Twitter. Gar nicht einmal so sehr, um zu posten, das tue ich beruflich schon hinlänglich. Ich nutze beide Kanäle tatsächlich für mich eher als Nachrichtenströme. Ich folge da den Medien, den Politikern und den Leuten, die ich interessant finde – und beziehe darüber wirklich viele meiner Nachrichten und Informationen. Anstatt Internet-Seiten-Hopping zu betreiben. Klar, schaust du auch mal auf Spiegel Online nach. Aber vieles ziehe ich aus den sozialen Netzwerken.

Man kann zum Junkie werden. Welches Rezept hast du dagegen?

Gerade im Urlaub kann man das Smartphone wirklich einmal ausschalten. Das mache ich auch manchmal, zum Beispiel vor drei Jahren bei einer Reise nach Costa Rica. Da war ich ganze drei Wochen offline. Das tut dann auch mal ganz gut.

Du willst jetzt aber nicht sagen, dass du vor drei Jahren zum letzten Mal dein Smartphone ausgeschaltet hast.

Doch, ich glaube schon, um ehrlich zu sein. Aber letztes Jahr waren wir in Italien, da habe ich nur selten draufgeschaut.

Müssen wir das nicht lernen?

Man würde doch auch niemandem raten: Lesen Sie mal zwei Wochen lang Ihre Zeitung nicht, um davon loszukommen. Für mich bedeutet Smartphone samt Internet Information. Bei der Dosis muss man sicherlich aufpassen – so ist es doch aber bei allem. Was ich mir daher bewahrt habe, egal, auf welchem Kanal ich angeschrieben werde, ist die Freiheit, nicht immer sofort zu antworten. So kann man sich auch selbst ein wenig schützen.

Was wünschst du dir?

Ich wünsche mir, dass der Online-Journalismus noch mehr Anerkennung als bislang findet, und dass er von den Verlagen noch besser finanziert wird, als das bislang der Fall ist. Um Dinge möglich zu machen. Das beginnt beim Personal, der technischen Ausstattung, den Tools, die helfen können, Geschichten multimedial zu erzählen. Und bei der Schulung und Ausbildung. Jeder Lokalreporter muss in die Lage versetzt werden, ein gutes Handy-Video zu drehen. Kurze Stücke, ein oder zwei Minuten. Mikro ans Smartphone angeschlossen, schneller Schnitt, fertig. Und dann direkt ins Netz oder an die Online-Redaktion. Ich wünsche mir, dass also wirklich Mobile Reporting stattfindet und stattfinden kann. Schon in den Lokalredaktionen.

14 »Blog me like a hurricane«

Bloggen als Tugend. Ein Blogger muss etwas zu sagen haben!
Was ist ein Blog? Zunächst einmal ist es die schlichte Kurzform für Weblog, also Tagebuch im Netz. Doch längst ist bloggen ein Zauberwort.

Jeder bloggt. Also hoffentlich jeder. Politiker bloggen, Sportler bloggen, Chefs bloggen, sogar Chefredakteure. Was tun sie da eigentlich? Und warum sollten Journalisten Blogger aus ganzem Herzen sein? Das ist eigentlich keine Frage mehr. Denn das Blog ist eine faszinierende Möglichkeit, sich selbst zu inszenieren, die Welt zu informieren, die Umwelt aufzurütteln – oder sich schlicht und ergreifend die Zeit mit Journalismus zu vertreiben. Was kann es Schöneres geben?

Blogs, auch Mikro-Blogs, widerlegen eindrucksvoll den Kulturpessimismus, dass niemand mehr schreibt und niemand mehr schreiben kann. Blödsinn. Alle schreiben jetzt!

Du willst heute Journalist werden und hast noch kein Blog? Dann sofort anfangen damit – oder deinen Wunsch ändern. Hier kommen meine wichtigsten Tipps. Wenn du kein Thema hast, wenn du nicht weißt, was du schreiben sollst und ausdrücken willst, ja, was du bewegen und anfangen willst – dann brauchst du auch nicht zu bloggen.

Und noch etwas: Wenn du dich quälen musst mit dem Schreiben, wenn es drückt und nervt, dann überleg es dir gut. Denn Schreiben macht Spaß. Sonst lass es sein. Es geht um nicht mehr und nicht weniger als um die journalistischen Ausdrucksformen: Schreiben, Kommentieren, Erzählen, Aufdecken, Transparentmachen, Bewegen, Mitnehmen, Reizen, Unterhalten, auch Fotografieren und Filmen. Passt alles ins Blog.

Das Blog ist dazu geeignet wie ein Redaktionssystem. Denn mit verblüffend wenigen Handgriffen und in wenigen Minuten lassen sich heute – zudem noch kostenlos – echte Content-Management-Systeme für den privaten Gebrauch herunterladen. Komfortabler geht es nicht. Jetzt gibt es eigentlich nur noch ein »Problem«: Schreib das auf! Fotografiere es! Nimm es auf! Präsentiere es! Und finde Leser, die das alles interessiert und die es weiterverbreiten.

So wird allein schon der Blogger zu seiner eigenen Marke. Das bedeutet: Er oder sie ist so gut, dass seine Leser immer wieder zu ihm finden, ihn lieben, verehren – oder hassen. Denn auch Letzteres ist ein gutes Verkaufsargument im Online-Journalismus.

Nur eines geht gar nicht: unbeachtet zu bleiben, langweilig zu sein und nichts »zu melden« zu haben. Man kann es versuchen, doch Journalismus ist es dann nicht. Denn der hat ein ausgeprägtes Mitteilungsbedürfnis, hat eine Qualität, Aktualität, Nachrichten, Meldungen, hat Kommentare und Glossen, Bilder, Videos und Multimedia-Reportagen. Hat Relevanz.

Es macht deshalb Sinn, sich im Blog auf ein bestimmtes Thema zu fokussieren. Es gibt verschiedene Typen von Blogs, die wir einmal skizzieren wollen:

Das persönliche Blog

Du stellst dich, deine Ansichten, Ziele und Pläne vor. Du stellst sie nicht nur deinen Freunden vor, sondern allen, die sich für dich interessieren. Am Anfang hast du begonnen, für dich selbst zu schreiben. Vielleicht bist du der Typ Tagebuchschreiber, der sich sammelt und beim Schreiben Kräfte sammelt. Das ist wichtig: Du sortierst, besinnst dich, schreibst dein Leben auf.

In der Gründerzeit des Internets gehörte es zu den bewegendsten Erlebnissen, plötzlich mit Menschen verbunden sein zu können, die ihr Innerstes nach außen kehrten, die ganz intim und persönlich wurden – und ihre Umwelt daran teilhaben ließen. Solche virtuellen Gemeinschaften waren etwas vollkommen Neues. Menschen beschrieben ihre schwere Krankheit, ihre Verzweiflung oder das Bangen um einen im Sterben liegenden Angehörigen.

Mittlerweile ist aus solchen spektakulären Einzelfällen ein Massenphänomen geworden. Geschrieben wird über alles, jede und jeden. Angesichts der Fülle der persönlichen Blogs kann man kaum noch einen Überblick behalten, ihn sich indes mit effizienten Werkzeugen in der Blogosphäre verschaffen. Menschen schreiben über alles, was ihnen in die Quere kommt. Über alles, was sie bewegt und interessiert. Das kann auch nervender Nachbarschaftsstreit sein. Oder ständige Wehwehchen.Das muss nicht immer relevant sein. Doch es kann.

Das Fach-Blog

Du hast ein Spezialgebiet, sei es die Politik, sei es Kultur, Sport, die Schule, Uni, Redaktion, Wirtschaft und, und, und. Du beackerst ein bestimmtes Feld, ein wichtiges Thema. Das ist entweder ein Verein, eine Organisation, ein Kreis. Oder du hast ein Thema, das dich umtreibt und bei dem du dir viele Mitleser und Mitstreiter erhoffst. Das Thema können die Busse und Straßenbahnen am Ort sein, der Fluglärm, die Sauberkeit des Bodens, die Verschmutzung der Luft, die Spieler von Eintracht oder Borussia, das Staatstheater. Oder die Kaninchenzucht.

Über alles, was in deinem Bereich neu erscheint und neu passiert, was da vorgeht und sich tut, bist du informiert und willst informieren. Deine Betrachtungsweise ist dabei häufig stark auf das Sujet deiner Leidenschaft fixiert. Das macht gar nichts: Deinen Mitlesern geht es schließlich genauso. Und falls dein Thema einmal in den Blickpunkt des öffentlichen Interesses geraten sollte, dann wird man gerade in deiner Fachszene, vielleicht sogar in deinem Blog genau hinschauen und auf das achten und hören, was du mitzuteilen hast.

Das Watch-Blog

Es gibt etwas, das dich ganz besonders bewegt. Und da stimmt auch etwas nicht. Da liegt der Hase im Pfeffer. Da fehlt es an Transparenz, muss Transparenz geschaffen werden. Täglich beobachtest du den Gegenstand deines Misstrauens. Du belauerst und umkreist ihn. Und auch dieser fühlt sich beobachtet und soll das auch. Ändert vielleicht sogar sein Verhalten. Denn es geht um Öffentlichkeit!

Du stellst sie her, wenn es sonst niemand tut. Du bist wachsam, liest alles, protokollierst alles, fotografierst durch den Zaun. Und über dein Blog kannst du es in Sekundenschnelle massenhaft verbreiten, es kann kommentiert werden und die Situation, die du beklagst, verändern helfen. Du springst in eine Lücke, gleichst ein Defizit aus, bei dem klassische Medien offensichtlich ausgefallen sind beziehungsweise schmerzlich vermisst werden. Dafür braucht es dich und deinen Blog.

Du beobachtest etwa eine Boulevardzeitung und ihre Methoden, du kontrollierst einen Chemie-Betrieb in der Nähe deines Wohngebietes ... Ja, du bist parteiisch, aber das willst du auch sein. Und das weiß jeder. Denn du glaubst wie viele, die dir folgen, dass du auf der richtigen Seite stehst und mit deinen Mitteln und Methoden um Fortschritte kämpfst. Doch auch deine Behauptungen müssen wahr und vor der Veröffentlichung sorgfältig geprüft sein. Deine Meinung aber kann dir niemand nehmen, idealerweise unterfütterst du sie mit möglichst eindrucksvollen Argumenten.

Das Lokalblog

Die Musik spielt im Lokalen. Dort liegen die Themen, die am dichtesten am täglichen Leben sind. Obama, Merkel, Putin, EU, NATO, Währungsunion – alles schön und gut. Aber du bist im Lokalen unterwegs. Dort kennst du dich aus. Es ist der Nahbereich, dort, wo alles passiert.

Auf der Ebene der Wohngebiete, Städte und Kreise spielt sich die gesamte Politik ab – und sei es von staatlicher oder europäischer Ebene aufs Lokale heruntergebrochen. Nicht abgehoben, unpersönlich, sondern direkt in den Auswirkungen auf deine Leser spür- und fühlbar. Doch die Lokalzeitung am Ort, das Heimatblatt, das seit Jahrzehnten weiß, wie es geht, wird seiner Wächterfunktion nicht immer gerecht. Das musst du jetzt machen. Mit deinem Blog.

Du bist nicht mehr wie früher nur mit Notizblock und Kugelschreiber »bewaffnet«. Du hast dein Smartphone dabei – und hoffentlich immer Netz. Du bist immer da. Vor allem bist du schneller da. Nicht nur beim Polizei- und beim Feuerwehreinsatz. Sondern auch an der nächsten Ecke, wo es zu Auseinandersetzungen zwischen Einwohnern und Flüchtlingen kommt. Wo die Zustände untragbar sein können.

Du bist kritisch. Vor allem gegenüber den Mächtigen. Nicht alles, was die Pressestelle der Stadt verkündet, ist auch gleich ein Thema für dich. Umgekehrt wird für dich ein Schuh draus: Wenn sie es schönreden wollen, dann schaust du da erst mal nach. Und hast verblüffenden Erfolg. Denn man wird gerade in deinem Lokalblog nachschauen, wie die andere Meinung aussieht, jene, die nicht mit Machern, Funktionären, Bürgermeistern oder Pressesprechern abgestimmt ist. Doch auch für dich gilt die Sorgfaltspflicht. Da gibt es immer noch eine andere Seite. Sonst verbrennst du dein Anliegen.

Das halbamtliche Blog

Du bist wirklich ein toller Hecht in deinem Job. Du bist der Chef oder du schreibst für den Chef. Du leitest ein Unternehmen, eine Pressestelle, vielleicht die Redaktion, du bist für Unternehmens- oder Behördenziele verantwortlich.

Natürlich schaut man genau hin, was du schreibst. Und das, was du schreibst, hat natürlich auch eine enorme Wirkung. Schreibst du persönlich? Oder dienstlich? Und manchmal sogar beides.

Einerseits wird die Öffentlichkeit genau verfolgen und zitieren, was diese Persönlichkeit zu sagen hat. Warum sie es tut – und warum vielleicht gerade jetzt. Auch deine Mitarbeiter werden genau schauen, was du zwar persönlich, aber gewissermaßen halbamtlich zu sagen hast und sagen willst. Denn wenn du es dienstlich tun würdest, könntest du ja gleich eine Pressemitteilung herausgeben. Aber du blogst. Gibst dich persönlich, ermöglichst Einblicke in dein Inneres.

Es imponiert, wenn der Chef bloggt. Seine Leser erhalten so Einblicke in seine Denke, Methoden und Probleme. Sie lernen ihn ganz persönlich kennen, mit allem, was ihn freut und bedrückt. Das Blog bietet ihm also die Möglichkeit, die Leser in besonderer Weise anzusprechen – und es bietet auch die Gelegenheit zur Indiskretion. Weil das Publikum darauf lauert, oft zu Recht, ist das halbamtliche Blog so spannend. Es nimmt Distanz, schafft eine Aura von Vertrautheit. Natürlich steigert es die Glaubwürdigkeit des Bloggers, verleiht ihm Menschlichkeit, Authentizität, unterstreicht seine Affinität zu den »neuen Medien«.

Aber ganz so einfach ist das gar nicht. Denn der Blogger kann sich nicht vollständig von seinen dienstlichen Beschränkungen und Verantwortlichkeiten lösen. Er weiß um sie, muss manche Rücksicht nehmen. Doch klar ist: Je weniger der prominente, der halbamtliche Blogger darauf tatsächlich Rücksicht nimmt, desto stärker ist sein Blog – und desto größere Wirkung kann es erzielen. Ein Blog, das indes allein zu Werbezwecken und zur Selbstdarstellung degeneriert, ist hohl und wird schnell durchschaut.

Das Fun-Blog

Hab Spaß, scher dich um nichts. Mach dich über alles und jeden lustig, sammle Witze und kleine Anekdoten, liefere Videos über Katzen und Hunde und putzige Tierunfälle. Du darfst alles – und es macht Spaß. Ob man da hineinschaut oder nicht, ist vollkommen egal. Kann aber ebenfalls Spaß machen.

Aber halt, stimmt ja nicht ganz. Denn zwischendurch und mittendrin wirst du plötzlich ernst, entdeckst große Themen, denen du dich mit deinen eigenen Ausdrucksmöglichkeiten widmest. Du schießt manchmal vollkommen übers

Ziel hinaus und ziehst über Gott und die Welt her. Oder du bist gnadenlos parteiisch, wählerisch, polemisch. Es ist unklar, ob dein Bloggen manchmal nur eine Aneinanderreihung von Flüchen, Pöbeleien oder Witzen ist, aber du hast Freude. Mancher Leser auch. Mit Journalismus hat das meistens nichts zu tun. Wenn sich das einmal ändern sollte, lass es deine Leser ebenfalls wissen.

Mein Arbeiten mit WordPress

Bei den verschiedenen Content-Management-Systemen (CMS) für Blogs habe ich mich für WordPress entschieden. Zum einen ist es der weltweit meistverbreitete Blog-Hoster. Man kann also erwarten, hier mit seinen Beiträgen eine große Community zu erreichen und entsprechende Reichweite zu erzielen.

Denn gleichzeitig handelt es sich auch um ein soziales Netzwerk. In ihm verlinken, vernetzen und kommunizieren WordPress-Nutzer untereinander und in anderen sozialen Netzwerken – so wie es auch bei anderen Blog-Hostern möglich ist. Beim Selbstversuch habe ich schnell bemerkt, dass es sich bei Werkzeugen wie WordPress längst nicht mehr nur um ein Blog handelt. Zusammengefasst: Dies ist ein kostenloses, populäres, unfassbar leicht zu bedienendes CMS, das sogar manches hochprofessionelle Werkzeug großer Redaktionen erstaunlich blass aussehen lässt.

Wenn man ehrlich ist, gibt es über die Einrichtung nicht viel zu berichten. Anmelden, registrieren, E-Mail, Passwort – und in wenigen Minuten bist du drin. Die Einrichtung ist kinderleicht. Der Nutzer kann zwischen verschiedenen Themes wählen, sich also ein entsprechendes Design aussuchen und gestalten. Er richtet sein eigenes Profil ein, kann sofort produzieren, berichten, fotografieren, Radio machen, Videos produzieren, mit Multimedia und Crossmedia experimentieren.

Kürzer, eindringlicher und direkter kann man nicht auf die Herausforderung und Schönheit des Journalismus geworfen werden. Die Technik ist gefügig, dient, nimmt dir alles ab. Ich suche noch nach einem Haken an der Sache. Bislang ergebnislos.

Entscheidend ist nur noch das, was in deinem Kopf entsteht.

Dies ist hier kein Werbeblock, aber man muss schon sagen: Auch unterwegs mit dem iPhone ist WordPress ein bemerkenswertes Tool. Die App auf dem Smartphone aufgerufen, das aktuelle Foto geschossen und anschließend aus der

Mediathek hochgeladen, den Text dazu eingegeben oder aufgesprochen – und ab geht es in die Welt. Dies ist ein Werkzeug für Echtzeit-Reportagen und für Hintergrund-Beiträge, die mobil erstellt werden können.

Podcasts sind ebenso möglich wie Videobeiträge, die auf dem Smartphone geschnitten werden können, ja, sogar Crossmedia-Reportagen mit der App Storehouse, die wir in WordPress einbinden können. Je umfänglicher das Projekt wird, desto schwieriger wird es indes mit einem einzigen Gerät, das schnell an seine Grenzen in Bezug auf Ladestand, Speicherkapazität und Übertragungsgeschwindigkeit gerät.

Zudem muss man einschränkend die hohe benötigte Konzentration berücksichtigen, die den mobilen Reporter zwangsläufig in die Technik eintauchen lässt und ihn bindet, während das aktuelle Geschehen weiterläuft – und verpasst zu werden droht. Das ist die Kehrseite der Medaille.

Das Blog selbst lässt sich auch als Multimedia-Reportage-Tool nutzen. Ein Beispiel hierfür liefert die Braunschweiger Zeitung, die sich für ihre Leser per WordPress mit der ersten Landung auf einem Kometen beschäftigte. Die Sonde, die Ende des Jahres 2014 mit ihren Luftsprüngen auf dem nahezu schwerkraftlosen Kometen Chury weltweit Schlagzeilen machte, war zu großen Teilen in Braunschweig und Niedersachsen gebaut worden.

Plugins im Blog. Hilfe für das suchmaschinenoptimierte Schreiben
Das Blog ist durch sogenannte Plugins erweiterbar. Es sind Zusatzprogramme, oft kostenlos, aber auch gegen Entgelt. Da gibt es kaum etwas, das es nicht gibt. Zum Beispiel Plugins für Podcasts oder für die Verwaltung von Leser-Kommentaren.

Es gibt tausende Plugins für Zusatzfunktionen, die meisten sind kostenlos. Ich möchte mich hier auf eines konzentrieren, weil es beispielhaft wichtige Prinzipien des Online-Journalismus aufgreift und gleichzeitig die Stärke dieses Blogs beschreibt. Es ist das Plugin SEO (Search Engine Optimization). Es bietet konkrete Anleitungen und eine Struktur für das suchmaschinenoptimierte Schreiben.

Einerseits ist SEO das A und O des Online-Journalismus. Wir haben gesehen, wie schlagkräftige Überschriften, zündende Teaser und die konsequente Nutzung von Schlüssel- und Schlagwörtern unverzichtbar sind, um im unüberschaubaren Strom von Nachrichten, Berichten und Erzählungen gefunden, gelesen und weiter verbreitet zu werden.

Ganz einfach: Dies ist ebenso das Interesse einer Redaktion wie das des Bloggers. Hinzu kommen Cliffhanger, Zwischenüberschriften, Absätze und vor allem Links, die strategisch gesetzt werden. Dazu Fotos, die selbstverständlich ebenso aussagekräftig betextet werden. In der Summe führt diese Optimierung durch Sichtbarkeit, Auffindbarkeit und Interaktivität zu einem System sich vertiefender gegenseitiger Kontakte, Erwähnungen, Kommentierungen, Kuratierungen – und mithin zu einem stetig anschwellenden Netz-Gesang.

Ob es virale Qualitäten annimmt, hängt vom Inhalt ab und dessen Qualitäten, zu überraschen, zu verblüffen oder zu schockieren. Unter viralen Phänomenen versteht man, dass eine Idee, ein Text oder ein Video innerhalb weniger Minuten, Stunden oder Tagen ein derart großes Interesse weckt, dass sich die Verbreitung weltweit in rasender Geschwindigkeit vollzieht. Sicherlich kann und wird es nicht jedem gelingen, aber für jeden ist es möglich!

Wenn die eigenen Blogbeiträge derart optimiert sind, werden sie von Webcrawlern, Suchmaschinen wie Google & Co. besser gefunden – und unter dem entsprechenden Suchbegriff mit ihrer Internet-Adresse und dem Teaser angezeigt. Wie erreicht man das am besten?

WordPress und das Plugin SEO, um bei unserem Beispiel zu bleiben, bieten dem Blogger hierfür eine sehr effiziente Seite an. Hier lassen sich in einem komfortablen Assistenzsystem die Schlüsselwörter des Textes selbst eingeben, dazu der Titel und sogar der oder ein Teaser. Zur Kontrolle zeigt das Programm nicht nur an, wie oft die wichtigsten Begriffe in der Überschrift, im Seitentitel und in der Internetadresse sowie im gesamten Beitrag tatsächlich vorkommen. In einer Vorschau präsentiert es auch, wie sich die Suchmaschinenoptimierung auf die URL, den eigenen Link als Visitenkarte des Textes ausgewirkt hat. Optimal.

Einerseits lässt sich nun die optimierte URL als Link einbauen und per Mail versenden, zum Beispiel an die Redaktion. Gleichzeitig kann man den Link mit einem weiteren Teaser, Kommentar oder Foto versehen bei Facebook, Twitter, Instagram und Co. posten und damit kräftig Marketing in eigener Sache betreiben.

Zusammengefasst: Man kann das System der Suchmaschinenoptimierung mit einer Hütte, Herberge oder einem Hotel vergleichen, das zunächst noch vollkommen unbeleuchtet und verlassen ist. Es gibt Phasen, beispielsweise beim Bau, bei Reparatur oder Renovierung, da ist dies auch erwünscht und notwendig. Ganz anders wird es jedoch sein, wenn das Gebäude von außen mit Scheinwerfern taghell beleuchtet wird und gleichzeitig alle Türen und Fenster weit geöffnet sind. Schließlich sollen ja auch Gäste kommen.

Man muss nur wissen, was man will.

15 »What would Google do?«

Suchmaschinen

Wenn ich »Google« googele, bekomme ich in exakt 0,19 Sekunden 1 Milliarde 470 Millionen (1.470.000.000) Treffer.

Aber das ist noch gar nichts. Im Official Blog von Google vom 25. Juli 2008 kann man lesen, wie groß das »Internet« tatsächlich ist. Nämlich, dass Google jüngst 1 Billion (1.000.000.000.000) Internet-Adressen im World Wide Web aufspüren konnte. »We knew the web was big [...]«, posten die Software-Ingenieure Jesse Alpert und Nissan Hajaj von Googles Web Search Infrastructure Team. Und dann sagen sie: Na ja, wir sind schon ein bisschen stolz darauf, dass keine andere Suchmaschine so viel kann. Schließlich war es immer unser Ziel, alle Daten der Welt zu finden und zu listen.

Und was wollen Sie jetzt googeln?

Ja, das ist die Frage. Nach wie vor ist Google die von den meisten benutzte und gefragte Suchmaschine. Mit weiteren Spezialdiensten, zum Beispiel News, Bilder oder Blogs, ist es eines der mächtigsten Such-Instrumente, die wir derzeit kennen. Unverzichtbar ist auch Google alerts. Ich lege den jeweiligen Suchbegriff, den Namen oder das Gebiet fest, über das ich unverzüglich informiert werden möchte, wenn sich Neues tut.

Um zu ersten Informationen, Orientierungen und Einordnungen zu kommen, ersetzt Google die Recherche nicht, ist jedoch für die meisten ein wichtiger Navigator. Grundsätzlich gilt: An den guten alten Richtlinien der Recherche, der Verifikation und Quellen-Prüfung ist nicht zu rütteln. Es versteht sich von selbst, dass eine alleinige Recherche bei Google noch nicht ausreicht. Ebenso wie auch eine ausschließliche Recherche bei Wikipedia dem Grundsatz der Sorgfaltspflicht nicht entspricht.

Dies also immer vorausgesetzt: Recherche bedeutet das Aufspüren von Original-Quellen und das Überprüfen mit weiteren Originalquellen.

Die Konsequenzen: Nach wie vor ist das Gespräch mit Informanten nicht zu ersetzen. Nach wie vor sind es auch gedruckte und sogar geschriebene Quellen, die benötigt werden. Allerdings gilt dieses nicht mehr ausschließlich. Denn auch Originalquellen, die online verfügbar sind, können selbstverständlich glaubwürdig und belastbar sein.

Das bedeutet, dass die Suche nach Webseiten der Protagonisten unserer Recherche angesagt ist. Dies können Unternehmen sein, Behörden, Wirtschaftsunternehmen, Privatpersonen. Datenbanken und Datenbestände können Quellen für direkte Recherche sei. Wikis mit eingestellten Dokumenten können ausgewertet werden. Um dort hinzugelangen, kann jedoch Google ein wertvolles Hilfsmittel sein. Gleichzeitig ermöglicht die Suchmaschine, wie auch Bing oder Yahoo, zahlreiche Treffer, die als Ansatzpunkte für die weitere Recherche hilfreich sind, wenn die Suchbegriffe entsprechend sinnvoll gewählt werden.

Bei der Eingabe von Namen, Adressen, Orten oder Funktionen bieten sich schnell Treffer und weitere Angriffspunkte.

Die Schreibweise ist ein wichtiges Kriterium, dazu Schlüsselbegriffe und deren richtige Kombination. Entscheidend ist, stets kritisch den Wert der Treffer nach einer Suche zu betrachten. Dabei ist es notwendig, sofort die Quelle einzuschätzen:

- Ist die Quelle seriös?
- Ist es eine Institution?
- Handelt es sich um eine beliebige, undurchsichtige Meinungsäußerung?
- Ist es kommentierend, bewertend, gibt es ein Interesse?
- Oder handelt es sich um wissenschaftliche oder journalistische Inhalte?

Darüber hinaus ist das Veröffentlichungsdatum eine Fallgrube bei Google-Treffern. Es muss in jedem Fall gecheckt und überprüft werden. Liegt das Veröffentlichungsdatum mehrere Jahre zurück, dann ist es nicht ganz unwahrscheinlich, dass die Informationen unbrauchbar oder zweifelhaft sind, weil sich die Sachlage in der Zwischenzeit überholt hat.

Dennoch sind Suchmaschinen wie Google oder Bing ein wichtiger Steinbruch für die Recherche. Das notwendige kritische Bewusstsein vorausgesetzt, liefern sie Treffer, Fortschritte und Anhaltspunkte, die die Recherche immer wieder befeuern können. Dies wird besonders dann effektiv, wenn man die Suchmaschine gewissermaßen als Sprungbrett betrachtet – also nicht als Endpunkt, sondern als Auftakt zu einer qualifizierten Recherche.

Wikis und Wikipedia

Dies gilt in gleichem Maße für die Online-Enzyklopädie Wikipedia, die in der Beurteilung zwar häufig schlecht wegkommt, doch verglichen mit manchen gedruckten Quellen oder Lexika ebenfalls eine gute Recherche-Startrampe sein kann. Denn das Crowdsourcing, das Schöpfen aus dem Wissen der Vielen, ist online ein wirkmächtiges Instrument. Es bedeutet nichts Geringeres, als dass besonders engagierte Menschen ständig Informationen sammeln, überprüfen – und im Übrigen auch selbst Missbrauch zu verhindern trachten. So gilt auch dies: Kein gedrucktes Wissens-Medium kann so aktuell und umfassend sein wie Wikipedia.

Mehr noch: Während bei Suchmaschinen wie insbesondere Google die Filter und Suchfunktionen über den dabei verwendeten oder eben veränderten Algorithmus in den Blick geraten, sind bei Wikipedia Ergebnisse transparenter. Dort sind Interessengruppen offen unterwegs, werden vielfältige Meinungen offen formuliert und sichtbar – und sie werden von ehrenamtlich engagierten Wikipedia-Streitern moderiert. Dies ist eine Transparenz, die Google nicht erreicht. Zudem ist bei Wikipedia stets das Vorhandensein von Originalquellen Voraussetzung für eine Aufnahme. Wie in wissenschaftlichen Arbeiten werden sie zitiert und am Ende eines Beitrages aufgeführt.

Das Wikiprinzip des Crowdsourcing ist dem Journalismus mitsamt gründlicher Recherche zutiefst verwandt. So ist es möglich, internes Daten- und Quellenmaterial in Wikis einzustellen, zu veröffentlichen und von den Vielen da draußen auswerten und bewerten zu lassen. Journalisten wiederum können dann auf die Erkenntnisse der Vielen, auf das Wissen der Menge zurückgreifen.

Einerseits ist dies eine Form der Informationsbeschaffung mit Hilfe der User, die dem Online-Journalismus immanent ist. Andererseits ist es im öffentlichen Interesse letztlich zweitrangig, woher, aus welchen Quellen und auch in welcher Geheimhaltungsstufe die geschürften und veröffentlichten Informationen angesiedelt sind. Wenn das öffentliche Interesse daran gegeben und groß ist, besteht nicht nur das Recht, sondern auch die Pflicht zur Veröffentlichung. Dies

ist das Prinzip des investigativen Journalismus. Schlagendes Beispiel hierfür
sind die WikiLeaks, ohne die die flächendeckenden Bespitzelungen durch den
US-Geheimdienst NSA nicht aufgeklärt worden wären.

Worum es hierbei geht, wird an folgendem Bild deutlich: Ein Whistleblower
wie Edward Snowden, der die Veröffentlichung geheimer Dokumente ermöglicht hat, wird auf der einen Seite der Welt mit Preisen ausgezeichnet – und
auf der anderen Seite der Welt in gleicher Sache wegen Geheimnisverrats mit
harten Strafen bedroht. Daran wird brennglasartig deutlich, wie schwierig die
Einordnung von Quellen bei der Onlinerecherche ist. Die Lösung und das Mittel
der Wahl können nur in der sorgfältigen Kombination der Werkzeuge bestehen – und darin, ansonsten das zu tun, was Journalisten immer tun. Nämlich
zu beurteilen, einzuordnen, abzuwägen und Entscheidungen zu treffen, die von
Verantwortung getragen sind.

Zu den Akten gelegte Webseiten aufspüren

Wir wollen einen Blick auf weitere Werkzeuge der Online-Recherche werfen, die
Journalisten die Arbeit ermöglichen.

So gibt es zahllose Webseiten, die mittlerweile aus dem Netz genommen
wurden. In ihrer Analyse jedoch können Veränderungsprozesse unter die Lupe
genommen werden. Solche gewissermaßen zu den Akten gelegten Seiten können
im Prozess von Entwicklungen eine wertvolle Quelle sein. So kann man an ihnen
sehen, welche Konsequenzen beispielsweise aus personellen Veränderungen,
Krisen, Katastrophen und Fehlverhalten gezogen wurden.

Auch im lokalen Bereich lassen sich so Entwicklungen nachvollziehen – und
beispielsweise chronologisch in Zeitleisten dokumentieren. Ein derart wertvolles Werkzeug, um gelöschte, nicht mehr gültige Webseiten auszuwerten, ist die
wayback-machine. Sie stellt eindrucksvoll unter Beweis, dass nichts im Netz
jemals vergessen ist. Für Journalisten ist dies eine ausgezeichnete Quelle, die sie
jedoch wiederum in jedem Einzelfall kritisch begutachten und bewerten müssen. Es gilt ebenfalls die kritische Prüfung und Würdigung des ursprünglichen
Veröffentlichungsdatums.

RSS. RSS-Feeds

Weiteres zentrales Instrument permanenter Recherche und regelmäßiger Aktualisierung der Informationen ist das Format Really Simple Syndication (RSS), mit dem man über Veränderungen, also Aktualisierungen der gewünschten Webseiten informiert wird.

Man hat also dort Treffer erzielt und die gewünschten Informationen im Zuge der Recherche erhalten. Doch jetzt ist es notwendig, auch Aktualisierungen regelmäßig zu bekommen. Das sind in der Regel klassische News, Nachrichten. Der Spieß wird also gewissermaßen umgedreht. Nicht der Journalist steigt den Informationen nach, sondern sie suchen ihn. Denn darauf hat er mit RSS gewissermaßen ein Abonnement.

Man abonniert also über RSS ständig Feeds, neues Futter, neue, aktualisierte Beiträge. Diese werden entweder im Browser gespeichert oder per Mail versendet.

Gleichzeitig gibt es Programme für diese Prozedur, Programme, die gleichzeitig Inhalte nach gewählten Schwerpunkten, Interessen und Themengebieten sichten, sammeln und aufbereiten. Journalisten können also ihre Recherchethemen und Interessengebiete markieren und erhalten durch RSS-Reader oder Feedreader regelmäßig neues Futter. Dies kann sogar die Qualität oder den Umfang eines eigenen Blogs oder Content-Management-Systems annehmen.

Mehr noch: Nicht nur die Webseiten von Städten, Behörden, Institutionen, Akteuren und Verantwortlichen werden so – je nach Recherche, Interessen- und Themengebiet – auf Aktualisierungen ausgehorcht und auf News abgeklopft. Dies gilt in ständig zunehmendem Maße für die sozialen Netzwerke, wo sich Millionen tummeln. Und es gilt für die Fülle der individuellen Blogs, wo Tausende täglich publizieren.

Auch hierbei handelt es sich um Webseiten, findet sich Content »ohne Ende« – und natürlich ist dieser auch für Journalisten interessant. Aber es wäre zeitraubend und schlechterdings unmöglich, hier unsystematisch zu recherchieren. Gleichzeitig schlummern in diesem Berg von Informationen zahllose Schätze, vielleicht sogar mehr als bei Google, Bing und Co. Das hängt vom Recherche-Thema ab.

RSS-Reader, Feedreader, entsprechende Programme und Apps – in der verwirrenden Vielfalt der Feeds und Reader ist es schwierig, den Überblick zu behalten, zumal sie auch noch kommen und gehen. Letztlich handelt es sich um »Lesemappen« mit den gewählten Abonnements, so wie früher der Lesezirkel. Nun jedoch mit all dem Neuen aus Web und social Web.

Für mein iPad und mein iPhone habe ich mich für die App feedly entschieden. Einerseits ist hier der gesamte »Stoff« in Ressorts wie Hightech, Nachrichten, Kultur, Marketing, Wirtschaft, Sport, Auto, Architektur, Design, Fotoblogs, Gastronomie, Handwerk, Mode und Kino aufbereitet. Andererseits kann ich mir mit der Suchfunktion »meine« Webseiten und Blogs herausfiltern und abonnieren.

Ähnlich funktioniert auch Flipboard, das ich ebenfalls nutze. Hier kann man zunächst selbst die favorisierten Ressorts angeben, zum Beispiel Nachrichten, Politik, Wissenschaft, Digital und Technik. Und die Suchfunktion lotst mich zu den Blogs und Webseiten mit den von mir angegebenen Themen-Schwerpunkten.

Solche Reader sind also wirkungsvolle Recherchetools, mit denen man viele Treffer erzielen kann.

Recherchieren mit Facebook, Twitter und Co.

Wirkungsvolle Recherchetools – das gilt auch für die direkten Suchfunktionen von sozialen Netzwerken wie Facebook und Twitter. Bei Facebook kann man sich zunächst einmal Gruppen anschließen oder Freunden, Unternehmen oder Persönlichkeiten folgen. Auch dies ist eine Art Abonnement. So wird man regelmäßig mit Neuigkeiten, Posts und Links versorgt. Die direkte Suchfunktion von Facebook liefert stets eine ansehnliche Zahl von Treffern.

Ähnlich ist es beim Kurznachrichten-Netzwerk Twitter. Für Twitter ist zwar das so genannte TweetDeck, das ein Koordinaten-System von Suchfunktionen im unüberschaubaren Gezwitscher liefert, für mobile Endgeräte derzeit (Januar 2015) nicht verfügbar. Doch auch mit der Suchfunktion in der Twitter App lässt sich je nach Suchbegriff eine hohe Zahl von Treffern generieren. Ich selbst habe mich zudem für die App Hootsuite auf dem iPad entschieden. Sie liefert ein Navigationssystem zum Monitoring und Posting von Facebook und Twitter gleichermaßen – und sogar von einem weiteren sozialen Netzwerk der Wahl.

Also auch hier wieder reichhaltige Möglichkeiten für die journalistische Recherche.

Die Feeds oder auch die Bookmarks, also digitale Lesezeichen auf Webseiten, sind einerseits Werkzeuge, sich Informationen systematisch zu erschließen. Aus solchen Programmen können sogar in der Zusammenstellung, im Mix neue Medien-Angebote und Magazine generiert werden, die wiederum abonniert und geteilt werden können. Aus den Abos, Markierungen und Suchbegriffen entsteht ein individuelles Profil, das gleichsam ein maßgeschneidertes Angebot aus den unermesslichen Weiten des Netzes generiert.

Das gab es bislang nicht, das muss man sich auf der Zunge zergehen lassen: Dies ist, wenn man will und es konsequent aufbaut, ein individuelles, aktuelles Recherche-Journal für anstehende journalistische Projekte. Die perfekte Quelle mithin.

Social Bookmarking, Social Tagging

In diesem persönlichen Magazin, unserem Recherche-Journal, ist also immer das aktuell, was dich interessiert und was du benötigst. Auch für das Setzen von Lesezeichen in den sozialen Netzwerken, das Social Bookmarking, gibt es Programme. Sie können wertvolle Informationen darüber liefern, wo gerade welche Stichflamme hochgeht und wo interessante Inhalte zu entdecken sind.

Hier kann man zudem – zum Beispiel mit der App Stumbleupon – vermitteln, worüber man gerade gestolpert ist. Der Hintergrund ist klar: Wenn etwas in auffälliger Weise empfohlen wird, lohnt es sich, hier selbst einmal nachzuschauen.

Über das Social Bookmarking kommen Menschen virtuell zusammen, die sich für die gleichen Themen, Stich- und Schlagwörter interessieren. In dieser Folksonomy sammelt man sich in den virtuellen Wolken gemeinsamer Tags, also Schlagwörter. Das konsequente Social Tagging ist also ebenfalls ein Recherchetool, das sehr effektiv zu Ergebnissen führen kann.

Klar ist, dass unendlich viel Material am Wegesrand liegt, das für die journalistische Recherche unbrauchbar ist. Doch gleichzeitig sind zahlreiche Akteure unterwegs, sei es privater oder professioneller Natur, die über das konsequente Tagging in den jeweiligen Wolken aufzuspüren sind und reichhaltiges Experten- und Hintergrundwissen versprechen. Auch dieses können Quellen ersten Ranges sein, die weit über eine Suche bei Google hinausgehen.

Rangliste der Besten. Meine zwölf Gebote des suchmaschinenoptimierten Schreibens

Bleiben am Ende neben den genannten Recherche-Tools im Netz noch die Ranglisten der am meisten und am besten gesehenen Blogs. Man muss sich vor Augen halten, dass bei den Spitzenreitern dort augenscheinlich alles richtig gemacht wurde.

Die Gebote des suchmaschinenoptimierten Schreibens wurden also eingehalten. Hier sind sie:

- Klare Identifizierbarkeit
- Eindeutige Schlagzeile mit den wichtigsten Schlüsselbegriffen
- Aussagekräftiger Teaser
- Die wichtigsten Kategorien und Tags sind enthalten
- Ein starkes Thema
- Relevanz
- Hohe Unterhaltungswerte
- Offensive Verlinkungs-Strategie
- Multimedialer Einsatz, Social News
- Glaubwürdigkeit
- Reputation

Wer diese zwölf Gebote anwendet beziehungsweise erfüllt, braucht sich über einen Mangel an Lesern nicht zu beklagen. Und auch umgekehrt wird ein Schuh draus: Tauchen Blog-Beiträge in den »Best of« auf, sind sie in jedem Fall beachtenswert. Denn wenn die genannten Punkte nicht beachtet wären, könnte man über die Suchmaschinen, Feedreader, sozialen Netzwerke und Social-News-Aggregatoren nicht bis in die Toplisten der Blogosphäre vordringen.

Also sind diese Blogger und ihre Themen natürlich auch für recherchierende Journalisten von großem Interesse. Und nun beginnt erneut der Mechanismus, gezielt die gewünschten Informationen herauszufiltern und über Angriffspunkte hinaus weiterzuverfolgen.

Mit der App 10000flies auf iPhone und iPad bin ich über die Topseller in der Blogosphäre informiert. Und gewiss können wir, mit Verlaub, gemeinsam einiges dafür tun, dort auch einmal hineinzugelangen.

16   »All business is social«

Social Media/Social Networking

Beginnen wir mit einem Gedankenexperiment. Wie mag wohl die soziale Kommunikation vor Facebook und Twitter ausgesehen haben, den beiden wohl bekanntesten und für Journalisten wirkmächtigsten sozialen Netzwerken?

Was verstehen wir überhaupt darunter? Was ist Kommunikation? Und was ist sozial? Zunächst stellen wir uns einen Marktplatz vor, auf dem die Menschen sich treffen und miteinander plaudern. Sie tratschen, schwatzen, sprechen. Und wenn man es seriös sagen möchte: Sie tauschen Informationen aus. So entstehen Gerüchte, so entstehen Legenden, so entstehen Geschichten – und so entstehen auch Informationen. Hast du gehört?

Ein weiterer Ort solcher sozialen Kommunikation war und ist das schlichte Zuhause. Dort trifft man sich mit der Familie, mit Freunden und fragt: Hast du gehört? Ich weiß, dass …

Ähnlich ist es im Büro oder am Arbeitsplatz. Hier haben die Menschen viel Zeit und vor allem das Bedürfnis, sich abzulenken und zu kommunizieren. Letztlich ist es das Gespräch, vielleicht auch das vertrauliche informelle Gespräch, manchmal auch der Tratsch. Idealerweise lag und liegt immer auch noch eine Zeitung dabei. Oder es spielt ein Radio. Außerdem könnte man ja auch immer noch sagen: Ich habe es im TV gesehen.

Hat all das etwas mit Journalismus zu tun? Ja, selbstverständlich. Denn die Themen, über die Menschen sprechen, waren und sind immer auch für Journalisten interessant. Es ist das so genannte Stadtgespräch, die Themen, »über die die Leute reden«. Nichts anderes als die Bürgerzeitung. Denn das, was die Menschen wirklich interessiert und elektrisiert, muss ins Blatt. Journalisten müssen es aufgreifen und tun das, sonst geht das Leben mit seinen Themen und Geschichten an ihnen vorbei.

Das Stadtgespräch mit anderen Mitteln

Deshalb ist es auch überhaupt keine Frage, ob soziale Netzwerke für Journalisten interessant sind. Diese Frage erübrigt sich von selbst. Wenn sie sie ignorieren oder negieren würden, schnitten sie sich doch nur selbst von einer sprudelnden Quelle des Stadt- und Weltgespräches ab.

Dennoch ist gerade bei manchen professionellen Journalisten das Misstrauen, sogar die Abneigung gegenüber sozialen Netzwerken immer noch ausgeprägt. Einerseits spielt hier die vollkommene Auflösung vertrauter Zeit- und Arbeitszeitmodelle eine Rolle. Andererseits gibt es eine nicht auszuräumende Skepsis im Bezug auf Datenschutz und die Preisgabe persönlicher Informationen.

Doch auf den Punkt gebracht handelt es sich um nichts anderes als das Stadtgespräch mit anderen Mitteln. Und man muss hinzufügen: mit zahlreichen neuen Mitteln und einem Aufkommen an unfassbar vielen persönlichen Kontakten und Möglichkeiten zur Kontaktaufnahme, von denen Journalisten bislang nur träumen konnten.

Worum handelt es sich bei den sozialen Netzwerken im Kern? Man muss es sich noch einmal verdeutlichen. Durch die flächendeckende Verbreitung und Nutzbarkeit des Internets, durch Computer in jedem Büro und Hauhalt, mobile Endgeräte wie Smartphones und Tablets praktisch in jeder Tasche, demnächst wohl am Handgelenk, am Kopf und um den Hals erreicht das Miteinander- und Selbstgespräch der Gesellschaft eine Dichte und Intensität, wie sie in der Menschheits-Geschichte bislang nicht erreicht wurde.

Auf den Punkt gebracht: Jeder kann jeden jederzeit erreichen.

Doch wie es immer so ist: Die schönsten Möglichkeiten sind zwar vorhanden, jetzt kommt es nur noch auf die Inhalte an. Dies ist jedoch eine stark journalistisch geprägte Sichtweise. In der Realität des Lebens bedeutet es, dass jedes Räuspern, jede Gemütsäußerung, jede Lüge und Manipulation, aber auch jede Meldung, die die Welt verändern kann, zu jeder Sekunde eingespielt wird und abrufbereit sein kann.

Dass dieses Journalisten fordert, liegt auf der Hand. Sie haben zwar einerseits das Ohr zweifellos besser auf den Schienen als jemals zuvor. Andererseits werden ihnen ganz neue Qualitäten und eine ganz neue Energie beim Sammeln, Sichten, Aufbereiten und Präsentieren zugemutet. Aber andere Aufgaben hatten Journalisten nie. Jetzt sind sie freilich noch anspruchsvoller geworden.

Journalisten werden zu Kuratoren

Hinzu kommt auch eine neue Disziplin: Es ist das Recherchieren, Aufspüren und Auswählen von Inhalten in den sozialen Netzwerken. Mit den verschiedensten Werkzeugen übernehmen Journalisten gewissermaßen die Patenschaft für ganz neue Medien, die daraus kombiniert werden können. Dieses sogenannte Kuratieren, das Zeigen von Schätzen wie in einer Ausstellung, ist eine vollkommen neue Aufgabe für Journalisten. Gleichzeitig müssen sie aber in Punkto Glaubwürdigkeit, Vertrauen und der Relevanz der von ihnen ausgewählten Inhalte auf dem gleichen hohen Niveau wie bislang unterwegs sein.

Das soziale Netzwerk selbst ist in seiner Konstruktion von bemerkenswerter Schlichtheit. Und um es zu verstehen, muss man sich die Gründungsbedingungen noch einmal vor Augen führen.

Es geht vor allem darum, die Möglichkeiten des Web 2.0 für die soziale Kommunikation auch tatsächlich zu nutzen. Jeder, der im Netz unterwegs ist, kann erreicht werden. Kann antworten. Kann Impulse geben. Kann Inhalte vermitteln. Dies können große Weltgeschichten sein, aber auch das jeweils neueste Foto nur von sich selbst.

Da ist Auswahl vonnöten. Entscheidend ist, dass sich eine gewisse Community, eine Gemeinschaft zusammenfindet – und im gegenseitigen Vertrauen persönliche Informationen austauscht. Das ist nicht alles: In dieser Sphäre und darüber hinaus werden viele sehr persönliche und sogar intime Informationen preisgegeben. Dies passiert nicht nur, es geschieht auch sehr bewusst. Mehr noch: Entscheider und Verantwortungsträger haben hier ein Ventil, sich zu öffnen. Es wäre naiv, zu glauben, dass sie damit nicht auch Interessen verfolgen. Aber das ist eben in jedem Einzelfall immer genau zu prüfen.

Facebook – das Prinzip Zuckerberg

Hätte es dies alles auch ohne Facebook gegeben? Selbstverständlich, und doch ist die Revolution der sozialen Netzwerke in erster Linie eine Facebook-Revolution. Und es ist bezeichnend und korrespondiert mit dem eben Gesagten übers Stadtgespräch, dass Facebook zunächst aus eher pubertären Emotionen heraus entstand. Beim Anbahnen von Beziehungen ist offensichtlich der Bedarf am Austausch von Liebenswürdigkeit und Gemeinheiten am ausgeprägtesten.

Wie sehr sich ein Instrument und eine Plattform wie Facebook aus einer solchen Sphäre zum globalen Tool der Welt-Kommunikation entwickeln konnte, das ist eine Erfolgsgeschichte, die in ihren gesamten Ausmaßen noch gar nicht vollständig erfasst ist. So ist Facebook im Jahr 2015 für die junge Zielgruppe zur Haupt-Nachrichtenquelle und zum Hauptzugang für den Online-Journalismus geworden. Die Facebook-Story muss erst noch geschrieben werden, denn ein Ende ist noch lange nicht in Sicht.

Einerseits hat Facebook einen gigantischen Vorsprung vor der Konkurrenz und untermauert ihn durch das rechtzeitige Aufkaufen potentieller Konkurrenten und neuer Trends.

Andererseits zeigen sich Tendenzen, die anfangs versprochene und zunächst auch eingehaltene Werbefreiheit immer weiter aufzulösen. Die neueste Entwicklung, dass die prall gefüllten sozialen Profile der Nutzer künftig Werbetreibenden zur Verfügung stehen, lässt nichts Gutes erahnen und könnte sich auch für Facebook zum Bumerang erweisen. Ähnlich wie bei Google kann auch bei Facebook eine Veränderung der Algorithmen dazu führen, dass die ursprünglich so begehrte und wertvolle Authentizität des sozialen Gesprächs zu einer gesteuerten Manipulation von Interessen verkommt.

Diese Analyse freilich ist kein Abwehrmechanismus des Gestrigen mehr, sondern eine notwendige Problembeschreibung. Klar ist auch: Das Prinzip Facebook, das Prinzip soziales Netzwerk, ist so stark, dass es nicht mehr zurückgedreht werden kann. Sollte Facebook einmal scheitern, was man sich im Jahr 2015 noch schwer vorstellen kann, so werden andere soziale Netzwerke an seine Stelle treten.

Denn die Möglichkeit, weltumspannend in einer derartigen Intensität und in Echtzeit Informationen auszutauschen, Freundschaften zu knüpfen und Beziehungen zu pflegen, das ist das Neue.

Was Facebook für Journalisten bedeutet

Für Journalisten bedeutet diese Revolution, konsequent in den sozialen Netzwerken unterwegs zu sein. Dass dies derzeit in erster Linie Facebook ist mit allein 600 Millionen Aufrufen im Dezember 2014, versteht sich von selbst.

Mehr noch: Von einem Nachwuchsjournalisten wird heute erwartet, dass er oder sie auch mit zahlreichen Facebook-Kontakten aufwarten kann. Aber Achtung: Auch hier steckt der Teufel im Detail. Als warnendes Beispiel mag sich der Fall des Geschäftsführers eines Fußball-Bundesligisten entpuppen, der sich wahllos auf Facebook befreundete – und den rechten Überblick verlor. Leider hatte er auch die Freundschaftsanfrage eines bekannten NPD-Funktionärs achtlos angenommen und wurde zum Mittelpunkt eines Skandals.

Man sollte also immer noch sorgfältig darauf achten, mit wem man sich anfreundet.

Dies gilt um so mehr, als sich bei Facebook eine virtuelle Gemeinschaft bildet, die sich gegenseitig in besonderer Weise öffnet und eigentlich vertraut. Dies ist auch begründet in den einzigartigen Entstehungsbedingungen, wie sie vielleicht nur einmal und vielleicht nur von Facebook erreicht werden. Denn hier ist es tatsächlich so, dass die eigene Familie, Kinder, die persönlichen engen Freunde, die Arbeitskollegen, Nachbarn, Chefs, die Chefs der Chefs, eben alle dabei sind – und im besten Falle munter durcheinander publizieren.

Das mag manchmal nerven. Und darin liegt auch manche Falle, aber vor allem ein großer Charme. Einerseits kann man diese Gruppen bekanntlich wieder eingrenzen und die Kommunikation abschotten und kontrollieren. Andererseits ist eine vollkommen neue Sphäre der Kommunikation entstanden, wie es sie bislang nicht gab. Und darum geht es. Ob andere soziale Netzwerke, die kommen und gehen werden, diese Dichte der Pionierzeit jemals wieder erreichen werden, ist fraglich.

So zeigen sich bei Facebook, der Mutter aller sozialen Netzwerke, denn auch besonders die Chancen, die allen sozialen Netzwerken innewohnen. Dies umfasst die Unmittelbarkeit, die Interaktivität, die Personalisierung und auch die technischen Optionen. Medien und Links können hochgeladen und gepostet werden. Das garantiert ihre mögliche Verbreitung in Echtzeit und Rekordgeschwindigkeit. Jemand, den du kennst, dem du vertraust oder den du achtest, teilt journalistische Inhalte und verbreitet sie weiter.

Es ist übrigens jene Vertrauenswürdigkeit journalistischer Inhalte, auf die bislang die konventionellen Medien ein Monopol besaßen. Dieses haben sie gründlich verloren. Und nunmehr kämpfen sie mit sozialen Netzwerken wie Facebook um die Deutungshoheit und den Zugriff auf das Selbstgespräch der Gesellschaft. In der Adaption, nicht in der Abgrenzung liegt die Lösung. Journalisten, die bei Facebook unterwegs sind und die Mechanismen und Gesetze dort kennen, können das Selbstgespräch der Gesellschaft hier wie dort wirkungsvoll moderieren.

Hinzu kommt das Gefällt-mir-Prinzip, eine Minimal-Kommunikation eines einzigen »Ja, ich bin auch da«. Und sichtbar werden natürlich auch die Risiken sozialer Netzwerke. Das schonungslose Öffnen durch Interaktivität führt dazu, dass sich Trolle und Pöbler tummeln können. Endlose Diskussionen, die längst schon zu nichts mehr führen können, ziehen sich hin. Es zeigt sich indes, dass dieses Phänomen in einer Sphäre der Anonymität besonders üppig blüht. Und so spielen sich bei Facebook viele Dialoge noch vergleichsweise zivilisiert ab, weil man dort in der Regel sein Gesicht zeigt. Anonyme und häufig für Werbung missbrauchte Accounts werden schnell als weniger authentisch und mithin weniger attraktiv identifiziert.

Doch wachsende Probleme liegen mittlerweile auch in der schieren, un-überschaubaren Menge der Nutzer begründet. Und solche Erkenntnis ist keine Kapitulation vor Komplexität. Mittlerweile, so hat es den Eindruck, scheint auch der berühmte Algorithmus von Facebook davor zu kapitulieren. Dies führt indes auch zu einer immer stärkeren Auswahl und damit Manipulations-Möglichkeit in der Präsentation der täglichen Neuigkeiten für jeden Einzelnen.

Man muss sich nur klarmachen, dass dieses individuelle Tableau aus Likes und Posts bereits ein wirkmächtiges Medium ist, das nicht wenige Nutzer viele Stunden am Tag zu beschäftigen vermag. Da ist es fast schon ein Allgemeinplatz, hier sowohl in der Vermarktung des eigenen Mediums als auch der eigenen individuellen Marke tätig zu sein.

Merke: Facebook ist eine Macht.

Twitter

Ich gebe es zu: In der Anfangszeit von Twitter habe ich den Kurznachrichten-dienst nicht wirklich ernst genommen – und mich sogar kräftig darüber lustig gemacht.

Es gibt ein Interview, das die Multimedia-Online-Pionierin Inge Seibel mit mir geführt hat, in dem ich mich sehr abschätzig über Twitter äußere. Ich sage da also sinngemäß: Nun, ich schreibe gerne große Reportagen, also lasst mich mit diesem Zwitscher-Quatsch in Ruhe. Und dann bringe ich ein Beispiel für manche getwitterte Banalität, das ich damals treffend fand. »Letzte Twit-ter-Nachricht eines Users im Keller: Kein Netz.«

Mittlerweile sehe ich die Dinge etwas anders – und muss Abbitte leisten.

Zwar sind in den 140 Anschlägen eines Tweets aus meiner Sicht immer noch keine journalistischen Glanzleistungen zu erwarten, wohl aber Herausforderungen in der Verdichtung zu bewältigen. Doch in der Wirkung der Masse, im Gezwitscher-Konzert der Menge, sieht die Sache, wie sich erwiesen hat, schon anders aus. Mein Denkfehler war also typisch für meine Generation und Gattung von Print-Journalisten.

Ich dachte, wenn es nichts für mich ist, dann kann es nichts sein.

Jetzt stellt sich jedoch heraus, dass unter besonderer Berücksichtigung der speziellen Verschlagwortungs-Möglichkeiten in den gewaltigen Twitter-Wolken durch Schwarm-Intelligenz tatsächlich ganz neue und interessante Möglichkeiten entstanden sind. In der modernen Wissenschaft ist dies ein wichtiges Prinzip: Zwar erliegen wir ständig Irrtümern, verlieren uns in Irr- und Abwegen. Diese werden jedoch auch durch andere ständig modifiziert und korrigiert. Und in den Wechselwirkungen und Kurskorrekturen ergeben sich die neuen Wege. Dies ist eine Produktivität, die jeder Einzelne allein nicht hat.

Es ist freilich nur dann möglich, wenn sich die Community auf gemeinsame Regeln verständigt. Und so ist mit Twitter ein neuartiges weltweites Koordinatensystem für den Informationsaustausch entstanden. Es ist ein Raster für journalistische Signalmeldungen, das in der Lage ist, Rauschen, Fehlermeldungen und eine unfassbare Fülle von Unbrauchbarem aufzusaugen, abzuscheiden und gleichzeitig neuartiges Rohmaterial für journalistische Informationen herauszuschälen.

Hilfreich sind dabei Beobachtungs-Werkzeuge wie Tweetdeck. Sie bewähren sich immer dann, wenn plötzlich von stichflammenartig emporschießenden Brennpunkten in der Welt Informationen aus nächster Nähe fließen, die so vorher nicht zur Verfügung standen. Sei es aus einer Nebenstraße in Teheran, wo sich ein Mensch gerade selbst verbrannt hat – oder aber aus einer engen Wohnstraße im östlichen Ringgebiet deiner Heimatstadt, wo gerade mal wieder massenhaft Autos abgeschleppt werden.

Vollständig ins Wanken geraten ist meine Anti-Twitter-Bastion durch die Möglichkeit, an den Tweet Medien anzuhängen. Mit dem Kurz-URL-Dienst bit.ly habe ich die Möglichkeit, den entsperechenden Link so kurz wie möglich zu halten, um im 140-Zeichen-Limit zu bleiben. Das ist für mich letztlich das Entscheidende – Twitter ist Transportband und Vertriebsmechanismus auf meinem neuen Weg als mobiler Journalist: Wenn gar nichts mehr geht, bin ich auf jede Möglichkeit scharf, die Früchte meiner Arbeit in die Welt zu pusten, mich mitzuteilen, zu senden.

Dies gilt vor allem dann, wenn ich damit die richtigen Leute erreichen kann. Keine journalismus-affine Gemeinschaft nach Facebook ist mittlerweile größer als die von Twitter. Jeder tut es. Jeder hat ein Smartphone. Mit Twitter geben wir Lebenszeichen, setzen Nachrichten ab. Journalisten dürfen beides auf keinen Fall ignorieren.

YouTube

Auch bei YouTube liegt wieder ein Fall vor, bei dem wir zunächst notorisch die grassierende Verflachung fürchteten. Zu viel Klamauk war da zu sehen. Hunde, Katzen, Menschenskinder. Kleine Filmchen, Szenen aus der Küche, schwankende und wackelnde Bilder, die Qualität, naja ... Stimmt ja auch alles. Aber man sieht auch anderes. Das Video vom Hassprediger in der Fußgängerzone wird zum Dokument. Die Rede des Sprechers der Bürgerinitiative kann zur Quelle werden. Und kann für die Recherche benutzt werden. Aber man muss auch aufpassen – und auch die mögliche Quelle YouTube kritisch überprüfen. Wie schwierig dies sein kann, zeigte sich im Frühjahr 2015, als über mehrere Tage hinweg Unklarheit über die Echtheit eines Videos herrschte, das den griechischen Finanzminister Varoufakis zeigte. Zunächst hatte die ARD das Video gebracht, in dem Varoufakis Deutschland den »Stinkefinger« zeigt. Dann hatte ein Satire-Magazin des ZDF verbreitet, wie das Video gefälscht worden sei. Schließlich gab das ZDF bekannt, diese Fälschung sei gefälscht ...

YouTube – nahezu unvorstellbar war es, dass jeder Mensch auf der Welt – sei es mit seiner Videokamera oder mit seinem Smartphone – aufnimmt, was er will, und nach einer kurzen, kostenlosen Prozedur weltweit veröffentlicht. Man muss sich schlicht und ergreifend diesen Kultursprung vorstellen: Alles, was ich aufnehme, steht in den nächsten Sekunden öffentlich sichtbar in der Welt. Damit ist auch eine enorme Verantwortung verbunden – und das Risiko, sich unmöglich zu machen.

Aber es verändert sich auch viel: Es gibt nichts, was verborgen bleibt. Nichts, was nicht gezeigt wird. Nichts, das nicht ins Bild gerückt wird. Auch dies ist eine wichtige journalistische Quelle. Vor allem, wenn es darum geht, eigene Videobeiträge in das eigene Blog, bei Facebook oder in einem anderen sozialen Netzwerk einzustellen.

So habe ich es in meinem Selbstversuch gemacht: Es ist dabei ein zentraler Baustein, ein Interview oder Teile davon, Videoaufnahmen für eine Reportage oder eine Exkursion über die App Capture mit dem iPhone aufzunehmen, anschließend zu bearbeiten und schließlich direkt bei YouTube hochzuladen. Anschließend ist es sehr bequem, den entsprechenden YouTube-Link in das WordPress Blog einzuklinken – und damit direkt im Blog präsent zu sein.

Zudem kann man den Link in die Dropbox fallen lassen und damit jeder Redaktion zugänglich machen. Gleichzeitig beginnt die Prozedur eines sozialen Netzwerks. Es wird kommentiert und geteilt. Ein Manko besteht mittlerweile darin, dass auch YouTube auf die persönlichen Daten und den Standort des Nutzers zurückgreift und somit ebenfalls in der Lage ist, persönliche Profile im Sinne von platzierter Werbung weiter zu nutzen und weiterzugeben.

Doch zunächst einmal haben wir eine echte Win-Win-Situation. YouTube hat etwas davon, aber wir haben auch etwas davon.

17 »Hyperlocal, Local hype«

Meine Lokalredaktion 2.0. Eine Bauanleitung

Die wichtigsten Informationen des täglichen Zusammenlebens finden sich vor Ort in den Städten, Gemeinden und Landkreisen. Der Lokaljournalismus gilt gemeinhin als Einstieg in den Journalismus und als gute Schule.

Doch er ist auch in eine Krise geraten. Derzeit wird darüber gegrübelt und diskutiert, ob die Krise und Auflagenrückgänge der Lokal- und Regionalzeitungen auch etwas mit der Art und Weise zu tun haben, wie Lokaljournalisten vor Ort arbeiten. Einerseits ist niemand direkter als sie dran und mittendrin im Geschehen. Andererseits ist gerade im Lokaljournalismus die Gefahr der Erstarrung besonders groß, häufen sich die Klagen über Überforderung und Ausbrennen.

Gleichzeitig sieht man auf vielen lokalen Seiten immer noch die üblichen Bilder und Berichte aus der Perspektive von Funktionären, Lokalpolitikern und Vereinsvorsitzenden. Legion sind Seiten, auf denen sich Schützen-Könige, Feuerwehr-Hauptleute und Kohlköpfe gegenseitig angrinsen. Man muss sich nicht wirklich wundern, wenn die Leser solche Lokalteile zunehmend mit Missachtung strafen. Und wenn sie in der Folge abwandern.

Andererseits zeigt es sich umgekehrt, dass gut und lebendig gemachte Lokalteile die Leser zu binden und sogar zurückzugewinnen vermögen.

Gut gemachte spannende lokale Seiten sind der Markenkern und das Haupt-Aushängeschild der lokalen und regionalen Verlagshäuser. Dort, wo man sich Lesewert-Untersuchungen stellt, wird festgestellt: Das Lokale hat die höchsten Lesequoten – wenn es gut gemacht ist. Und das bedeutet: Die Geschichten müssen nah dran sein am Leser, sie müssen ihm einen Nutzen bringen, sie müssen ihn packen und ergreifen. Und statt auf entfernte und unpersönliche Strukturen zu setzen, müssen sie Gesichter, Geschichten, Portraits und Bilder zeigen.

Und wenn ein Thema einmal gut ankommt und läuft, dann kann der Leser gar nicht genug davon bekommen. Erstens gibt es dann für ihn tatsächlich keinerlei Zeilenbeschränkungen, das heißt, auch lange Stücke werden gut gelesen.

Zweitens kann man diese Geschichten über mehrere Tage und sogar Wochen weiter »drehen«, wenn Stoff dafür da ist. Denn das Interesse ist nach wie vor groß – und es bietet sich die Möglichkeit, eine Nachfolge- und Hintergrundgeschichte nach der anderen folgen zu lassen.

Dabei erweist es sich, dass sich bei allen strukturellen Unterschieden der Medien viele Parallelen zwischen erfolgreichen gedruckten Zeitungen und attraktiven Online-Angeboten auftun. Im Umkehrschluss bedeutet es, dass starke lokale News, O-Töne und Videos im Online-Journalismus gerade im Lokalen beste Chancen bieten. Mehr noch, und als Leiter einer Print-Lokalredaktion tut es mir leid, es schreiben zu müssen: Dort, wo die Lokalteile heute am schwächsten sind, können sie mit beweglichen, schlanken neuen lokalen Onlineportalen erfolgversprechend angegriffen werden. Allerdings kann man mit den notwendigen Tugenden und dem entsprechenden Pioniergeist auch selbst erfolgreich sein und Emporkömmlinge das Fürchten lehren. Man muss es nur wollen und auch konsequent darauf setzen.

Die von mir hier verfochtene Strategie des mobilen Journalismus mit Smartphone und Tablet kann denn auch auf zweierlei Weise gewinnbringend verwertet werden. Einerseits müssen wir unsere Lokalredaktionen und die Mitarbeiter, seien sie fest angestellt oder frei, in der entsprechenden Weise ausbilden, ausstatten – und sie vor allem nach der notwendigen Mentalität aussuchen. Dann wird man sie in der Folgezeit in der Redaktion kaum noch sehen.

Denn das Ergebnis ist klar, und das ist das Wichtigste: Aus sieben- bis achtstündigen Sitzungen innerhalb der Redaktion, oft zum großen Teil angefüllt mit Konferenzen und Grundsatzdiskussionen, werden sieben- bis achtstündige Exkursionen draußen mitten im Leben.

Dies ist eine erfolgreiche Strategie für die Lokalredaktion ebenso wie für den lokalen Online-Journalismus-Anbieter Marke Entrepreneur, der lokal sein eigenes Medium gründet und nunmehr die eigene Marke auf allen Kanälen seinem Leser präsentiert. Hier sind keinerlei Hürden mehr zu nehmen. Es muss keine Druckerei gebaut werden, es müssen nicht tonnenschwere Papierrollen aus Skandinavien importiert werden – und es sind keinerlei finanzielle Aufwendungen für Werbung und Vertrieb erforderlich. Ein Paradies!

Meine zehn Regeln für die Online-Lokalredaktion

Man muss nur berücksichtigen, was meine zehn Regeln für die Online-Lokalredaktion sagen:

- Fokussier dich auf deine eigenen Themen.
- Such sie in der Nachbarschaft.
- Sprich mit den Leuten.
- Schau ihnen aufs Maul.
- Arbeite mit allen technischen Mitteln und Medienkanälen.
- Sammle O-Töne und lebendige Bilder.
- Gehe in die Ecken und Quartiere, in denen noch kein Journalist war und wo sie nicht hinkommen.
- Such dir Themen, für die andere sich bislang zu schade waren.
- Entwickle eine lebendige, kritische, unabhängige Sprache, die man wiedererkennt.
- Und finde Formen der Präsentation, die fokussiert sind, wiedererkennbare und auffindbare Schlagworte bieten – und gleichzeitig im Sinne des Storytelling attraktiv sind.

Dann werden die Leser nach deinen Beiträgen suchen. Und es sei hier einmal dahingestellt, ob sie dereinst auch bereit sein werden, dich dafür zu honorieren. Das ist zu hoffen. Doch das ist nach wie vor die Achilles-Ferse der Entwicklung. Der lokale Online-Journalismus Marke Entrepreneur ist zunächst dann besonders schlagkräftig, wenn er die Großen mit kostenlosen Inhalten gegen ihre Bezahl-Inhalte angreifen kann.

Achtung, Sprengstoff: Wenn du gut bist, werden die Großen schnell auf dich aufmerksam werden. Und dir gute Angebote unterbreiten. Das klappt, wenn du fünf persönliche Qualitäten hast:

- Du bist schnell.
- Du bist vor Ort.
- Du blickst hinter die Hausecken und unter die Fußmatten.
- Du bist bei den Menschen zu Hause und dort, wo sie sich treffen.
- Du hast die journalistische Denke gelernt und verinnerlicht.

Und das alles geschieht, während sie drinnen in der Redaktion noch auf ihre Bildschirme starren und im günstigsten Fall ab und zu zum Telefonhörer greifen. Und siehe da: Noch eh du dich versiehst, sind Pioniere wie du, die mit den entsprechenden Schlüsselqualifikationen und Social Skills ausgestattet sind, die zudem technisch auf Ballhöhe bleiben, in manchem Medienhaus und Technologiekonzern sehr gefragt und schnell hineingeholt.

Soll heißen: Pioniere wie dich können sie dort händeringend gebrauchen. Denn was jetzt ansteht, ist eine Revolution auch des Lokaljournalismus.

Einerseits ist das Lokale der Treiber und Rettungsanker der gedruckten Zeitung – und wird ihr noch etliche Jahre das Überleben sichern. Daran gibt es kaum Zweifel: Die besten Redaktionen haben begriffen, dass das Lokale der Motor für ihr Überleben ist, ein Lokalteil, der freilich bereits mit den Tugenden des Online-Journalismus ausgestattet ist und arbeitet. Dies sind strikte Aktualität, konsequente Orientierung an den Interessen der Leser, die sich pralle Geschichten, Portraits, Lebenshilfe und Themen aus dem direkten Nahbereich wünschen.

Wo sonst niemand hinkommt – Journalismus an den Wurzeln

Hier bin ich also nicht so pessimistisch für den Print-Bereich, wie es andere sind. Gleichzeitig sehe ich eine Alleinstellung für den Online-Journalismus im hyperlokalen Bereich.

Hyperlocal – das ist unterhalb der Ebene, die von Lokalredaktionen normalerweise erreicht wird. Hier geht es also tatsächlich buchstäblich um die Hausecke, ins Café, aufs Pflaster – und auf die Marktplätze im Dorf und in der Vorstadt. Es wäre vermessen und arrogant zu glauben, dass die Menschen dort keine Themen haben. Sie liegen nur brach.

Bislang hatten wir die Menschen dort daran gewöhnt, dass ihre Themen für Journalisten offenbar uninteressant sind. Und zwar immer genau nur so lange, bis journalistische Stichflammen, Katastrophen und aktuelle, brisante Entwicklungen auch einmal einen vermeintlich unbekannten Ort in die Schlagzeilen spülen.

Beim hyperlokalen Journalismus ist das anders: Hier schaut man buchstäblich vorher nach, entdeckt Geschichten vor der Zeit, schreibt im wahrsten Sinne nicht über das Brot, sondern über den Teig. Es wird sich schnell erweisen, dass hier nicht nur die ganz kleinen, sondern auch die wahrlich großen Geschichten schlummern. Und deshalb wäre es töricht und fahrlässig, wenn Verlage und Zeitungshäuser es nicht schaffen würden, gerade im hyperlokalen Bereich Qualitäts-Journalismus zu organisieren.

Die technische Ausstattung dürfte eigentlich nicht das Problem sein. Dabei reichen Smartphone und Tablet. Die Leitung muss stehen, Netz vorhanden sein. Wer auf sich allein gestellt ist, muss seine persönlichen Apps und Kanäle zur Verfügung haben.

Als Teil der Redaktion wird ihm ein Content-Management-System zur Verfügung gestellt, in das er am Ende ebenfalls lediglich Texte, Töne, Bilder und Videos hereinfallen lassen muss. Denkbar und sinnvoll ist es auch, geeignete Leser wie Mitarbeiter in dieses System einzubinden.

Warum sollte nicht also auch die hyperlokale Redaktion wie ein soziales Netzwerk aufgebaut sein?

Längst gibt es Möglichkeiten wie Foursquare und Geotagging, womit im Lokalen Planquadrate von Gleichgesinnten und Gleichbetroffenen bespielt und beackert werden können. Im hyperlokalen sozialen Netzwerk zieht im günstigsten Fall die Redaktion die Fäden. Sonst ist sie aus dem Spiel – und überlässt aufstrebenden, mobilen, zum Aufbruch bereiten Akteuren das Feld, die schnell nicht mehr aus demselben zu schlagen sein werden.

Der notwendige Rest, der jetzt noch zu vermitteln ist: Selbst-Organisation und das Gespür für Themen. Was so leicht (oder schwer) klingt, kann man lernen und sich auf Themen-Streifzügen erarbeiten: Solche Streifzüge sind Exkursionen, bei denen man buchstäblich mit allen Sinnen schürft und forscht.

Im Hintergrund stehen immer die gleichen Fragen:
- Wem gehört es?
- Wem nützt es?
- Wer hat ein Interesse?
- Wer ist betroffen?
- Wer benötigt hier dringende Informationen?

Zudem muss man Spürsinn im Zusammenhang mit ungewöhnlichen, aktuellen, brisanten und reizenden Konstellationen entwickeln.

Auch hierfür wieder Beispiele, die selbstverständlich nicht nur der eigenen Intuition überlassen sind, sondern im Rahmen von Storyboards, Listen und Plänen erarbeitet und abgearbeitet werden können. So sollte im Team **eine lokale beziehungsweise hyperlokale Agenda** erarbeitet werden. Schwerpunkte sind:
- Bestandsaufnahme der Situation vor Ort.
- Welche Daten, Karten und Pläne gibt es?
- Wer sind die Akteure, die Sprecher?

※ Welche besonderen, unentdeckten Talente gibt es?

※ Wie ist die Infrastruktur, die vorgefunden wird?

※ Gibt es vollkommen unerwartete Wendungen und Entwicklungen?

※ Wo ist außergewöhnliches Engagement?

※ Wo sind soziale Notlagen?

※ Gibt es schädliche Umwelteinflüsse?

※ Was ist typisch, was ist der Geist, was gibt es nur hier?

Gleichzeitig bietet Online jede Möglichkeit und die Pflicht zur Interaktion, das heißt, bei jedem Thema bietet sich die Möglichkeit, das Wissen der Vielen und ihre Bedürfnisse und Bedrängnisse mit einzubeziehen. Dabei geht es indes nicht darum, populistisch nur Volkes Stimme einzuholen.

Es gelten die journalistischen Qualitätskriterien: Relevanz, Aktualität, Transparenz, Unabhängigkeit der Informationen – und die Trennung zwischen redaktionellen Inhalten und Werbung.

Zudem geht es darum, Vertrauen systematisch aufzubauen. Denn klar ist nach wie vor, dass das lokale und regionale Medienhaus und die gedruckte Zeitung auch mit ihrem Lokaljournalismus – trotz aller Mängel – bislang unübertroffen in der Glaubwürdigkeit sind. Allerdings bilden die beschriebenen Schwierigkeiten im Lokaljournalismus mittlerweile dort ein strukturelles Problem, wo man sich nicht vom Schreibstuben-Journalismus zu lösen vermag und die Herausforderungen durch einen neuen, dynamischen Online-Journalismus verkennt.

Gleichzeitig gehört es auch zur Analyse, dass der Online-Journalismus das notwendige Vertrauen noch nicht im gleichen Maße aufzubauen vermag.

Dies liegt zum einen an hartnäckigen und auch oft nicht von der Hand zu weisenden Verdächtigungen in Bezug auf Qualität, Verflachung und Verrohung der Sitten, die aus seiner Anfangszeit und manchen Erscheinungen des Clickbaiting, der Klickschinderei, herrühren. Andererseits konnte noch stets bei der Ablösung alter Technologien durch neue jenes vertraute Phänomen besichtigt werden, dass die Bewahrer, Anhänger und Akteure des Alten sich gegenüber dem Neuen mit Händen, Füßen und Vorurteilen zur Wehr setzen.

Als Menschen zu schreiben begannen, wurde die Krise der Mündlichkeit beklagt. Als man zu drucken begann, war es der Niedergang der Handschrift. Und als man schließlich funkte und sendete, wurde zunächst Klage über den Niedergang der gesamten Kultur geführt. Heute sorgt man sich um Funk und

Fernsehen und die ganze Presse gleich noch mit dazu. Online! Keine Frage: Im Sinne psychologischer Gewöhnung und Adaption werden auch diese Vorurteile und Aversionen bald keine Rolle mehr spielen. Mehr noch: Es werden sich neue Nutzungen, neue Talente, neue Kulturen und neue Geschäftsmodelle entwickeln.

Für den Lokalteil heißt das konkret: Wenn er im Print-Bereich nicht enorm attraktiv ist und bleibt, wird der Druck aus dem Online-Bereich immer stärker werden. Es sind vor allem mobile Endgeräte wie Smartphone und Tablet, die ihn hier vor sich her treiben.

Dabei ist es nicht unwahrscheinlich, dass Lokalzeitungen mit starken, hintergrundgeladenen Lese-Geschichten künftig möglicherweise nur noch einmal in der Woche erscheinen werden. Das tägliche Geschäft ist dann Online. Und hyperlokal geht ohnehin nur noch online. Solche Modelle werden nicht mehr lange auf sich warten lassen. Ob sie vom gleichen Medienhaus, von der gleichen Redaktion oder von freien Teams bearbeitet und bewerkstelligt werden, das liegt noch im Unklaren. Hier sind neue Organisationsmodelle gefragt.

Brisant für die Medienhäuser ist nur: Sie selbst können ihre immer noch hohen Gewinnerwartungen, Kosten und Erlösstrukturen nicht auf Dauer halten. Gleichzeitig sind für sie aus dem Online-Bereich auf absehbare Zeit nur Bruchteile der bisherigen Erlöse zu generieren. Und für die neue Konkurrenz der Vielen, der quirligen Online-Protagonisten und Entrepreneure gibt es zwar einerseits auch noch nicht viel zu verdienen. Aber eben auch nichts zu verlieren – außer dem Mut, auf das Neue zu setzen.

Und die Aussichten für sie sind gar nicht einmal so schlecht. Denn wenn man alle bisherigen technologischen Umwälzungen analysiert, dann stellt sich heraus, dass es stets neue Gewinner und ungeahnte Aufstiegsmöglichkeiten für die Pioniere der jeweiligen Zeit gab. Es gehört nicht viel Fantasie dazu, vorherzusehen, dass gerade auch im Nahbereich, im Lokalen, dort, wo die Geschichten liegen und mit Händen zu greifen sind, auch ein Geschäft der Zukunft lockt.

In Deutschland kommt die besondere Situation der Demographie hinzu. Sie lässt Landkreise und ländliche Bezirke leerlaufen – und spült die Menschen und insbesondere Jüngere und Familien in die Städte mit ihrer Infrastruktur. An diesen urbanen Kristallisationspunkten der Kultur, der Bildung, des Streits, der Pläne, Ereignisse, Auseinandersetzungen und der Zukunftsentwürfe entwickeln sich quirlige, diskussionsfreudige, zutiefst demokratische Stadtgesellschaften mit einem enormen Bedarf an Kommunikation und Information.

Journalismus pur ist hier gefragt!

Diesen Journalismus kann man sich erobern – und anders als in früheren Zeiten sind dafür keinerlei Produktionsmittel, Autobahnen, Grundstücke, Schienen- und Wasserwege erforderlich – und (zunächst) noch nicht einmal fremde Arbeitskraft.

Ausreichend ist der Kosmos der eigenen Ideen – und eine technische Ausstattung, sich jeder leisten kann.

18 Mein Ausblick X.0

Zur Zukunft des Journalismus

Ich bin überzeugt, dass dem Online-Journalismus die Zukunft gehört. Ich glaube jedoch auch, dass der Print-Journalismus noch auf unbestimmte Zeit daneben parallel bestehen wird. Und deshalb ist es falsch, verschiedene Welten aufzubauen und gegeneinander abzugrenzen und auszuspielen.

Denn sowohl Online- als auch Print-Journalismus haben ihre Existenzberechtigung. Sie leitet sich jeweils daraus ab, dass es eine Gegenöffentlichkeit, Transparenz der politischen Entscheidungsprozesse und Kontrolle der Mächtigen durch die Journalisten und die Bürger geben muss. Diese unverzichtbare Funktion für die Demokratie speist sich aus Artikel 5 des Grundgesetzes, der Grundlage der Pressefreiheit. Journalisten müssen diese Pressefreiheit erfüllen und ausfüllen.

Wenn sie es nicht tun, verkommt die Pressefreiheit zu einer bloßen Hülle oder verschwindet ganz. Und deshalb ist es zunächst vollkommen unerheblich, auf welchen Kanälen der Qualitätsjournalismus gespielt und eingespeist wird.

Allerdings gibt es derzeit unendlich scheinende Diskussionen über die Zukunft des Journalismus. Ich selbst habe mich in meinem ersten Buch »Journalismus – Was man wissen und können muss« überwiegend mit dem Print-Journalismus beschäftigt, jedoch die These vertreten, dass es angesichts der notwendigen Tugenden und Qualitäten des Journalismus unerheblich ist, ob er gedruckt oder im Internet zu lesen ist.

Ich stehe auch heute zu dieser These, wenngleich ich sie mit dieser Fortsetzung zum Online-Jornalismus gründlich überarbeitet und ausgebaut habe. Im Kern: Zwar sind die Tugenden unerschütterlich und das Festhalten daran notwendig, doch die Entäußerung im Hypertext und das notwendige Andocken in der Blogosphäre und in sozialen Netzwerken begründen schon einen erheblichen qualitativen Unterschied, der nicht folgenlos bleibt.

Ich glaube indes, dass es in erster Linie die Qualität der Recherche, Verständlichkeit und Sorgfalt sind, die sowohl für Print- als auch Online-Journalismus zeitlos gültig sind.

Ich bin weiterhin überzeugt, dass es für die Faszination unseres Berufes unerheblich ist, ob die Inhalte gedruckt oder online gestellt werden. Da ist zum einen das gute Gefühl, eine Zeitung zu produzieren, eine Seite zu gestalten, um Leser zu werben – und sie mit einer packenden, faszinierenden Sprache zu gewinnen. Und da ist zum anderen gleichermaßen das Gefühl, aktuell und hautnah zu veröffentlichen, ins Netz zu stellen, Menschen anzusprechen und zu bewegen. Und das in Echtzeit, mehrfach am Tag aktualisiert.

Wo könnte man mehr bewegen? Ich glaube, dass die Faszination beider Journalismusebenen unübertroffen ist. Es sind zwei Klaviaturen für dieselbe Musik. Es ist die Musik einer Sprache, die aus der Neugier gespeist wird, aus dem Spaß und aus der Freude am Schreiben und am Formulieren. Und vor allem aus dem Gefühl heraus: Bring dich ein, gestalte mit, verändere die Welt, ertüchtige deine Zeitgenossen, sich einzumischen und die Welt verstehen zu können.

Wenn man sich jedoch in einem eigenen Buch mit dem Online-Journalismus beschäftigt, dann muss man auch sehr deutlich die Unterschiede herausarbeiten. Denn es kann ebenso wenig folgenlos bleiben, wenn sich auf kleinen, mobilen, flexiblen Endgeräten Inhalte vollständig, auch multimedial, darstellen, verändern und aktualisieren lassen – und der jeweilige User seinerseits die Fließrichtung umdrehen und selbst interaktiv senden kann.

Dies erfordert dann doch eine vollkommen veränderte Herangehensweise und einen Perspektivwechsel der Journalisten. Es ist notwendig, viel schneller auf den Punkt zu kommen.

Zwar gehört es zu den interessantesten und ermutigendsten Befunden, dass auch online lange Lesestücke ihr Publikum finden und mithin ihre Existenzberechtigung haben. Doch aus der harten Konkurrenz der gleichsam dreidimensional im Raum stehenden und ständig lockenden Nebenangebote über Links erwächst die simple Herausforderung, den Leser ständig am Ball zu halten. Dies gilt auch für die immanente »Gefahr«, pausenlos abgelenkt zu werden, also vermeintlich ständig etwas zu verpassen.

Die Psychologie der Haptik des Online-Journalismus befindet sich erst in den Anfängen. Hier gibt es noch erheblichen Untersuchungsbedarf. Mit einfachen Handbewegungen nach rechts oder links »wischt« sich der User auf Tablet oder Smartphone voran oder wieder zurück. Das Wischen in der Horizontalen geht aber vermeintlich einfacher als das Schieben, Ziehen oder Scrollen in der Vertikalen. Übersetzt würde das heißen: Für den User ist es möglicherweise leichter und verlockender, ständig wegzuzappen.

Wie übersichtlich war oder ist da doch eine Zeitungsseite, die man mit einem oder zwei Blicken bequem einscannen konnte. Auch das hat wiederum Konsequenzen für den Online-Journalismus: Texte müssen ständig Informationen, Schlüsselbegriffe und Lesewert bieten, dürfen keine Schwäche zeigen und sich keine Blöße geben. Sonst ist der Leser blitzschnell weg. Die Schreibe muss also noch besser, noch zupackender, noch direkter, aufmerksamer und attraktiver werden. Es ist tatsächlich eine neue Schreibe, die ebenfalls gerade erst entwickelt wird.

Damit nicht genug: Der Perspektivwechsel und die neuen Möglichkeiten insbesondere in Bezug auf Multimedia und Aktualität pulverisieren auch die bisherigen Regeln des Redaktionsmanagements. Ressorts lösen sich auf, neuartige Teamstrukturen an den Desks werden entwickelt unter Einbeziehung von Informatikern, Datenjournalisten und IT-Spezialisten und bei zunehmender Federführung durch die Online-Redakteure. *Online is always* löst *Online to print* ab.

Besonders spannend sind jedoch und bleiben die Synergien zwischen den Journalismusebenen Online und Print. Wenn der Widerspruch ohnehin ein Anachronismus ist, warum sollte man denn den Schatz dieser Synergien eigentlich nicht heben?

Warum müssen wir uns in Konkurrenz ergehen, wenn dies vollkommen kontraproduktiv ist? Einerseits gestaltet es sich ohnehin schon schwierig genug, in ein- und derselben Redaktion Print- und Online-Journalismus zu vereinen. Zu unterschiedlich sind diese beiden Ebenen vor allem in ihren Kulturen und den Zugängen ihrer Akteure. Und sie entwickeln sich stetig weiter auseinander. Bei allem, was wir wissen, ist das die zutreffende Analyse.

Warum aber nicht von den Erkenntnissen der jeweils anderen Seite profitieren?

Einerseits kann man an den Klickzahlen im Internet bereits viel über Präferenzen der User ablesen. Und dies ist nicht nur Quelle für Betrübnis und wohlfeile Klagen über das Absinken der journalistischen Qualität. Es vermittelt wertvolle Erkenntnisse.

Man mag darüber urteilen wie man will, was es bedeutet, wenn Katzen-Videos und lustige Clips über Tolpatschigkeit, aber auch eine virale Kampagne über die seltene Krankheit ALS und den verzweifelten Kampf dagegen, höchste Einschaltquoten erzielen und weltweit in allerkürzester Zeit Verbreitung finden. Zumindest sagt dies eine Menge darüber aus, was der Leser will – und vor allem, wofür er seine Zeit zu opfern bereit ist.

Deshalb sind im Umkehrschluss auch Lesewert-Untersuchungen für den Print-Journalismus besonders wertvoll. Nach diesem Prinzip funktioniert auch die zweimonatige »Lesewert«-Untersuchung, an der auch der Autor mit seiner Lokalredaktion im Jahr 2014 teilgenommen hat. »Lesewert« wird als Produkt vom Dresdener Druck- und Verlagshaus angeboten und ermittelt eine Art Einschaltquote für jeden Artikel der Zeitung. Ausgestattet mit Digitalstift und Smartphone, ist ein Panel von mehr als 100 Neu-Abonnenten im Einsatz.

Die Ergebnisse sind ebenso eindeutig wie eindrucksvoll. Aktuelle, aktive Ereignisse gehen förmlich durch die Decke, erzielen höchste Lesewerte. Ereignisse und Begebenheiten des direkten Lebens- und Wohnumfeldes haben überragende Werte. Auch so genannte Schlüssellochthemen sind überdurchschnittlich hoch angesiedelt. Dabei geht es jedoch nicht um Schmuddeliges, sondern um Themen, bei denen die Autoren ihren Lesern Türen öffnen, hinter die sie sonst niemals blicken könnten.

Menschen und Gesichter, Portraits und erzählte Geschichte werden viel intensiver gelesen als Unpersönliches und abstrakte, lebensferne Strukturen.

Echte Quotenbringer können dazu in Themen schlummern, die die Redaktion bislang vernachlässigt hat. Dies gilt für Polizei-Meldungen, die bislang eher achtlos abgedruckt wurden. Nun stellt sich jedoch heraus, dass der liegengebliebene Lastwagen aus Osteuropa (mit sage und schreibe 72 Mängeln) oder der sprengstoff-verdächtige Koffer am Hauptbahnhof (der sich als harmlos entpuppte) ausgezeichnete Lesequoten erzielen. Mehr, mit Verlaub, als manche gut gemeinte Story über Strukturen und soziale Verhältnisse.

Wenn ein Thema gut »geht«, kann es über viele Tage weitergezogen und »nachgedreht« werden. Die Killer-Phrase: »Das hatten wir schon« ist als Unfug widerlegt. Die Wahrheit sieht so aus: Von einem starken Thema kann der Leser nicht genug bekommen. Dies ist indes nichts anderes als das Online-Prinzip, ständig zu aktualisieren, ein spannendes Thema permanent am Laufen und mithin frisch zu halten – und letztlich nichts unversucht zu lassen, daraus journalistisch und in der Reichweite größtmöglichen Nutzen zu ziehen.

Weiter also mit den wichtigsten Ergebnissen der Print-Lesewert-Untersu-
chungen und mit den offensichtlichen Parallelen zum Online-Journalismus.

Wenn ein Thema gut läuft und stark ist, dann gibt es keine Längenbeschrän-
kungen. Es gibt also nicht etwa eine Zeilenzahl, bei der man auch starke Beiträge
unbedingt »deckeln« muss. Der Satz »Das schafft unser Leser nicht« ist offensichtlich falsch. Umgekehrt wird allerdings auch ein Schuh draus: Langweiler,
die auch noch zu lang ausfallen, gehören gar nicht ins Blatt.

Das gilt auch für unerklärte Fachbegriffe, Behörden-Chinesisch, Bläh- und
Füllwörter, achtlose, passive Schreibe und komplizierte, sperrige, nichtssagende
Zitate. Sehr persönliche, gut geschriebene, warme, sympathische Sprache und
Ansprache, die auf den Punkt kommt und Pointen kennt, ist hingegen ein Quo-
tenbringer. Auch Kopfgeburten der Redaktion werfen den Leser hinaus, zum
Beispiel Alibi-Meldungen und Knips-mich-Fotos unter dem Motto: »Das muss
noch rein. Sonst beschweren die sich.«

Überdeutlich bei allen Ergebnissen abzulesen: Der Lokalteil ist der große Gewinner. Die meisten Ressorts schlagen sich ordentlich, vor allem dann, wenn sie
dicht am Leser und seinen Wünschen sind. Doch es gibt, wie wir überdeutlich
sehen können, tatsächlich einen Vorschuss der Leser fürs Lokale, einen Bonus
des Lokalteils.

Es sprechen einige Anzeichen dafür, dass solche Ergebnisse für Print und
Online nicht allzu weit auseinanderdriften, selbst wenn man die großen Unterschiede in den Zugängen und im Durchschnittsalter der Leser und User
berücksichtigt. Hier gibt es auch noch erheblichen Untersuchungsbedarf.
Warum aber große Unterschiede zwischen Print und Online machen, wenn
die Präferenzen derart klar sind? Die Wahrheit geht bei beiden so: Von einem
starken Thema kann unser Leser nicht genug bekommen. Man kann eigentlich
nur einen einzigen Fehler machen – und ein starkes Thema verpatzen. Aber
man sollte es nicht tun.

Und doch sind auch auseinanderstrebende Tendenzen deutlich zu beobachten. Sie legen nahe, dass auch das zunehmende Auseinanderdriften von Print
und Online nicht von der Hand zu weisen ist. Es gehört nur ein wenig Aufmerksamkeit zu der Analyse: Eine Print-Redaktion, deren Mitglieder über Jahrzehnte
hinweg in einem 24-Stunden-Rhythmus agierten, tut sich jetzt schwer damit tun,
rund um die Uhr zu produzieren, ständig zu aktualisieren, immer »populärer«

zu werden, interaktiv zu sein. Und dabei gleichzeitig Facebook und Twitter zu bedienen, das eigene Blog und suchmaschinenoptimiertes Schreiben im Blick zu behalten ...

In der Tarif-Arbeitszeit von 7 Stunden und 23 Minuten scheint so etwas vielen schlechterdings gar nicht möglich. Mehr noch: In vielen Print-Redaktionen haben die Redakteure über Jahrzehnte Prozeduren verinnerlicht und Strukturen wertkonservativer Beharrlichkeit verteidigt, die sich mit den Innovationen, dem Geist und der notwendigen Aufbruchstimmung des Online-Pionier- Journalismus nicht vertragen.

Man kann deshalb ebenso formulieren, dass es dem Online-Journalismus überhaupt nicht gut tut, wenn er hinhaltend, widerstrebend und letztlich nur mit halbem Herzen von gelernten Print-Journalisten »auf der letzten Rille« geleistet wird.

Mehr noch: Wenn ein Verlagshaus und Medienunternehmen sich jetzt fit für die Zukunft machen will, dann gilt es, schwierige Entscheidungen zu treffen. Einerseits ist immer noch unklar, aber zunehmend fraglich, ob die klassischen Erlösmodelle der Vergangenheit mit dem Online-Journalismus einzulösen sein werden. Doch gleichzeitig brandet schon die neue Konkurrenz heran. Klassische Redaktionen tun sich jedoch sichtlich schwer damit, wie ein schwerer Tanker gegen die kleinen, wendigen Schiffe der neu entstehenden Online-Medien anzukommen.

Benötigt werden also neuartige Strukturen, die völlig neue Wege ermöglichen. Indes kann niemand vorhersagen, wie und vor allem wie schnell sich die Kommunikationstechnik weiter verändern, wann bereits das nächste Betriebssystem neue Horizonte eröffnen wird. Bereits die Einführung des iPad hat dem Online-Journalismus einerseits einen mächtigen Schub gegeben, andererseits vertraute Gewissheiten durcheinandergerüttelt.

Mittlerweile erscheint Vielen auch das iPad nicht mehr als der Weisheit letzter Schluss. Zwar hat es eindrucksvoll den Durchbruch für die Nutzung journalistischer Inhalte auf einem mobilen Endgerät mit sich gebracht, wird immer handlicher, leichter und leistungsfähiger. Doch schon schickt das Smartphone sich an, leicht im Format vergrößert, aber immer noch klein, leicht, schlank und vor allem überaus leistungsfähig, die Informationsfunktionen und vor allem auch Kommunikationsfunktionen zu übernehmen.

So wird es voraussichtlich eine Fusion aus Tablet und Smartphone sein, ausgestattet mit allen Funktionen von Mobilfunk und Desktop, mit der wir rechnen müssen. Diese wird »am Körper getragen«, das heißt, sie ist stets am Mann und an der Frau, sei es am am Arm, am Handgelenk, am Kopf, um den Hals, integriert in Textilien oder in der Tasche. Ruf-, Such- und Ortungsfunktionen werden in ihrer Bedeutung noch zunehmen. Für den Journalismus bedeutet dies, dass er die Leser und User ständig erreichen kann. Und sie ihn. Wie beschrieben, löst dies eine Renaissance des Journalismus aus – und nicht etwa seinen Abschied oder Untergang. Künftige Journalisten hatten niemals bessere Aussichten, wenn sie die Zeichen der Zeit richtig zu deuten verstehen und ihre Hausaufgaben machen.

Großer Gewinner und Treiber der Entwicklung aber sind die sozialen Netzwerke. Sie begründen endgültig weltumspannend eine neue Qualität der Kommunikation und lösen künftig alles ab, was bislang das Monopol dafür beanspruchte. Damit rücken sie endgültig in den Fokus des Journalismus, einerseits als »Arbeitgeber«, andererseits als unerschöpfliche Quelle für Themen, Informationen und Recherche.

Was hier zunächst chaotisch beginnt, erhält immer mehr Struktur und gerinnt zu Produkten, mit denen Erlöse von bislang nicht gekannter Größenordnung zu erzielen sind. Die Bindungskraft für große Gemeinschaften, die früher die Marke einer Zeitung bis in das Verhalten, die soziale Stellung, lokale Identifikation und politische Orientierung herstellte, wird von den sozialen Netzwerken der Wahl übernommen. Diese bilden buchstäblich Brücken zu jedem einzelnen Endgerät, das wiederum das Werkzeug jedes Einzelnen ist, seine Welt zu beobachten, zu beschreiben, zu gestalten und zu verändern.

Für die Demokratie bedeutet dies einen Schub, für Diktatoren einen Schock (und leider die Herausforderung, eigene soziale Netzwerke zu generieren), nationale Grenzen verlieren weiter ihre Bedeutung.

Gleichzeitig wird es zur Herausbildung lokaler und hyperlokaler sozialer Netzwerke kommen, vor allem dort, wo die bisherigen Akteure der Kommunikation und des Transports des Stadtgespräches ihre Funktion nicht mehr ausreichend erfüllen. Gerade hier liegen also ihre größten Risiken – und gleichzeitig ihre größten Chancen.

19 Von A bis Z –
Mein Online-Journalismus-Glossar

Die sachsystematische Dimension des Online-Journalismus

Account
Zugangsberechtigung zu einem Portal, Programm oder System. Bei der Anmeldung sind in der Regel Name, E-Mail und Passwort einzugeben.

Aggregatoren
Programme oder Medien, die fremde Online-Inhalte, zum Beispiel aus sozialen Netzwerken, aufspüren, sammeln und präsentieren. Zum Beispiel Feedreader. Oder Apps, die Nachrichten von Newsseiten, Blogs oder Twitter aufbereiten.

Aktualität
Das entscheidende Qualitätsmerkmal für den Online-Journalismus.
Er setzt sich damit vom Print-Journalismus ab, der an feste Druckzeiten gebunden ist und am nächsten Tag für die nächste Ausgabe aktualisiert. Online gilt stattdessen das Prinzip second hour – nach der schnellen Meldung (online first) wird idealerweise schon nach einer Stunde aktualisiert.

Algorithmus
Mathematik in Computerprogrammen, Formel für Entscheidungen bei Problemstellungen. Algorithmen speisen Prinzipien und Gesetze ein. Veränderungen an Suchalgorithmen beispielsweise führen zu anderen Ergebnissen beziehungsweise zu veränderten Reihenfolgen oder Platzierungen in Rankings.

Analog/Digital
Analog ist Informationsverarbeitung materiell-konkret, zum Beispiel Handschrift, Typenhebel, Uhrzeiger, Filmstreifen. Digital ist Informatik nach dem binären Code, Informationen jeglicher Art lassen sich in Datenpaketen speichern, versenden und empfangen.

App
Anwendung auf mobilen Computern wie Tablet-PC oder Smartphone.

Attachment
Datei-Anhang, zum Beispiel eine Text, Foto-, Audio- oder Video-Datei.

Audacity
Dabei handelt es sich um das derzeit gebräuchlichste Programm, mit dem Audio-Dateien bearbeitet und geschnitten werden können. Außerdem bietet Audacity die Möglichkeit, einen Podcast zu erstellen.

Audio/Audioformate
Besonders gebräuchlich ist derzeit MP3, ein in Deutschland entwickeltes Audio-Format, mit dem große Datenmengen komprimiert und damit leichter gespeichert und versendet werden können.

Audio-Slideshow
Bilderstrecken, Bildergalerien, die wie Videos präsentiert und mit Musik unterlegt werden.

Aufmerksamkeitsgesetze
KISS-Regel: Keep it short and simply. Klare, einfache, fokussierte, eindringliche Struktur lässt hohe Aufmerksamkeit erzielen. Bilder, Farben, Reize und Schlüsselbegriffe steigern die Intensität. Exeption of the rule: Das Abweichende, das Neue, die Nachricht, der Widerspruch, das Ungewohnte können die Aufmerksamkeit steigern. Biologische Faktoren: Gesichter, Reize, Triebe. Aber: Ein Zuviel an Reizen erzeugt Gewöhnung.

Aufsager
Ein Radio- oder TV-Reporter ordnet die Geschichte am Mikrofon ein. Er erklärt, oft live, die Zusammenhänge und die aktuelle Situation.

Augmented Reality
Durch Linsen oder Zusatzgeräte wird die Wahrnehmung der Sinne erweitert, zum Beispiel mit dreidimensionalen Informationen, die über eine Brille eingespielt werden.

Avatar

Dabei handelt es sich einerseits um die virtuelle Identität, um das alter ego eines Users im Netz, zum Beispiel als Teilnehmer eines Spiels der virtuellen Realität wie second life. Andererseits ist es schlicht ein Bild, das stellvertretend für den Nutzer eines Programms oder Portals steht.

Banner

Markantes, einprägsames Erkennungszeichen einer Webseite.

Backlink

Eines der wichtigsten Kriterien für Suchmaschinenoptimierung. Du verlinkst nicht nur selbst (Link, Hyperlink). Dein Text bzw. Angebot ist so gut, attraktiv oder interessant, dass du selbst von anderen verlinkt wirst (Backlink). Siehe auch Trackback (Pingback).

Blog/Blogger

Entstanden als Kurz- und Kunstbegriff aus Weblog, übersetzt als Tagebuch oder Journal im Netz. Blogs erhalten starke Aufmerksamkeit im Online-Journalismus, denn es gibt dort keine Begrenzung der Themen. Blogs sind zudem sehr persönlich. Für Blogs stehen mittlerweile redaktionsverwandte Content-Management-Systeme wie WordPress zur Verfügung.

Blogosphäre

Darunter versteht man die Summe aller Blogs, die mittlerweile auch als eigenes Medium angesehen werden kann. Blogs und Blogosphäre gelten auch als soziale Netzwerke, denn es gibt zahlreiche Strukturen des Kommentierens, der Verbindung und Rückkopplung.

Bookmark

Lesezeichen, die schnell auf favorisierte Web-Angebote führen (siehe auch social bookmark).

Bot

Computerprogramm, das, von Algorithmen gesteuert, wie ein Roboter selbstständig arbeitet, zum Beispiel bei der Suche nach Web-Inhalten.

Broadcast
Übertragung von journalistischen Inhalten. Analog: Rundfunk, Fernsehfunk. Digital: DAB (Digital Audio Broadcasting, Internet-Radio), DVB (Digital Video Broadcasting) oder Stream (Echtzeit-Übertragung im Internet)

Browser
Computerprogramme auf dem Rechner des einzelnen Web-Teilnehmers, mit denen Webseiten über Server ins Internet gebracht werden können. Der Browser leistet im Zusammenspiel mit dem Server die Darstellung von Text, Bild, Audio und Video. Browser sind zum Beispiel Internet Explorer, Google Chrome, Mozilla Firefox oder Safari.

Button
Knopf zum Anklicken, Taste, Schaltfläche, um in einem Programm eine Funktion auszulösen.

Buzz
Buzz (Geschwirr) ist Content im Grenzbereich zwischen Gerücht, Tratsch, Klamauk und Nachricht. Einerseits ist Buzz ohne journalistische Qualität, weil Recherche und Sorgfalt fehlen. Es zählt einzig die möglichst virale Verbreitung. Andererseits erzielen Buzz-Inhalte hohe Reichweiten, zum Beispiel bei buzzfeed, und können Trends anzeigen. Wird auch flankierend zu journalistischem Content genutzt, um diesen zu pushen.

Chat
Kommunikation in Foren und sozialen Netzwerken, meist mit Kurzmitteilungen.

Chorus
Für den Online-Journalismus besonders geeignetes Redaktionssystem. Es ist ein Content-Management-System mit einfachster Bedienung, gleichzeitig graphisch auf höchstem Niveau. Für Chorus verließ Ezra Klein die Washington Post und wechselte zu vox.com

Click-Bait-Angebote
Clickbaiting-Headlines und Teaser. Die sogenannte Klickschinderei bedeutet
Betrug am User. Ihm wird journalistischer Content vorgegaukelt beziehungsweise mit marktschreierischen Methoden angepriesen. Mit Cliffhangern wie: Was
Sie gleich sehen werden, wird Ihr Leben verändern. Ziel ist es einzig, möglichst
viele Klicks zu generieren. Das an sich wichtige Prinzip des Cliffhangers wird
damit ad absurdum geführt.

Cliffhanger
Möglichst spannungsgeladener und neugierig machender Übergang zwischen
Teaser und Haupttext.

Cloud
Möglichkeit zur Speicherung von Daten im World Wide Web und zur Koope-
ration. In der Wolke sind Daten unabhängig vom Standort abrufbar. Beispiele
sind Dropbox und iCloud.

Collaboration-Tools
Programme, mit denen Teams an verschiedenen Orten gemeinsam arbeiten
können. Zum Beispiel Wunderlist zum Erstellen von Listen und zum gemeinsamen Verwalten von Aufgaben. Im Grunde genommen sind auch soziale
Netzwerke Collaboration-Tools.

Content
Journalistische Inhalte in Text, Foto, Grafik, Audio, Video und Multimedia.

Content-Management-System (CMS)
Redaktionssysteme, die das möglichst komfortable Verwalten, Produzieren und
Präsentieren von journalistischen Inhalten wie Texte, Bilder, Fotos und Videos
ermöglichen. Leistungsfähigen, effizienten und ressourcenschonenden CMS
kommt die Rolle eines Standortvorteils zu.

Content Marketing
Das Anpreisen, Bewerben und Vermarkten journalistischer Inhalte.

Cookies

Im Browser werden Informationen über besuchte Webseiten gespeichert. Dies wird für Werbung genutzt, Nutzerprofile und Paid-Content-Modelle. Cookies können gelöscht werden.

Coworking Space

Raum in der Stadt, der entweder kostenlos oder gegen Gebühr angeboten wird, um dort online produktiv zu sein. Strom, Computer und Netz werden zur Verfügung gestellt. Option für freie Online-Journalisten. Option auch für Medienhäuser, User anzulocken und dort für sich Content produzieren zu lassen.

Crawler (Webcrawler)

Roboterisiertes Suchprogramm, das permant nach vorgegebenen Suchalgorithmen gewünschte Daten aus dem World Wide Web schürft.

Crossmedia

Journalistische Formate, in denen Text, Bild, Audio und Video über das bloße Hineinstellen und Nebeneinanderstellen hinaus miteinander zu neuen journalistischen Angeboten verschmelzen.

Crowd Funding

Neues Finanzierungsmodell für Online-Journalismus. Die interessierte Öffentlichkeit bringt die Mittel für gewünschten oder Qualitätsjournalismus selbst auf.

Crowdsourcing

Die Recherche, zum Beispiel in umfangreichen Datenbeständen, wird durch Veröffentlichung der Daten von Vielen geleistet. Dies ist eine Rechechearbeit, die einzelne Journalisten unter Umständen gar nicht leisten könnten.

Datenjournalismus

Aus Datenbanken und Datensammlungen heraus werden journalistische Inhalte und Formate gewonnen. Der Datenjournalismus bietet besonders geeignete Möglichkeiten zur grafischen Umsetzung und Visualisierung. Die Suche nach neuen Datenbeständen, um daraus journalistischen Content zu formen und Zusammenhänge herzustellen, nennt man Data-Mining. Datenbestände werden in Datenbanken verwaltet.

Darstellungsformen
Variationen und Stilformen, um journalistische Inhalte aufzubereiten und zu präsentieren.

Deep Link
Verweist nicht auf die Hauptseite, sondern ein untergeordnetes Angebot einer Seite im Netz.

Digg
Effiziente App, mit der man sich auf Smartphone und Tablet permanent einen Überblick über die persönlichen Favoriten in Nachrichten, Blogs und sozialen Netzwerken verschafft. Man abonniert gewissermaßen alle Neuigkeiten der gewünschten Seiten, liest, empfiehlt und verbreitet sie weiter.

Digital Natives
Jugendliche und junge Erwachsene, die mit dem Smartphone aufgewachsen sind und täglich einen großen Teil ihrer Freizeit damit verbringt, in sozialen Netzwerken zu posten und Kurznachrichten zu versenden. Man hält die Digital Natives für eine geeignete Zielgruppe für Online-Journalismus.

Disclaimer
Haftungsausschluss, häufig in E-Mails oder auf Webseiten verwendet. Mit einem Disclaimer kann man auf die Zweifelhaftigkeit einer benutzten Quelle hinweisen, bleibt jedoch in der Verbreiterhaftung.

Domain
Verständliche, aussagekräftige Internet-Adresse, bei der an die Stelle der aus einer unübersichtlichen Zahlenkombination bestehenden IP-Adresse der Domain-Name steht, gefolgt von der Domain-Endung, zum Beispiel .de oder .com

Doodle
Online-Tool, um Termine zu machen.

Dossier (Netzdossier)
»Themenpaket« im Online-Journalismus, Themenschwerpunkt oder On-line-Feature. Im Kern ist es ein konsequenter Hypertext, der umfänglich auf Chroniken, Hintergründe und Medien verlinkt und dabei den Anspruch erhebt, ein Themengebiet durchaus dokumentarisch abzubilden. Zusammenstellung und Angebot vielfältiger Beiträge zum gleichen Thema oder Themenschwer-punkt.

Download
Herunterladen einer Datei aus dem Netz.

Dropbox
Verbreitetes, effizientes Collaboration-Tool. Speicherplatz im WWW wird benutzt, um Daten dort zu deponieren und weltweit abrufbar zu machen. Gut nutzbar für journalistischen Content.

E-Mail
Digitale Post. Geeignet, Anhänge mit zu versenden, beispielsweise Text, Audio- und Video-Dateien.

E-Paper
Die Printausgabe der Zeitung in der unveränderten Seitenstruktur eins zu eins auf dem Tablet.

Evernote
Programm zur Selbstorganisation, mit dem man Notizen und Aufgaben verwal-ten und planen kann.

Eye-Catcher
Besonders attraktiver Blickfang wie ein Foto oder ein gut angekündigtes Video oder eine starke Schlagzeile.

Eyetracking
Methode, die Attraktivität journalistischer Inhalte zu messen. Mit optischen und digitalen Methoden wird die Blickrichtung des Lesers auf der Print- oder Onlineseite gemessen.

E-Zine
Digitales Magazin oder Online-Fachmagazin.

Facebook
Das erfolgreichste soziale Netzwerk und gleichzeitig die Mutter aller sozialen Netzwerke. Hat den Standard für das digitale Anfreunden mit »Gefällt mir« gesetzt.

Features
Anwendungsmöglichkeiten eines Programms.

Feed, Feedreader
Programm, das Veränderungen auf Webseiten registriert und meldet. Feedreader informieren über Neuigkeiten auf favorisierten Webseiten. Die Leser empfangen regelmäßig die Neuigkeiten, sind jedoch nicht als Abonnenten erkennbar.

Five-Shot-Regel
Regel, bei Videoaufnahmen fünf verschiedene Einstellungen anzubieten. Damit wird Lebendigkeit erzielt und es soll verhindert werden, dass sich Totale an Totale reiht.

flattr
Freiwilliges Bezahl- und Spendenmodell für Online-Inhalte.

flickr
Soziales Netzwerk für Bilder und Kurz-Videos.

Flipboard
Das Online-Magazin sammelt interessante Nachrichten und Videos aus den sozialen Netzwerken und präsentiert sie.

Folksonomy
In den sozialen Netzwerken werden über das Social Tagging inhaltlich zusammenhängende und an gemeinsamen Themen interessierte Gemeinschaften gebildet. Die Folksonomy kennt sich also nicht über Feundschaften, sondern über gemeinsame Themenschwerpunkte.

Follower
Interessent und Abonnent von Inhalten in sozialen Netzwerken, vor allem Facebook.

Fotogalerie/Slideshow
Bild an Bild in Online-Portalen. Bei der Slideshow automatisiert und oft mit Musik verbunden.

Foursquare
Soziales Netzwerk, das ermittelt, welche Freunde gerade in der Nähe oder Nachbarschaft sind. Für Organisation von Veranstaltungen und Online-Journalismus besonders geeignet.

Geo-Tagging
Fotos werden so markiert, dass ihr Aufnahmeort (über Satellitennavigation) in die Bildinformationen integriert ist.

Google
Mutter aller Suchmaschinen. Aggregiert Nachrichten (Google News), sucht Bilder, Videos, Bücher, zeigt Landkarten, Satellitenbilder, erstellt, verwaltet und sucht Blogs, Dokumente, Präsentationen.

Gratiskultur
Aus der Anfangszeit des Internets resultieren Erfahrungen und Erwartungen, dass Inhalte kostenlos sind.

Hashtag
Kunstwort aus hash (Doppelkreuz auf der Tastatur) und tag. Damit werden Schlüsselbegriffe und Schlagworte markiert, zum Beispiel im Kurznachrichtendienst Twitter, damit sie von anderen Usern und Suchmaschinen gefunden werden können.

Headline
Überschrift, Titelzeile. Sollte idealerweise die entscheidenden Schlagwörter und Schlüsselbegriffe eines Texts enthalten.

heftig.co

Clickbaiting-Medium, das in besonders penetranter, vereinfachender, aber auch attraktiver Weise mit boulevardesken Themen und Cliffhangern arbeitet. Die Inhalte sind aber ganz überwiegend nicht selbst recherchiert oder journalistisch erarbeitet, sondern aus Videokanälen und sozialen Netzwerken zusammengetragen.

Homepage

Titelseite, Eröffnungsseite, zentrale Präsentationsseite einer Intenetpräsenz, der Website.

Hoster

Auch Provider. Der Netzanbieter bietet Speicherplatz für Webseiten auf dem Server. Gleichzeitig sorgt er auch für Support und Netz.

HTML

Hypertext Markup Language (HTML) ist die Programmiersprache des World Wide Web. Browser formatieren mit ihr Text, Bild, Audio und Video.

HTTP

Das Hypertext Transfer Protocol (HTTP) ist das Protokoll der Kommunikation im World Wide Web. Browser (HTTP-Client) und Server (HTTP-Server) tauschen dabei Anfragen und Antworten aus.

Huffington Post

Stark clickbaiting-orientiertes Online-Medium aus den USA mit deutscher Ausgabe. Motto: Cover the best, link the Rest. Enthält Beiträge eigener Mitarbeiter und Autoren ebenso wie umfängliche Verlinkung auf fremden Content, der aufbereitet und angepriesen wird.

Hyperlink

Verbindung/Knoten im Hypertext zu anderen Webseiten und Webangeboten. Damit wird ein linearer Text zu einem Angebot, das die Möglichkeiten des Hypertextes adäquat nutzen kann.

Hyperlokal
Journalismus, der unterhalb der Ebene des bisherigen Lokaljournalismus angesiedelt ist. Er beschäftigt sich mit Themen im Quartier, im Planquadrat oder in Straßenzügen. In besonderer Weise geeignet für den Online-Journalismus.

Hypertext
Dreidimensionale nicht-lineare Textstruktur im World Wide Web, die einen neuen Journalismus ermöglichte. Online-Journalismus auf der Basis des Hypertexts ermöglicht Sprünge über Links/Knoten auf andere Seiten im WWW, andere Texte und Medien. Dadurch wird eine neuartige multimediale und crossmediale Erzählstruktur möglich. Der nicht-lineare Aufbau erfordert jedoch neue journalistische Ideen und Herangehensweisen.

Icon
Piktogramm in der Grafik auf dem Bildschirm.

Instagram
Soziales Netzwerk, in das hauptsächlich Fotos, Kurzkommentare und Kurznachrichten eingestellt und kommentiert werden können. Möglichkeit, journalistische Inhalte zu publizieren und die eigene Marke zu promoten.

Instant Messaging
Dienste und Programme für Kurznachrichten und Chats, zum Beispiel Whatsapp oder ScribbleLive.

Interaktivität
Die User können reagieren, eingreifen und sich beteiligen. Sie werden mit eigenen Reaktionen, Kommentaren und Beiträgen Teil des Journalismus, liefern User-generated Content.

Internet-Adresse
Siehe Domain oder URL.

Internet-Forum
Virtueller Diskussionsraum, in dem sich Fachgemeinschaften zum Meinungs-austausch treffen, in dem Diskussionen zu speziellen Themen und Anliegen geführt werden.

Internet-Journalismus
Nur eine der diffusen und bislang nicht festgelegten Definitionen. Weitere: Online-Journalismus, digitaler Journalismus, Journalismus 2.0.

Intranet
Netz mit allen Funktionen, allerdings intern, zum Beispiel in Unternehmen, Organisationen oder Verbänden.

IP-Adresse
Jeder Computer und jeder Server hat eine Adresse, die ihn im World Wide Web identifiziert. Jeder Datentransport ist mit einer IP-Adresse verknüpft. IP steht für Internet-Protokoll. Identifiziert Computer, die im Internet unterwegs sind.

Java
Programmiersprache, mit der Anwendungen verändert, angepasst oder neu konstruiert werden können.

Journalismus 2.0
Anderer Begriff für Online-Journalismus. Auch digitaler Journalismus. Siehe Internet-Journalismus.

Junkfood-Journalismus
Kritik an bestimmten Erscheinungsformen des Online-Journalismus, wenn Veröffentlichung unter Zeitdruck ohne Prüfung geschieht. Steht im weiteren Sinne auch für Inhalte, die über Trash und Sensationslust nur an Reichweite interessiert sind.

Keywords
Schlüsselbegriffe, Tags oder Hashtags, die zentral für Erkennbarkeit und Ver-ständlichkeit eines Textes sind. Zeilen und Headlines ohne Keywords sind für den Online-Journalismus ungeeignet.

Klicks
Beliebte »Währung« online, aber auch sehr unbestimmt. Zwar hat ein User einen Link, eine Webseite oder ein Webangebot angeklickt, doch wie lange er dort geblieben ist, wo er sich noch umgesehen hat und ob er sich nur »durchgeklickt« hat, ist nicht abzulesen.

Kloutscore
Damit wird der persönliche Aktivitäts- und Bekanntheitsgrad in den sozialen Medien gemessen. Zusammengezählt werden beispielsweise die Freunde bei Facebook, Twitter, Instagram oder in Blogs.

Kommentarfunktion
Möglichkeit für User, Online-Beiträge direkt zu kommentieren.

Konvergenz
Bislang getrennte Mediengattungen produzieren crossmedialen Journalismus mit eigenen Formaten. Bislang strikt getrennte journalistische Tätigkeiten werden im gleichen newsroom oder newsdesk organisiert.

Krautreporter
Deutsches Crowdfunding-Modell, um Erlöse mit hochwertigen journalistischen Inhalten zu erzielen. Eine bestimmte Anzahl von Usern abonniert das Portal und finanziert damit den gewünschten Online-Journalismus.

Kuratieren
Das Präsentieren und Zusammenstellen fremder Webinhalte insbesondere aus Blogs und sozialen Netzwerken im Produkt oder als eigenes Produkt. Blogger und Poster haben ein Interesse daran, weil sie höhere Reichweite erzielen und sich bekannt machen und auszeichnen können. Kuratierende Medien werden attraktiv durch gute Auswahl und Präsentation.

Launch
Start eines Webangebots.

Lead
Erster Satz einer Meldung oder eines Berichts. Muss schon das Wichtigste enthalten, wie beim Teaser.

Lifestream
Live-Übertragung eines Ereignisses im Internet.

Linear
Struktur konventioneller Medien. Ein Text von vorn bis hinten durchgelesen, ein Beitrag vom Anfang bis zum Ende gehört oder geschaut. Im Gegensatz dazu bewegen sich nicht-lineare Inhalte über Knoten/Links netzartig im Raum.

Link
Verbindung, Sprung oder Brücke im Hypertext auf andere Webseiten, auch Hyperlink.

Linkbait
Strategien, Backlinks zu generieren und damit Punkte in Suchmaschinenoptimierung und Reichweite zu machen. Methoden sind einerseits attraktive Inhalte, eigene offensive Verlinkung und Promotion, andererseits Newsletter, Freundschaftsanfragen, Kontakte etc.

LinkedIn
Soziales Netzwerk, das in erster Linie Unternehmen, Mitarbeiter und Geschäftliches verbindet.

Listicles
Beiträge, die als Ranglisten, Rankings, Charts gestaltet und veröffentlicht werden.

Mashup
Bereits bestehende Online-Inhalte werden kopiert, wie in Kollagen kombiniert und zu einem neuen Angebot verknüpft.

Mikroblog
Weblog mit besonders niedriger Schwelle, aber auch geringer Ausstattung mit Features. Zum Beispiel Twitter.

Mobile Reporting, Mojo
Normalerweise ist ein Reporter immer mobil, weil er unterwegs sein muss, um Reportagen zu erstellen. Hier ist jedoch gemeint, dass der Reporter vollkommen selbständig unterwegs multimediale Inhalte recherchieren, produzieren und publizieren kann. Hilfsmittel hierfür sind mobile Endgeräte wie Smartphone und Tablet, dazu Mobilfunk und W-LAN.

Monitoring, Monitoring-Desk
Desk, der rund um die Uhr die Blogs, Online-Portale und sozialen Netzwerke beobachtet.

Multimedia
Verschiedene Mediengattungen wie Text, Foto, Audio und Video werden nebeneinander ins Netz gestellt und zum Teil auch kombiniert, jedoch nicht konsequent miteinander verbunden wie bei Crossmedia.

Native Advertising
Werbung, die journalistische Methoden nutzt und mit journalistischem Story-telling verknüpft werden soll.

Nettiquette
Regeln, die für Online-Kommentare der User gelten. Werden sie nicht eingehal-ten, wird der Kommentar gelöscht.

Newsfeed/RSS-Feed
Aktuelle Veränderungen auf Nachrichtenseiten und damit aktuelle Nachrichten werden wie ein Nachrichtenticker abonniert. Dies können Mails mit Inter-net-Adressen, aber auch Kurzteaser mit Links sein.

Newsroom/Newsdesk
Nachrichtentisch, Herz einer Redaktion. Auf allen einer Redaktion zur Verfü-gung stehenden Kanälen fließen Nachrichten, Berichte, Dateien und Medien herein, werden ausgewertet, aufbereitet und in die verschiedenen Medienkanäle eingespeist. Je nach Organisation sitzen am Desk die Blattmacher, abgegrenzt von den Reportern. Zudem Ressortchefs, Redaktionsmanager, Chefredakteure. Online ist integriert und hat je nach Organisationsstruktur Priorität (Online-

to-print) oder ist nachgeordnet (Print-to-online). Verschiedene Desks können nebeneinander existieren: zum Beispiel Regiodesk, Monitoringdesk, Social-Media-Desk.

Online-Feature

Webreportage, Multimediareportage, Online-Storytelling. Laut Paul-Josef Raue umfangreiches, gut gegliedertes Dossier mit Text, Video, Podcast und Foto.

Online-first

Redaktioneller Grundsatz, der im Kern besagt: Die Online-Nachricht hat grundsätzlich Priorität. Das bedeutet für den redaktionellen Ablauf: Erst online melden, dann weiterrecherchieren, Zwischenstände durchaus wieder online aktualisieren – und erst am Ende die Printfassung erstellen.

Online-Journalismus

Journalismus. Siehe auch Internet-Journalismus.

Online-Kommentare

Leserkommentare in Online-Portalen. Gewünscht im Zuge der Interaktivität. Bieten die Möglichkeit zum Dialog mit dem Leser in Echtzeit. Sollen idealerweise nach dem Pressekodex mit Leserbriefen gleichgestellt werden. Werden in moderierten Foren zunächst wie Leserbriefe vor der Veröffentlichung geprüft. In unmoderierten Foren gilt größere Freizügigkeit, abhängig von der jeweiligen Nettiquette. Bei Verstößen dagegen wird von der Redaktion zeitnah gelöscht.

Online-Redaktion

Redaktion, bestehend aus Online-Redakteuren und freien Mitarbeitern, die sich ausschließlich um Onlineangebote kümmert und online produziert. Online-Redaktionen drängen vom isolierten Rand der Redaktion zunehmend in die Mitte, sind jedoch allzu häufig noch stiefmütterlich ausgestattet. Mitglieder müssen zunehmend Multimedia- und Crossmedia-Fähigkeiten und -Gespür entwickeln.

Page Impression(s) PI
Angabe, um die Frequenz und den Erfolg von Online-Angeboten zu messen. Gibt an, wie oft eine bestimmte Seite aufgerufen wurde. Jeder Klick auf eine Website und innerhalb einer Website erzeugt eine Page-Impression. Diese ist unabhängig von der Anzahl der User.

Paid Content/Bezahlschranke
Online-Inhalte müssen bezahlt werden, entweder pro Beitrag oder im Abonnement.

Pinterest
Soziales Netzwerk, bei dem wie auf einer öffentlichen Pinwand (z. B. in der Mensa) Bildersammlungen, Kommentare und Videos gepostet werden können.

Pixel
Bildpunkte digitaler Fotos.

Plug-In
Zusatzfunktion, die im Content-Management-System eines Blogs angeboten wird.

Podcast
Regelmäßige Radiosendung oder Audio-Beitrag, die/der online zu finden und personalisiert ist.

Pointcasting
Konsequent individualisierter Content, der gezielt auf einzelne User gemünzt ist.

Portal
Internet-Präsenz, zentrale Einstiegsseite.

Posting/Post
Neue Nachricht oder Mitteilung in einem sozialen Netzwerk.

Poynter-Pyramide
Kenntnisse und Fähigkeiten, die das US-amerikanische Poynter-Institut für die
Journalistenausbildung beschreibt.

Pressefreiheit
Grundlage des Online-Journalismus, festgelegt in Artikel 5 des Grundgesetzes.
Artikel 1: Jeder hat das Recht, seine Meinung in Wort, Schrift und Bild frei zu
äußern und zu verbreiten und sich aus allgemein zugänglichen Quellen ungehindert zu unterrichten. Die Pressefreiheit und die Freiheit der Berichterstattung
durch Rundfunk und Film werden gewährleistet. Eine Zensur findet nicht statt.

Pressekodex/Presserat
Entscheidende Qualitätsrichtlinie im deutschen Journalismus. Der Pressekodex des Deutschen Presserates enthält als freiwillige Selbstverpflichtung die
entscheidenden Merkmale des Qualitätsjournalismus: insbesondere Achtung
vor der Menschenwürde, Wahrhaftigkeit, Opferschutz und Verzicht auf Sen-
sationsdarstellungen. Verstöße werden mit Rügen oder Hinweisen geahndet.
Der Pressekodex gilt auch für die Onlineportale der Zeitungen. Onlinemedien
können sich dem Pressekodex verpflichten und damit zum Qualitätsjournalismus bekennen.

Print-Journalismus
Journalismus ausschließlich für gedruckte Zeitungen. Galt lange Zeit als Synonym für Journalismus. Muss sich dieses Privileg heute mit dem Online-Journalismus teilen. Print-Journalismus wird es vermutlich immer geben, doch nicht
mehr zu den bewährten Erlösmodellen. Ob der Online-Journalismus solche
Erlösmodelle generieren kann, ist im Jahr 2014/15 noch unklar. Angesichts des
Siegeszuges smarter mobiler Endgeräte sind seine Zukunftsaussichten jedoch
exzellent.

Profiling
Erstellung von Persönlichkeitsprofilen. Dient einerseits der Präsentation,
Identifikation und Kommunikation in sozialen Netzwerken, andererseits zur
Erstellung von individuell zugeschnittenen Werbeprofilen.

Provider
Dienstleister, der Intenetzugang, Support, Netz, Server, Webspace etc. zur Verfügung stellt.

Prozessjournalismus
Die Entstehungsgeschichte journalistischer Inhalte wird transparent gemacht. Der Leser/User ist dabei und kann verfolgen, wie sie zustande kommen. Zudem kann der Leser/User in den Prozess mit eingreifen und Informationen und Reaktionen beisteuern. Beispiele sind Liveblog und Liveticker, aber auch nicht-lineare und kollaborative Darstellungsformen.

Qualitätsjournalismus
In erster Linie Journalismus, der sich an Ethikrichtlinien wie dem Pressekodex des Deutschen Presserats orientiert. Wichtigste Punkte sind die Sorgfaltspflicht, die Trennung von Anzeigen und Redaktion sowie der Verzicht auf sensationsheischende, unangemessene, menschenverachtende Darstellungen. Auch die Fähigkeiten, zu informieren, zu übersetzen, zu unterhalten oder zu überraschen, gelten als Kriterien für Qualitätsjournalismus.

Quick and dirty
Formel, die ausdrücken soll, dass eine schnelle Online-Fassung besser ist als gar keine Online-Fassung.

Rant
Tirade in Blogs oder sozialen Netzwerken, Wutrede. Als journalistische Stilform ein Pamphlet.

Readerscan
Methode, mit digitalem Lesestift die Lese-Quoten einzelner Seiten und Artikel der gedruckten Zeitung zu ermitteln.

Rechtschreibung
Wurde auch für den Journalismus im Netz nicht abgeschafft. Korrekte Rechtschreibung gehört auch in die Nettiquette.

Redaktionssystem
Content-Management-System, das Formate, Schriften, Textgrößen, Layoutricht-linien verwaltet und die möglichst effiziente Produktion journalistischer Inhalte in der gewünschten Form ermöglicht. Im Online-Journalismus können solche Systeme in besonderer Weise Hilfestellung leisten und Content kanalisieren, beispielsweise als Assistenz für Teaserlängen, Suchmaschinenoptimierung und die Produktion multimedialer Inhalte.

Relaunch
Neugestaltung des Designs und des Layouts, meistens auch einhergehend mit inhaltlichen Veränderungen.

Reportage
Königsdisziplin des Journalismus. Der Reporter ist buchstäblich mit allen Sinnen dabei und nimmt seinen Leser in erzählender, informierender und mo-derierender Weise in der Gegenwartsform mit. Deshalb ist die Reportage für den Online-Journalismus nicht nur geeignet, sondern erfährt durch diesen eine zusätzliche Bedeutung und Attraktivitätssteigerung. Nunmehr ist es möglich, nicht nur Bilder, sondern auch Töne, Klänge, Bewegung und auch die sinnliche Kombination aus all dem zu zeigen. So entstehen neue Formen des digitalen Storytelling. Nachteil: Der Film, das Kino im Kopf, das bei ausgezeichneten Printreportagen zu entstehen vermag, ist weniger möglich.

Roboterjournalismus
Maschinen, Computer erstellen journalistische Inhalte. Dies geschieht einerseits durch das Zusammenstellen von fertigen Inhalten im Netz, zum Beispiel aus sozialen Netzwerken. Andererseits können Computer bei der Eingabe von Er-gebnissen oder Beschlüssen aus Versatzstücken auch eigene Texte »schreiben«.

RSS(-Feed)
Siehe Newsfeed. Abonnement von Veränderungen auf individuell ausgewählten Webseiten. So erfährt man stets, was es dort Neues gibt.

ScribbleLive
Instant-Messaging-Dienst (Chat), mit dem auch Bilder und Videos versendet werden können.

Scrollreportage
Multimedia-Reportage nach dem Snowfall-Vorbild der New York Times. Zum Beispiel mit Pageflow oder der App Storehouse.

Selfie
Selbstporträt. Mode junger Nutzer, die massenhafte Ausmaße angenommen hat und zu einer eigenen Ausdrucksform geworden ist.

Server
Siehe Webserver.

Session
Sitzung im World Wide Web, Dauer einer Verbindung mit dem Server bis zum Ausloggen.

Shitstorm
Massenhaft negative und pöbelnde Kritik ausrastender User, die mit Beschimpfungen und Verunglimpfungen über einen Online-Beitrag und seinen Verfasser herfallen.

SIRI
Computer-Stimme bei Apple und ein Programm, das mündliche Aufträge annimmt, beantwortet und ausführt. Man kann die weibliche und die männliche Stimme wählen.

Skype
Bildtelefonie via Internet.

Slideshare
Auf dieser Plattform kann man Präsentationen veröffentlichen.

SMS
Kurzmitteilung.

Snowfall

Multimedia-Reportageform, die von der New York Times erstmalig angewandt wurde und zum Vorbild für eine neue Crossmedia-Gattung wurde. Man »wischt« durch die Geschichte, kann stets vor und zurück und selbst bestimmen, für welche Texte, Bilder, Töne und Videos mit allen Informationen man sich entscheidet.

Social Bookmarking

Gemeinsame Lesezeichen als System von Empfehlungen von favorisierten Web-Angeboten in sozialen Netzwerken. Durch das Social Bookmarking finden sich Gemeinschaften nach Interessengebieten und organisieren sich durch Tags, Kommentare, Bewertungen, Links. Dient der Kommunikation und dem Informationsaustausch. Gut auch für das suchmaschinenoptimierte Schreiben. Im mobilen Einsatz wertvoll für die Recherche in sozialen Communities. Beim Social Bookmarking sucht der User die Themen, wird von sich aus aktiv, beobachtet, empfiehlt und gestaltet.

Social Media

Soziale Netzwerke. Mächtiges Online-Medium, ursprünglich als Börse privater Kontakte und Freundschaften angelegt. Mittlerweile ernsthafte Konkurrenz für Nachrichtenmedien. Prinzip: Durch gegenseitiges Einladen, Befreunden, Folgen, Empfehlen und Teilen von Inhalten durch ständig wachsende Gruppen entsteht ein permanenter Strom von Gesprächs- und Diskussionsstoff, Nachrichten und Medien. Zusätzlich zu dieser Funktion bietet sich die Möglichkeit, journalistische Inhalte über soziale Netzwerke bekannt zu machen und zu verbreiten. Auch Blogs sind soziale Netzwerke.

Social Tagging

Durch konsequentes Verschlagworten in sozialen Netzwerken werden Texte auffindbar. Da alle dies tun, die mit denselben Schlagworten arbeiten, ergeben sich Folksoniomien und Tag-Clouds, also Gemeinschaften mit gemeinsamen Themen. Dies bietet für die Recherche starke Angriffspunkte, wenn man sich für eine bestimmte Szene interessiert. Beim Social Tagging suchen die Themen den User, der wie Antennen die Schlagworte seiner Interessen- und Wissensgebiete aufgestellt hat.

Soundslides
Beliebtes Programm, mit dem man Audio-Slideshows herstellen kann.

Spam
Internet-Müll.

Stickiness
Stickiness ist die »Klebrigkeit« einer Webseite, also die Fähigkeit, User dort über einen möglichst langen Zeitraum zu binden.

Storyboard
Regieplan für Audio-, Video-Aufnahmen und Crossmedia-Reportagen. Enthält die wichtigsten Themen und Einstellungen, verknüpft mit den Planungen für die Location vor Ort, zum Beispiel Licht, Ton, Dreherlaubnis etc. Ohne Storyboard ist es schwierig, speziell beim Schnitt die Übersicht zu behalten.

Storytelling
Besondere Erzählform der Reportage mit Emotionalität, rotem Faden, besonderer Pointe und besonderer Sorgfalt bei der Wahl des Mediums und des Erzählstils.

Storify
Für Journalisten und Blogger besonders geeignetes soziales Netzwerk, in dem sich nicht nur Texte und Bilder publizieren, sondern auch Kommentare und Tweets kuratieren, also zusammenbinden und präsentieren lassen.

Stream/Streaming
Live-Übertragung im Internet.

Suchmaschine
Programm, das nach der Eingabe von einem oder mehreren Suchbegriffen je nach Suchalgorithmus eine möglichst große Anzahl von Treffern in Form von Links und Kurztexten liefert.

Suchmaschinenoptimiertes Schreiben – Search Engine Optimization (SEO)
Schreibstil und Methode, die das Auffinden von Texten durch Suchmaschinen
und in sozialen Netzwerken erleichtert. Dabei geht es darum, auf den Punkt zu
kommen und die entscheidenden Schlüssel- und Signalbegriffe früh sichtbar
und idealerweise markiert (Hashtag) anzubringen.

Tag
Inhalte werden mit Schlagwörtern oder Kategorien, Tags oder Hashtags geordnet und dadurch strukturiert, auffindbar und zitierbar.

Tagcloud
Beim social tagging finden sich virtuelle Gemeinschaften unter gemeinsamen
Schlagwörtern und Kategorien in tag clouds zusammen.

Teaser
Anriss-Text, der online Appetit auf den Haupttext machen soll und zum Anklicken reizt.

Template
Formen, Schablonen, Boxen, in denen Inhalte hineingezogen oder geladen
werden können, zum Beispiel in Content-Management-Systemen oder Blogs.

Thread
Spur an Kommentaren und Postings, die ein Online-Beitrag hinter sich herzieht.

Timeline
Zeitleiste, in die Informationen und Hintergrund-Links eingebaut werden
können.

Trackback (Pingback)
Rückmeldung an den jeweils anderen Partner im Falle einer Verlinkung in der
Blogosphäre. So entsteht eine Verbindung der verlinkten Seiten, Kommentare
und weitere Verlinkungen werden generiert. So wird die Reichweite für Blogbeiträge erhöht, das suchmaschinenoptimierte Schreiben unterstützt. Siehe
auch Backlink.

Traffic
So viel ist online los.

Troll
Protagonist des Shitstorms. Pöbelnder User. Dont feed the troll, ignore him. Ganz neu: Meet your Troll. Ist auch nur ein Mensch.

Tumblr
Plattform, um Blogs mit Texten, Fotos, Audio und Video zu publizieren und zu teilen.

Turing-Galaxis versus Gutenberg-Galaxis
Johannes Gutenberg erfand den Buchdruck mit beweglichen Lettern. Alan Turing erfand, bevor es Computer gab, in einem Gedankenexperiment eine Maschine, die mit dem binären Code rechnet, speichert, schreibt und überschreibt.

Tweet/Retweet
Beitrag und Antwort bei Twitter. Begrenzt auf jeweils 140 Zeichen plus Link.

Twitter
Kurznachrichtendienst und soziales Netzwerk, mit dem man online-journalistische Inhalte verbreiten und kommentieren lassen kann. Mit Twitter lassen sich auch Links zu eigenen online-journalistischen Beiträgen verbreiten und teilen.

Unique Visitors/Unique Visits/Unique User
Angabe, um die Frequenz und den Erfolg von Online-Angeboten zu messen. Unique Visitors ist eine sehr qualifizierte, eher aussagekräftige Angabe, da es beschreibt, wie viele verschiedene User in einem bestimmten Zeitraum tatsächlich eine Website besucht haben und dort die verschiedenen Angebote angeklickt und genutzt haben.

Upworthy
Onlineportal, das auf die Verbreitung viraler Inhalte spezialisiert ist. Die sind Texte oder Videos, die aufgrund ihres überraschenden, populären, populistischen oder sogar schockierenden Inhalts binnen kürzester Zeit über soziale Netzwerke massenhaft geteilt und verbreitet werden.

URL
Internet-Adresse oder Webadresse. Setzt sich unter anderem aus dem HTTP, dem www, der Domain und dem Pfad zusammen. Die URL beschreibt also konkrete Pfade innerhalb einer Domain.

Usability
Benutzerfreundlichkeit von Architekturen und Anwendungen im World Wide Web.

User-generated Content
Sammelbegriff für Inhalte von Nutzern, die online-journalistisch verwertet, aufbereitet, präsentiert oder kuratiert werden können. Direktes Resultat der Interaktivität. Dies sind Kommentare, eigene Beiträge, Podcasts, Videos, aber auch Blogs.

Vlog
Video-Blog.

Viral/Virales Marketing
Inhalte, die aufgrund ihres überraschenden, populären, populistischen oder sogar schockierenden Inhalts binnen kürzester Zeit über soziale Netzwerke massenhaft geteilt und verbreitet werden. Dies kann man auch besonders wirkungsvoll mit Werbung verknüpfen.

Viral-Desk
Nachrichtentisch in einer (Online-)Redaktion, der soziale Netzwerke auswertet und besonderen Geschichten auf der Spur ist, die so elektrisierend sind, dass sie massenhaft geteilt werden.

Virtuelle Gemeinschaften/Virtual Community
Vor allem soziale Netzwerke, aber auch Foren und themenorientierte Gemeinschaften über social tagging und social bookmarking. Menschen sind nicht mehr darauf angewiesen, sich physisch zu treffen und auszutauschen. Sie verbinden sich im World Wide Web, tauschen Ideen, Meinungen und Informationen aus. Es treffen sich wirklich die mit gleichen Interessen.

Visit(s)
Angabe, um die Frequenz und den Erfolg von Online-Angeboten zu messen. Dabei wird jeder Besuch einer Website in einem bestimmten Zeitraum gezählt, auch wenn es sich um mehrere Besuche desselben Users handelt. Die Zahl der Visits sagt also nichts über die Zahl der Nutzer aus.

Webdossier
Feature im Netz zu einem bestimmten Thema. Alle Medien vertreten und verlinkt, zahlreiche Hintergrunddokumente, Daten und Hintergrundinformationen. Webreportage.

Webserver
Computer oder Programm, mit dem ein einzelner Web-Teilnehmer (Client) mit seinen Seiten ins Internet kommt. Webserver stehen entweder beim Provider (Internet-Anbieter) oder in Rechenzentren oder Serverfarmen bei Unternehmen.

Website
Die Internet-Präsenz eines Anbieters oder das Portal bezeichnet man als Website – und damit eine Summe von einzelnen Webseiten. Die Website ist der gesamte Auftritt, die Webseite ist ein Teil davon, eine Internetseite oder ein Webdokument.

Web 2.0
World Wide Web, das durch Hypertext weltumspannende Interaktion, Kommunikation und Kollaboration in Echtzeit und damit soziale Netzwerke möglich gemacht hat. Basis mithin auch für Journalismus online, der erstmals in der Geschichte in Produktion und Vertrieb ohne Produktionsmittel auskommt, nahezu kostenlos produziert und kostenlos konsumiert werden kann.

Web 3.0
In Umrissen bereits sichtbare Erweiterung des Web 2.0. Sie entwickelt sich in Kombination aus der derzeit exponentiell wachsenden sozialen Vernetzungsrate durch Tagging und Bookmarking einhergehend mit dem weiteren Siegeszug neuer mobiler Endgeräte sowie dem zunehmenden Einsatz künstlicher Intelligenz in Bot-Programmen. Journalismus im Web 3.0 wird weltweit flächendeckend

von jedermann jederzeit erreichbar sein, kaum noch Sprachbarrieren kennen und über satellitengestützte kollaborative Dienste buchstäblich in jeden Winkel blicken können.

Whats App
Instant-Messaging-Dienst (Chat), mit dem auch Bilder und Videos versendet werden können.

Wiki
Mächtiges Instrument des Crowdsourcing. Das Wissen der Vielen wird auf speziellen Themengebieten abgefragt. Die Webseiten können nicht nur aufgerufen und gelesen, sondern auch verändert werden. Wenn jeder mit Spezialwissen dies tut, entsteht durch Kollaboration hohe Leistungsfähigkeit. WikiLeaks machte der Öffentlichkeit eine Vielzahl vertraulicher Dokumente des US-Geheimdienstes NSA zugänglich und ermöglichte die weitere Recherche zahlreicher Journalisten.

Wikipedia
Online-Enzyklopädie nach dem Wiki-Prinzip, die von ihren Nutzern ständig aktualisiert wird. In den meisten Fällen können Ereignisse tagesaktuell aufgenommen werden. Wikipedia-Inhalte müssen durch Quellen belegt sein. Moderatoren wachen darüber, dass Einträge nicht zur Manipulation missbraucht werden. Schwächen hat Wikipedia, wenn es bei aktuell kontroversen Themen von Diskussionsteilnehmern instrumentalisiert und somit selbst zum Gegenstand der Auseinandersetzung zu werden droht.

WordPress
Erfolgreichstes und gebräuchlichstes Content-Management-System für Blogs. Besonders einfach, anwenderfreundlich. Kann auch als Podcast und Video-Blog betrieben werden und mit zahlreichen Plugins bis zum Tool für Multimedia-Reportagen ausgebaut werden. Besonders effizient in der Unterstützung des suchmaschinenoptimierten Schreibens.

World-Wide-Web, WWW
System aller Webseiten mit allen Inhalten, die über Links im Hypertext und ein weltweites System von Webservern miteinander verbunden sind.

Xing
Soziales Netzwerk mit starkem Karriere-Profil. Dort sind überwiegend User mit Hochschulabschluss unterwegs, oft aus Wirtschaft, Kultur und Forschung.

YouTube
Portal und soziales Netzwerk, in das man selbstgedrehte Videos einstellen und gleichzeitig für die Einbindung in den Blog, zum Beispiel WordPress, vorbereiten kann.

Zapper, Zappen
Gefürchteter flüchtiger User. Schwer zu halten. Bringt viele Klicks, aber ansonsten wenig Wirkung. Andererseits: Lässt sich gern überraschen.

Zehn-Sekunden-Regel
Wer den User innerhalb von zehn Sekunden nicht zu binden, interessieren oder zu fesseln vermag, hat ihn bereits unwiderruflich verloren. Zehn Sekunden sind bereits hoch bemessen.

Zwischentitel/Zwischenüberschriften
Wichtiges Gestaltungsmittel, um Onlinetexte aufzulockern und mit Schlüsselbegriffen und Reizwörtern auszustatten.

10 000 Flies
App, die das Beste aus der deutschen Blogosphäre präsentiert.

20 Mein Kompass – So wirst Du Journalist

Es ist erstaunlich, dass einer der begehrtesten Berufe unklar in seinem Bild ist – und häufig falsche Vorstellungen und Missverständnisse auslöst. Die Wege in den Journalismus sind zudem vielfältig und sehr zerklüftet. Zum einen sind Privilegierung und Freiheit des »Journalismus« sehr groß. Artikel 5 des Grundgesetzes hebt die Freiheit der journalistischen Entäußerung in den Rang eines verfassungsmäßig verankerten Grundrechts: Jeder hat das Recht, seine Meinung in Wort, Schrift und Bild frei zu äußern und zu verbreiten. Jeder hat zudem das Recht, sich aus allgemein zugänglichen Quellen ungehindert zu unterrichten. Pressefreiheit und Freiheit der Berichterstattung durch Rundfunk und Film werden gewährleistet. Durch Online-Medien auch, müsste man hinzufügen. Eine Zensur findet nicht statt. Prüfungen übrigens auch nicht. Es gibt keine Abschlussprüfung, keinen Kanon des Könnens und Wissens, den man beherrschen muss, um Journalist zu sein. Journalist bist du zunächst einmal, wenn du es bist.

Auch die Anstellungsmöglichkeiten für Journalisten sind ebenso vielfältig wie diffus. Journalist kann sein, wer seine Meinung in Wort, Schrift und Bild frei äußert und verbreitet. Es ist unerheblich, ob er oder sie dies in einem konventionellen Medium oder online verbreitet, zum Beispiel in einem Blog. Das Telemediengesetz zieht eine Grenze dort, wo Inhalte nicht mehr ausschließlich persönlichen oder familiären Zwecken dienen. Freier Journalist kann also jeder sein. Dies ist einerseits eine große Chance. Andererseits sollte man sich davon nicht blenden lassen. Denn Journalist ist nicht, wer sich so nennt, sondern seine journalistische Tugend und Qualität unter Beweis zu stellen vermag. Dazu gehört es, Menschen mit Verantwortung und Glaubwürdigkeit zu informieren und zu unterhalten.

Neben dieser freischwebenden Variante – ähnlich wie beim Autor oder beim Schriftsteller – ist Journalist, wer seinen Lebensunterhalt überwiegend mit journalistischer Tätigkeit bestreitet. Diese Hürde ist bereits etwas höher. Sichtbar wird das Zweischneidige des Journalismus: Einerseits können sich Bezahlbarkeit und Qualität nach den einschlägigen Kriterien durchaus ausschließen. Auch

Abhängigkeit kann in einem Spannungsverhältnis zur unbedingten journalistischen Unabhängigkeit stehen. Andererseits, mit Verlaub: Keine Ethikrichtlinie, keine Berufsehre kann Unmögliches verlangen. Selbstverständlich müssen auch Journalisten in der Lage sein, mit ihrem Handwerk Geld zu verdienen und ein Auskommen zu haben. Es sind ja gerade die Verlage, öffentlich-rechtlichen Anstalten und Medienunternehmen, die Journalisten eine Doppelfunktion als Träger eines privilegierten Auftrags und abhängig Beschäftigter garantieren und gewährleisten können. Hier ist der festangestellte Journalist Redakteur, Fach-Redakteur, Online-Redakteur oder Foto-Redakteur.

Der klassische Weg in die Redaktion ist das Volontariat, die Ausbildung in einem Medienhaus zum Redakteur. Es gibt keine Zeitung, keinen Sender, kein Medium mehr, in dem der Online-Journalismus nicht eine wichtige Ausbildungsstation darstellt. Das heißt jedoch auch: Online first hat sich noch längst nicht in allen Volontariatsplänen vollständig durchgesetzt. Fast hat es sogar den Anschein, als würden hier bisweilen noch ein paar althergebrachte Inhalte in unverhältnismäßiger Weise vermittelt. Andererseits muss man ja schließlich auch die Geschichte seines Berufes kennen ... Spaß beiseite: Ein Volontariat, das Online-Journalismus lediglich als »Neben-Kanal« mit einspeist, wird aktuellen Herausforderungen nicht mehr gerecht. Einige Journalistenschulen und medienwissenschaftliche Hochschulinstitute tragen dem bereits – besser als etliche Verlage – mit multimedialen Lehrredaktionen und konsequentem Crossmedia-Anspruch Rechnung. Wie auch immer: Der klassische Weg zum Redakteur führt zwei Jahre lang durch eine Redaktion. Wer ein Volontariat will, muss sich »mit Haut und Haaren« bewerben. Immer gibt es wesentlich mehr Bewerber als Volontariatsstellen. Und diese Mitbewerber, das muss man sich klarmachen, sind nach allen Regeln der Kunst vorbereitet, haben ein hohes Allgemein- und Aktualitätswissen, ein Studium erfolgreich absolviert und einschlägige Praktika durchlaufen. Sie bieten starke journalistische Arbeitsproben an, die sie beispielsweise durch freie Mitarbeit bei einer Zeitung oder einem Sender bereits veröffentlicht haben.

Wer an sich selbst zweifelt oder an seinem künftigen Arbeitgeber, bei dem er sich paradoxerweise dennoch bewirbt, bekommt mit Sicherheit kein Volontariat. Die nächste Hürde ist es, sich in der Redaktion zu bewähren. Hier trifft der Volontär in einer Ausbildung, die überwiegend auf dem Prinzip »Learning by doing« beruht, auf zum Teil jahrzehntelang »gestandene« Kollegen, die mitunter noch eine ganz eigene Philosphie ihres Berufes vermitteln. Was mitunter sehr erschwerend hinzukommt und sich zunehmend zur Hypothek für den Beruf erweist, sind Umbruch- und Konzentrationsprozesse, die auch Ausbildungs- redakteuren aufs Gemüt schlagen und sie bisweilen die falschen Botschaften vermitteln lassen. Hiervon sollten sich Volontäre freilich nicht entmutigen lassen. Denn nach wie vor ist das Volontariat ein ausgezeichnetes Sprungbrett. Und daran, ständig an sich selbst zu arbeiten, sich multi- und crossmedial fortzubilden und weiterzuentwickeln, führt ohnehin kein Weg vorbei.

Nach dem zweijährigen Volontariat gibt es keine Abschlussprüfung. Die Übernahme ins Redakteursverhältnis, früher obligatorisch, ist heute die nächste entscheidende Hürde. Es gibt keine Garantie, schon gar nicht für ein unbefristetes Anstellungsverhältnis. Häufig gibt es Falle eines erfolgreichen Volontariats einen auf ein Jahr befristeten Vertrag. Er kann noch einmal um ein Jahr verlängert werden, dann wird der Arbeitgeber das Verhältnis beson- ders kritisch überprüfen, weil anschließend eine unbefristete Festanstellung unumgänglich ist. Es ist dringend zu raten, im »Traumberuf« das Lernen, die flexible Neuorientierungsgabe und die Problemlösungskompetenz angesichts sich permanent wandelnder komplexer Herausforderungen niemals einzu- stellen. Um so mehr ist diese Tugend in Medien notwendig, die sich gerade selbst neu erfinden. Wenn wir von Online-Journalismus sprechen, ist dies ein Schlüssel für die Zukunft. Wer sich seine wichtigsten Tugenden angeeignet und sie verinnerlicht hat, hat weder innerhalb einer Redaktion noch als Pionier für neue journalistische Produkte etwas zu befürchten. Dies sind: Wachsamkeit und Gespür für neue Entwicklungen und Spaß daran, sicheres Beherrschen der journalistischen Darstellungsformen, Bereitschaft und Fähigkeit zu Crossmedia, sicheres Aktualitäts-Zeitmanagement – und vor allem der eigene Name und die eigenen Ideen als Erkennungszeichen und Marke. Wer das hat, steht nicht in der Warteschlange. Er oder sie hat die freie Auswahl.

Studium

Ein Studium ist zwingend notwendig, doch es ist eine Grundsatzfrage, für welchen Studiengang man sich entscheidet. Kann man Journalismus studieren? Nein und Ja. Nein, weil nach der Auffassung der meisten Praktiker und vor allem der Chefredakteure der Praxisbezug in einem Volontariat durch nichts zu ersetzen ist. Das kann man nicht vollständig von der Hand weisen. Skepsis erscheint zudem berechtigt, wenn ein Primat der Medien-Soziologie sichtbar wird, bei dem es um abstrakte Strukturen geht, die sich einer verständlichen Sprache nicht selten verschließen – und nicht um konkrete praktische Lösungen mit angeschlossener Übersetzungsfunktion. Zudem bietet sich die Chance, mit einem Fachstudium Spezialkenntnisse »für den eigenen Kopf« zu erwerben. Klassiker sind hier die Germanistik, Politik oder Geschichte – und mit zunehmender Dringlichkeit muss empfohlen werden, sich für eine Naturwissenschaft zu entscheiden: Wer eine Physik, eine Chemie oder Informatik im Portefeuille hat, schafft sich exzellente Startbedingungen. Und ja, man kann Journalismus studieren, weil sich ausgezeichnete Studiengänge präsentieren und zunehmend miteinander in Konkurrenz um die besten »Digital natives« stehen. Besonders hervorzuheben: Besser als in vielen Redaktionen ist in den meisten Medienwissenschafts-, Kommunikations- und Journalistik-Studiengängen mittlerweile verbreitet, dass es um die Vermittlung und den Aufbau von Pioniertugenden geht – und das betrifft gerade und vor allem den Online-Journalismus. Vielleicht lässt sich das derzeit auf dem Medien-Campus, in der akademischen Lehrredaktion oder im Journalismus-Labor der Hochschule am besten lernen und damit experimentieren. Überlaufen sind diese Studiengänge indes alle, weil »Irgendetwas mit Journalismus« leider ein Mode-Berufswunsch ist. Häufig herrschen hier Missverständnisse vor – und mancher Studienbewerber hat leider vollkommen falsche Vorstellungen vom Grad der Eigenverantwortung und Selbstorganisation, die da auf ihn zukommt. Wenn dann noch ein Kandidat zwar als vermeintlicher »Digital native« in die Journalistik, die Kommunikations- oder Medienwissenschaften drängt, aber nicht selbst seine journalistische Marke in den sozialen Netzwerken konsequent entwickelt, weder bloggt noch twittert, ein eigenes Portal startet oder wenigstens in regelmäßigem Kontakt mit seiner Lokal- oder Regionalzeitung steht – dann kann es Enttäuschungen auf beiden Seiten geben. Ich plädiere mittlerweile für ein Medien-Studium mit kräftigem Wissenschafts- und Technik-Anteil, garniert mit kräftigen eigenen Projekten sowie frühestmöglicher An- und Einbindung in eine Redaktion.

Hier ein Überblick über geeignete Studiengänge in Deutschland (Auswahl)

Hochschule Darmstadt, Campus Dieburg
Onlinejournalismus (Bachelor)
journalismus.h-da.de/oj/
Bundesweit erster und führender Studiengang zum Thema Onlinejournalismus, immer noch mit Alleinstellung.
40 Studenten pro Jahr.
E-Mail: journalismus@h-da.de
Telefon: (06071) 829420

FH Köln, Campus Südstadt
Online-Redakteur (Bachelor)
www.online-redakteure.com/de/
Ausgezeichnete Möglichkeit, direkt mit dem Ziel Online-Redakteur zu studieren. Hervorragende Praxis-Vernetzung, exzellente Aussichten.
E-Mail: petra.werner@fh-koeln.de
Telefon: (0221) 82753373

TU Dortmund
Journalistik (Bachelor und Master)
www.journalistik-dortmund.de/start.html
Eine der Mütter aller Journalismus-Studiengänge. Hervorragende Praxis-Vernetzung, exzellente Aussichten.
E-Mail: tobias.schweigmann@tu-dortmund.de
Telefon: (0231) 7552814

Uni Leipzig
Kommunikations- und Medienwissenschaft (Bachelor)
Journalistik (Master)
www.kmw.uni-leipzig.de/institut.html
Eine der Mütter aller Journalismus-Studiengänge. Hervorragende Praxis-Vernetzung, exzellente Aussichten.
E-Mail: sekrmwk@rz.uni-leipzig.de
Telefon: (0341) 9732041

Leipzig School of Media
New Media Journalism (Berufsbegleitender Master)
www.leipzigschoolofmedia.de/masterstudiengaenge/new-media-journalism.
html
Studium für Redakteure und Verlagsmitarbeiter in Zusammenarbeit mit der
Uni Leipzig.
E-Mail: info@leipzigschoolofmedia.de
Telefon: 0341/56296701

Uni Tübingen
Medienwissenschaft (Bachelor und Master)
E-Mail: birgit.losch@uni-tuebingen.de
Telefon: 07071/2972352
www.uni-tuebingen.de/einrichtungen/zentrale-einrichtungen/zentrum-fu-
er-medienkompetenz.html
E-Mail: info@zfm.uni-tuebingen.de
Telefon: (07071) 2976710

Hochschule Hannover
Journalistik (Bachelor)
f3.hs-hannover.de/studium/bachelor/journalistik/inde.html
E-Mail: stefan.heijnk@hs-hannover.de
Telefon: (0511) 92962610

FU Berlin
Publizistik und Kommunikationswissenschaft (Bachelor)
www.polsoz.fu-berlin.de/kommwiss/institut/index.html
E-Mail: pukba@zedat.fu-berlin.de
Telefon: (030) 83870000

Uni Düsseldorf
Kommunikations- und Medienwissenschaft (Bachelor)
www.phil-fak.uni-duesseldorf.de/kommunikations-und-medienwissenschaft/
E-Mail: ba-kmw@phil.hhu.de
Telefon: (0211) 8112345

Hochschule Bremen
Internationaler Studiengang Journalistik (Bachelor)
www.hs-bremen.de/internet/de/studium/stg/isf
E-Mail: Barbara.Witte@hs-bremen.de
Telefon: (0421) 59052813

Hochschule für Medien, Kommunikation und Wirtschaft (HMKW) Berlin Köln
Journalismus und Unternehmenskommunikation (Bachelor)
Konvergenter Journalismus (Master)
E-Mail: studienberatung-berlin@hmkw.de Telefon: (030) 467769330
E-Mail: studienberatung-koeln@hmkw.de Telefon: (0221) 22213933

Hochschule für Musik, Theater und Medien Hannover
Medienmanagement (Bachelor und Master)
www.ijk.hmtm-hannover.de/de/start
E-Mail: info@ijk.hmtm-hannover.de
Telefon: (0511) 3100497

Uni/GHS Paderborn
Medienwissenschaften (Bachelor und Master)
kw1.uni-paderborn.de/institute-einrichtungen/mewi/
E-Mail: medwiss@uni-paderborn.de
Telefon: (05251) 603284

Uni Mainz
Journalismus (Master)
www.ifp.uni-mainz.de
www.journalistik.uni-mainz.de
E-Mail: journal@uni-mainz.de
Telefon: (06131) 3939300

FH Gelsenkirchen
Journalismus und Public Relations (Bachelor)
www3.fh-gelsenkirchen.de/JPR/index.php?rub=home
E-Mail: kurt.weichler@fh-gelsenkirchen.de
Telefon: (0209) 9596636

Uni Eichstädt-Ingolstadt
Journalistik (Bachelor und Master)
www.ku.de/slf/jour/
E-Mail: gabriele.kendl@ku.de
Telefon: (08421) 9321564

Uni München
Journalismus (Master)
Kommunikationswissenschaft (Bachelor und Master)
www.ifkw.uni-muenchen.de
E-Mail: post@ifkw.lmu.de
Telefon: (089) 21809428

**Macromedia Hochschule für Medien und Kommunikation München Berlin
Hamburg Köln Stuttgart**
Journalistik (Bachelor und Master)
www.macromedia-fachhochschule.de
E-Mail: b.stelzner@macromedia.de
Telefon: (089) 544151594

Dekra Hochschule Berlin
Journalismus (Bachelor)
Mit Spezialisierung Online-Journlismus
dekra-hochschule-berlin.de/studium/journalismus/
E-Mail: info@dekra-hochschule-berlin.de
Telefon: (030) 290080200

Uni Bamberg
Kommunikationswissenschaft (Bachelor und Master)
www.uni-bamberg.de/kowi/
E-Mail: studienberatung.kowi@uni-bamberg.de
Telefon: (0951) 8632284

TU Dresden
Medienforschung, Medienpraxis (Bachelor)
E-Mail: studienberatung@tu-dresden.de
Telefon: (0351) 46336063

TU Braunschweig
Medienwissenschaften (Bachelor)
Medientechnik und Kommunikation (Master)
https://www.tu-braunschweig.de/medienwissenschaften
E-Mail: medienwissenschaften@tu-braunschweig.de
Telefon: (0531) 3918930

Uni Augsburg
Medien und Kommunikation (Bachelor und Master)
www.imwk.uni-augsburg.de/de/
E-Mail: petra.cullmann@phil.uni-augsburg.de
Telefon: (0821) 5985674

Uni Freiburg
Medienkulturwissenschaft (Bachelor)
www.medienkulturwissenschaft.uni-freiburg.de
E-Mail: elisa.lang@medienkultur.uni-freiburg.de
Telefon: (0761) 20397840

Uni Hamburg
Medien- und Kommunikationswissenschaft (Bachelor)
Journalistik und Kommunikationswissenschaft (Master)
www.slm.uni-hamburg.de/imk/index.html
E-Mail: ihno.goldenstein@wiso.uni-hamburg.de
Telefon: (040) 428383820

Uni Mannheim

Medien- und Kommunikationswissenschaft (Bachelor und Master)

mkw.uni-mannheim.de/startseite/index.html

E-Mail: mkw-online@mailman.uni-mannheim.de

Telefon: (0621) 1813956

Uni Trier

Medien-Kommunikation-Gesellschaft (Bachelor)

Medienwissenschaft (Master)

https://www.uni-trier.de/index.php?id=1221

E-Mail: christoph.barth@uni-trier.de

Telefon: (0651) 2013609

Uni Münster

Kommunikationswissenschaft (Bachelor und Master)

www.uni-muenster.de/Kowi

E-Mail: kommunikationswissenschaft@uni-muenster.de

Telefon: (0251) 8321310 oder 8328394

Sporthochschule Köln

Sportjournalismus (Bachelor)

https://www.nrwision.de/programm/sendungen/ansehen/dshs-tv-thema-traumberuf-sportjournalist.html

E-Mail: i.oelrichs@dshs-koeln.de

Telefon: (0221) 49826241

Hochschule Magdeburg-Stendal

Journalismus (Bachelor)

https://www.hs-magdeburg.de/studium/bachelor/journalismus.html

E-Mail: uwe.breitenborn@hs-magdeburg.de

Telefon: (0391) 8864616

Hochschule Würzburg
Medienmanagement (Bachelor)
medien.fhws.de/studium/
E-Mail: caroline.garbe@fhws.de
Telefon: (0931) 35118954

FH des Mittelstands, Campus Bielefeld
Medienkommunikation und Journalismus (Bachelor)
Crossmedia & Communication Management (Master)
www.fh-mittelstand.de/medienkommunikation
E-Mail: neubauer@fh-mittelstand.de
Telefon: (0521) 9665521

Uni Hohenheim (Stuttgart)
Kommunikationswissenschaft (Bachelor)
Kommunikationsmanagement (Master)
https://kowi.uni-hohenheim.de/startseite
E-Mail: zsb@uni-hohenheim.de
Telefon: (0711) 45922789

Uni Halle-Wittenberg
Medien- und Kommunikationswissenschaften (Bachelor und Master)
www.medienkomm.uni-halle.de
E-Mail: sekretariat@medienkomm.uni-halle.de
Telefon: (0345) 5523571 oder 5523581

Uni Passau
Medien und Kommunikation (Bachelor und Master)
zmk.uni-passau.de/muk_neu/
E-Mail: alexandra.schaetzl@uni-passau.de
Telefon: (0851) 5092931

TU Ilmenau
Angewandte Medien- und Kommunikationswissenschaft (Bachelor)
Media and Communication Science (Master)
https://www.tu-ilmenau.de/ifmk/
E-Mail: ifmk@tu-ilmenau.de
Telefon: (03677) 694708

Hochschule Mittweida
Angewandte Medien (Bachelor)
Medienmanagement (Bachelor)
https://www.me.hs-mittweida.de
E-Mail: kontakt@hs-mittweida.de
Telefon: (03727) 580

Journalistenschulen

Die Journalistenschulen gelten nach wie vor als Kaderschmieden für den Elite-Nachwuchs, die Aufnahme-Hürden sind entsprechend hoch. Die Berufsaussichten für die Absolventen sind exzellent. Keine Frage, dass auch in den meisten von ihnen der Online-Journalismus den wichtigsten Lehr-Inhalt ausmacht.

Hier eine Übersicht über Journalistenschulen (Auswahl)

Axel Springer Akademie
www.axel-springer-akademie.de
E-Mail: info@axel-springer-akademie.de
Telefon: (030) 259178800

Berliner Journalisten-Schule
www.berliner-journalisten-schule.de
E-Mail: info@berliner-journalisten-schule.de
Telefon: (030) 23276002

Burda Journalistenschule
www.burda-journalistenschule.de
E-Mail: info@burda-journalistenschule.de
Telefon: (0781) 843577 oder 843336

Deutsche Journalistenschule
www.djs-online.de
E-Mail: post@djs-online.de
Telefon: (089) 2355740

Deutsches Journalistenkolleg
www.journalistenkolleg.de
E-Mail: kontakt@journalistenkolleg.de
Telefon: (030) 810036885

die medienakademie
www.diemedienakademie.de
E-Mail: info@diemedienakademie.de
Telefon: (040) 69458970

Electronic Media School
www.ems-babelsberg.de/de.html
E-Mail: alexandra.waechter@ems-babelsberg.de
Telefon: (0331) 7313200

Erich-Brost-Institut für internationalen Journalismus
www.brost.org
E-Mail: brost.fk15@tu-dortmund.de
Telefon: (0231) 7556971

Evangelische Journalistenschule
www.evangelische-journalistenschule.de
E-mail: info@ev-journalistenschule.de
Telefon: (030) 310011221

Freie Journalistenschule
www.freie-journalistenschule.de
Telefon: (030) 84591720

Georg von Holtzbrinck-Schule für Wirtschaftsjournalisten
www.holtzbrinck-schule.de
E-Mail: p.brors@vhb.de
Telefon: (0211) 8871172 oder 8871549

Günter Holland Journalistenschule
www.ghjs.de
E-Mail: birgit.raila@presse-druck.de
Telefon: (0821) 7772702

Henri-Nannen-Schule
www.journalistenschule.de
E-Mail: info@journalistenschule.de
Telefon: (040) 37032376

Institut zur Förderung publizistischen Nachwuchses
www.journalistenschule-ifp.de
E-Mail: info@journalistenschule-ifp.de
Telefon: (089) 5491030

Journalistenschule der Bauer Media Group
www.bauer-media-academy.com/bma-journalistenschule/
E-Mail: bauer-media-academy@bauermedia.com
Telefon: (040) 30192469

Journalistenschule Ruhr
www.journalistenschule-ruhr.de
E-Mail: info@journalistenschule-ruhr.de
Telefon: (0201) 2939340

Mitteldeutsche Journalistenschule
http://www.mjs-mw.de
E-Mail: jaenecke@mjs-mw.de
Telefon: (03727) 58114

Kölner Journalistenschule für Politik und Wirtschaft
www.koelnerjournalistenschule.de/schule
E-Mail: info@koelnerjournalistenschule.de
Telefon: (0221) 9955870

mibeg-Institut Medien
www.mibeg.de/medien/
E-Mail: medien@mibeg.de
Telefon: (0221) 33604610

Stiftung Journalistenakademie Dr. Hooffacker
https://www.journalistenakademie.de
E-mail: info@journalistenakademie.de
Telefon: (089) 1675106

Zeitenspiegel-Reportageschule Günter Dahl
www.reportageschule.de
E-Mail: info@reportageschule.de
Telefon: (07121) 336182

Akademie für Publizistik
www.akademie-fuer-publizistik.de
E-Mail: info@akademie-fuer-publizistik.de
Telefon: (040) 4147960

ABZV Bildungswerk der Zeitungen
www.abzv.de/journalismus/
E-Mail: info@abzv.de
Telefon: (02223) 9062500

Journalistenakademie der Konrad-Adenauer-Stiftung
www.kas.de/wf/de/42.67
E-Mail: Marcus.Nicolini@kas.de
Telefon: (02241) 2462529

21   Was wir zusammen tun können

Warum habe ich dieses Buch geschrieben? Ich hätte ja auch mit meiner Familie in den Urlaub fahren können. Es schien mir jedoch wichtig, mich mit der Zukunft meines Berufes zu beschäftigen, eines der schönsten und interessantesten der Welt.

Ehrlich gesagt, hat es mich auch gepackt, gerade selbst mittendrin in einer solchen Veränderung zu stecken, bei der offenbar kein Stein auf dem anderen bleibt. Ich bin mir sicher, dass es Vielen so geht. Da sind die, die mit mir über die Zukunft unseres Berufes nachdenken. Da sind die, für die der Journalismus immer noch ein Traumberuf ist. Und schließlich die, die wissen wollen, was sich gerade tut und verändert.

Warum aber überhaupt noch ein Buch schreiben? Es steht doch schon alles online. Zunächst: So ein Buch bietet einen kompakten Zugang, ist ein Statement, fordert zur Auseinandersetzung und Diskussion heraus. Und das will ich auch. Ich hätte auch gern etwas davon. Und deshalb verabreden wir auch hier als kleine Gegenleistung eine Art Rückmeldung an den Autor.

Ich hätte da mal ein paar Fragen:

- Was ist in diesem Buch hilfreich, was kann man gebrauchen?
- Was fehlt, was muss ich besser machen?
- Welche Fragen sollten vertieft werden?
- Welche Praxisprobleme gibt es noch?
- Welche Zukunft hat der Beruf, den wir lieben?

Ich glaube, dass es sich lohnt, um die Antworten zu ringen. Ich denke an das Bild von der Garage. Hier sind die offenen Türen zu meiner:

- https://henningnoske.wordpress.com
- @HenningNoske (Twitter)
- henning.noske@facebook.com
- henning.noske@icloud.com
- henning.noske@bzv.de
- Bei Facebook: Journalismusbuch Henning Noske

22 Meine Online-Journalismus-Handbibliothek

Das sind die Bücher, die in meinem Handbuch-Regal stehen, immer in Griffweite meines Schreibtisch-Arbeitsplatzes. Mit ihnen arbeite ich regelmäßig. Ich habe sie zur Anregung und Inspiration genutzt und kann sie jedem zur Vertiefung, zum Weiterstudieren und zur noch umfassenderen Information empfehlen, als es mir möglich war.

Böhler, Wolfgang: Journalismus und Internet. Warum sich die Medienwelt noch dramatischer verändern wird, als wir heute glauben. Zürich 2013.

Briggs, Mark: Journalism Next. A Practical Guide to Digital Reporting and Publishing. Second Edition. Los Angeles 2013.

Fengler, Susanne und Kretzschmar, Sonja (Hrsg.): Innovationen für den Journalismus. Wiesbaden 2009.

Fleischhacker, Michael: Die Zeitung. Ein Nachruf. Wien 2014.

Haller, Michael: Brauchen wir Zeitungen? Zehn Gründe, warum die Zeitungen untergehen. Und zehn Vorschläge, wie dies verhindert werden kann. Köln 2014.

Haller, Michael: Die Reportage, 6. Auflage. Konstanz 2008.

Hill, Steve und Lashmar, Paul: Online Journalism. The Essential Guide. London 2014.

Hooffacker, Gabriele: Online-Journalismus. Texten und Konzipieren für das Internet. 3. Auflage, Berlin 2010.

Jakubetz, Christian: Crossmedia. 2. Auflage. Konstanz 2011.

Jakubetz, Christian, Langer, Ulrike und Hohlfeld, Ralf (Hrsg.): Universalcode. Journalismus im digitalen Zeitalter. München 2011.

Kisch, Egon Erwin: Reportagen. Ausgewählt und mit einem Nachwort von Erhard Schütz. Stuttgart 1978.

Kisch, Egon Erwin: Der rasende Reporter (= Gesammelte Werke, Band V). 5. Auflage, Berlin und Weimar 1986.

Kisch, Egon Erwin: Mein Leben für die Zeitung. Teil 1: 1906–1925 (= Gesammelte Werke, Band VIII). Berlin und Weimar 1983.

Korte, Martin: Jung im Kopf. Erstaunliche Einsichten der Gehirnforschung in das Älterwerden. München 2012.

Lackerbauer, Ingo: Handbuch für Online-Texter und Online-Redakteure. Berlin/ Heidelberg 2003.

Luckie, Mark S.: The Digital Journalist's Handbook. Mark S. Luckie 2011.

Matzen, Nea: Online-Journalismus. 2. Auflage, Konstanz 2011.

Meier, Klaus: Internet-Journalismus. 3. Auflage, Konstanz 2002.

Milz, Annette (Hrsg.): Journalisten-Werkstatt, Tipps und Werkzeuge, Datenjournalismus. Salzburg-Eugendorf 2014.

Netzwerk Recherche (nr-Werkstatt Nr. 18): Online-Journalismus. Zukunftspfade und Sackgassen. Hamburg 2011.

Noske, Henning: Journalismus. Was man wissen und können muss. Ein Lese- und Lernbuch. Essen 2012. 2. Auflage, Bibliothek des Journalismus, Essen 2015.

Sauer, Moritz: Das WordPress Buch. Köln 2013.

Schneider, Wolf und Raue, Paul-Josef: Das neue Handbuch des Journalismus und des Online-Journalismus. Reinbek bei Hamburg 2012.

Schulz-Bruhdoel, Norbert und Bechtel, Michael: Medienarbeit 2.0. Cross-Media-Lösungen. Das Praxisbuch für PR und Journalismus von morgen. 2. Auflage, Frankfurt a. M. 2011.

Schwenk, Ernst F.: Sternstunden der frühen Chemie von Johann Rudolph Glauber bis Justus von Liebig. München 1998.

Simons, Anton: Journalismus 2.0. Konstanz 2011.

Stovall, James Glen: Media Reporting. Principles and Practices of Modern Journalism in a Multimedia World. James Glen Stovall 2013.

Sturm, Simon: Digitales Storytelling. Eine Einführung in neue Formen des Qualitätsjournalismus. Wiesbaden 2013.

Weichert, Stephan, Kramp, Leif und Jakobs, Hans-Jürgen: Wozu noch Journalismus? Wie das Internet einen Beruf verändert. Göttingen 2010.

Weinberg, Tamar: Social Media Marketing. Strategien für Twitter, Facebook und Co. Köln 2012.

23   Blogs, Blogs, Blogs

Hilfreiche und lesenswerte Online-Journalismus-Blogs (Auswahl) und Internet-Adressen

http://www.onlinejournalismus.de: Alle Aspekte und aktuellen Entwicklungen des Online-Journalismus.

http://get.torial.com/blog/: Netzwerk für Online-Journalisten, alle Aspekte und aktuellen Entwicklungen des Online-Journalismus.

http://www.vocer.org: Das Online-Magazin und Debattenforum begleitet den medialen Wandel und vereinigt viele wichtige Herausgeber und Autoren des Online-Journalismus.

http://universal-code.de: Blog des Bildungswerks der Zeitungen zum Online-Journalismus-Standardwerk »Universalcode«.

http://www.journalismus-handbuch.de: Blog von Paul-Josef Raue zum Journalismus-Standardwerk »Das neue Handbuch des Journalismus und des Online-Journalismus«.

http://klaus-meier.net: Journalismus-Forscher Prof. Klaus Meier, Nestor des Online-Journalismus, schreibt.

http://medialdigital.de: Online-Journalismus-Pionierin und Kolumnistin Ulrike Langer schreibt.

http://neamatzen.net: Autorin Nea Matzen (tagesschau.de) schreibt.

http://www.journalisten-tools.de: Sebastian Brinkmann (Rheinische Post) und zahlreiche Gastautoren über nützliche Journalisten-Tools.

http://www.onlinejournalismus.org: Blog zum Standardwerk »Onlinejournalismus« von Prof. Gabriele Hooffacker.

http://onlinejournalismusblog.com: Stephan Dörner (Wall Street Journal Deutschland) schreibt über Online-Journalismus und die Chancen des Medienwandels.

http://mobile-journalism.com: Multimedia-Journalist und Trainer Marcus Bösch über Mobilen Journalismus und Mobile Reporting.

http://www.fachjournalist.de: Online-Magazin des Deutschen Fachjournalisten-Verbandes.

http://wegweiseronlinejournalismus.net: Blog zum Buch »Wegweiser Onlinejournalismus von Nea Matzen (tagesschau.de).

http://www.journalismus-online.de: Zahlreiche Adressen und Tipps für Journalisten und angehende Journalisten.

http://www.marcus-boesch.de: Multimedia-Journalist und Trainer Marcus Bösch bloggt.

https://netzpolitik.org: Online-Magazin zu allen Aspekten der Digitalpolitik und Digitalkultur.

http://www.istlokal.de: Netwerk für lokale und hyperlokale Online-Medien.

http://stift-und-blog.de: Sonja Kaute (Der neue Tag) schreibt.

http://www.netzjournalismus.de: Fiete Stegers (NDR) schreibt.

http://www.dirkvongehlen.de: Dirk von Gehlen (Süddeutsche Zeitung) schreibt.

http://www.digitalmediawomen.de: Starke Frauen haben sich im bundesweiten Branchennetzwerk Digital Media Woman (DMW) als Verein zusammengeschlossen und schreiben.

http://ploechinger.tumblr.com: Stefan Plöchinger (Süddeutsche Zeitung) schreibt.

http://www.blog-cj.de/blog/: Crossmedia-Trainer und Dozent Christian Jakubetz (u.a. Deutsche Journalistenschule) schreibt.

http://www.yannickdillinger.de: Yannick Dillinger (Schwäbische Zeitung) schreibt.

http://daniel-bouhs.de: Medien-Journalist und Dozent Daniel Bouhs schreibt.

http://buzzmachine.com: US-Journalist und Journalismus-Lehrer Jeff Jarvis in seinem legendären Blog.

http://www.vox.com/authors/ezra-klein: Blogger-Legende Ezra Klein verließt die Washington Post und schreibt als Chefredakteur bei vox.com.

http://www.journalist.de/aktuelles/startseite.html: Das Fachmagazin Journalist online.

http://www.newsroom.de: Nachrichten für Journalisten.